KB145192

스캠 미 이프 유 캔

SCAM ME
IF YOU CAN

스캠 미 이프 유 캔

SCAM ME
IF YOU CAN

지능형 사기 범죄를 이기는 5가지 규칙

프랭크 애버그네일 지음　정순욱 옮김

i!i
에이콘

에이콘출판의 기틀을 마련하신 故 정완재 선생님 (1935-2004)

내 손주들에게 이 책을 바친다.

추천의 글

———

내가 처음 FBI 본부에 들어간 것은 1995년 초였다. 나는 세계 금융 범죄 수사팀 산하 금융기관 사기 전담반의 새로운 책임자로 임명돼 관리직으로 새 출발을 하는 시점이어서 의욕에 넘쳤다. FBI의 수표 사기 방지 계획을 책임진 내 첫 임무는 전국 규모의 콘퍼런스를 수 차례 개최해 현장 관리자들에게 최신 사기 수법에 대한 정보를 제공하고, 사기꾼을 물리치는 방법을 알리면서 문제 해결을 위한 추진력을 확보하는 것이었다.

이를 위한 전문 강사를 물색하던 중 한 동료가 프랭크 애버그네일Frank Abagnale을 추천했다. 내게는 생소한 이름이었고, 그의 범죄 및 FBI와 연관된 과거에 대해 나는 전혀 몰랐다. 프랭크가 살아온 이야기에 관한 권리를 스티븐 스필버그Steven Spielberg 감독이 이미 갖고 있었지만, 영화 「캐치 미 이프 유 캔」의 각본이 쓰여 배우들이 캐스팅돼 영화로 만들어지려면 몇 년 더 기다려야 하는 시점이었다. 물론 영화는 흥행에 성공하고 브로드웨이 뮤지컬로도 만들어질 운명이었지만, 당시는 아직 인터넷이 널리 보급되지 않았던 때라 그에 관해 알 수 있는 정보는 많지 않았고, 그가 보내준 약간의 자료가 전부였다. 그러나 그 내용만으로도 매우 인상깊었고, 그가 은행 사기와 대비책에 대한 진정한 전문가임을 바로 알 수 있었다. 내가 기획하는 콘퍼런스에 섭외해도 괜찮을 것 같았다. 하지만 뚜껑을 열어보니 그저 괜찮은 정도가 아니었다.

우선 솔트레이크 시티에서 열린 첫 예비 강연에서 대단한 성공을 거뒀고, 6개월 후에 열린 보스턴에서의 대규모 강연에서도 마찬가지였다. 프랭크는 재치 있고 두뇌 회전이 빨랐으며 엄청나게 박학다식했다. 더욱이 사기에 관한 그의 경험과 전문성은 타의 추종을 불허했다. 그는 내게 매니큐어 리무버로 수표 위의 글씨를 지우는 방법을 가르쳐줬다. 그 덕분에 나도 비슷한 시연을 할 수 있을 정도가 됐다. 게다가 그는 사례를 받지 않고 기꺼이 시간을 내줬다. 적어도 여행 경비만이라도 지불하려 했지만 그는 한사코 거절하면서 강연 장소와 시간만 알려 달라고 했다.

시간이 흘러 또 다른 강연을 부탁하면 그는 어김없이 약속된 장소와 시간에 나타났다. 그는 자신의 유료 강연 일정으로 바쁜 중에도 기어코 우리를 위해 시간을 할애했다. 의외로 나는 프랭크에 대해 여전히 잘 알지 못했다. 그가 도망 다니던 젊은 시절, 그를 추적하던 특수요원 조 셰이Joe Shea(영화에서 칼 핸래티Carl Hanratty 역의 모델이 된 인물)는 이미 은퇴한 지 오래였고, 현직 FBI 요원들 대부분은 프랭크 이름을 들어보지도 못했다. 한편 그는 강연자, 컨설턴트, 고문 등의 역할로 전국을 돌아다녔다. 사기 방지에 관한 메시지와 더불어 그의 기상천외한 사기꾼 전력은 많은 고객의 관심을 끌었다. 얼마 후 그는 샌디에이고에서 열린 한 콘퍼런스에서 자신의 삶의 발자취를 적은 「캐치 미 이프 유 캔Catch Me If You Can」 책과 오디오북 테이프를 내게 선물했다. 나는 그 오디오북을 수도 없이 반복해 들었다. 들을 때마다 그의 메시지는 놀랍도록 진지했고 매혹적이었다. 결국 책 내용은 영화화됐다.

프랭크는 지칠 줄 모르는 사명감으로 강연에 임했다. 그는 수천 명의 FBI 및 정부 소속 요원들에게 사기를 물리치는 방법에 대한 지혜를 자기만의 방식으로 전달했다. 모두가 그에게 배우고 싶어했다. 심지어 레오나르도 디카프리오Leonardo DiCaprio와 톰 행크스Tom Hanks도 영화 속 역할을 위해 강의를 들었다. 영화가 개봉되자 그의 인기와 수요는 끝도 없이 치솟았다. 미국뿐 아니라 전 세계의 기업, 은행, 보안 기관 모두 프랭크를 붙잡고 싶어 안달이었다. 그럼에도 그는 내가 요청할 때마다 강의에 응해줬다.

물론 그의 수표 사기 시절 이후 범죄의 세계는 극적으로 변모했고, 프랭크는 새로운 도전에 맞춰 계속 변화하고 적응했다. 이 책을 통해 알게 되겠지만, 그는 오늘날 우리가 접하는 수많은 화이트칼라 범죄에 수반되는 신원 도용과 사이버 위협이 개인의 파탄을 가속화할 것을 일찍이 예견한 인물이다.

사람들은 영화를 통해 그의 광대짓과 사기와 옥살이를 보고, "진짜 프랭크 애버그네일은 어떤 사람일까?" 궁금해한다. 확실히 그는 그런 범죄를 저지를 정도로 두뇌가 비상한 사람이다. 그러나 더 중요한 사실은 그가 더할 나위없이 너그럽고 겸손하고 상냥한 인물이라는 점이다. 적절한 예를 들어보겠다. 프랭크를 알고 나서 약 10년 후, 나는 FBI의 훈련 담당 부국장으로 승진했고, 동시에 버지니아 콴티코Quantico 소재 FBI 요원 훈련소의 교장이 됐다. 어느 날 아침, 나는 신입 FBI 요원 훈련생들의 선서가 이뤄지는 입소식에 참석하기 위해 건물로 올라갔다.

교실은 등급별로 나뉘었고, 신입 훈련생들은 이름순으로 앉아있었다. 선서가 끝나고 모두 다시 착석했는데, 내 바로 왼편에 앉은 신입 요원의 명찰에 적힌 스캇 애버그네일Scott Abagnale이라는 이름이 눈에 띄었다. 나는 프랭크에게 아들 셋이 있다는 사실은 알았지만 아이들의 이름은 몰랐다. 프랭크와 관계가 있는지 농담조로 물었는데 "제 아버지이십니다."라고 답해서 교실 전체가 웃음바다가 됐다. 내가 웃음거리가 된 것이었다. 나는 머리를 흔들며 "직접 확인해보겠어!"라고 경고했다. 물론 그의 아버지는 프랭크였다. 그는 아들을 특별대우해 주기를 원치 않았던 것이다. 16주 후에 이뤄진 수료식에서 나는 당시 FBI 국장이었던 로버트 뮬러Robert Mueller가 진행하는 특수요원의 공식 서약 순서에 참석해 스캇과 그의 동기들의 모습을 기쁜 마음으로 바라봤다. 그날은 프랭크 생애 최고로 자랑스러운 날 중 하나였다.

서점에 가면 투자 전략, 부의 축적, 재정적 성공의 사다리를 오르는 법 등을 다룬 책이 서가에 가득한 모습을 볼 수 있다. 누구나 책을 쓸 수 있고, 유명한 저자라면 이런 주제의 책을 써서 많은 돈을 번다. 그러나 성공의 사다리를 한 칸 더 오르기 전에 확보한 재산을 먼저 지켜야 하지 않을까? 이런 이야기는 아무도 하지 않지만, 세상에는 사기꾼과 도둑이 활보하고 있다. 그것도 매일! 그래서 프랭크가 필요하다. 이 책은 그가 주는 선물이다. 프랭크는 단순한 재정 컨설턴트나 재무설계사가 아니다. 그는 실제로 생각을 자극하며 행동을 바꾸도록 만드는 인물이다. 이 책의 조언을 따른다면 나쁜 재정 습관을 버리고 더 나은 규칙을 세우며, 사기와 남용에 노출될 확률을 낮춰 당신의 재정 건전성을 개선하고 손실 위험을 줄일 수 있을 것이다. 이 책은 복잡한 공식이나 어려운 재정 전략을 제시하기보다 손쉽게 실행 가능한 상식적인 행동 습관을 통해 우리의 안전을 지키도록 돕는다.

나는 정말 오랫동안 프랭크를 알아왔고 그를 친구라고 부를 수 있어서 자랑스럽다. 그는 내 경력에 든든한 지지자가 되어줬고 내 인생을 바꿨다. 하지만 왜 그가 이렇게까지 해줬는지 도무지 알 수가 없다. 그 이유를 설명해달라고 캐묻지도 않았다. 그를 실제로 만나 본 사람은 그의 조언이 얼마나 힘 있고 예지력이 있는지 잘 알 것이다. 그를 만나보지 못했다면 죽기 전에 프랭크와의 만남을 버킷 리스트에 적어야 할 것이다. 당신이 사기에 대해 잘 알지만 그 지식을 더 예리하게 만들고 싶은 사람이든, 혹은 사기에 대해 전혀 모르지만 자신을 보호하고 싶은 사람이든, 아니면 그 사이에 어중간한 상태에 있는 사람이든 그를 꼭 만나보기를 바란다. 어쨌든 이 책을 즐겁게 읽고 다시 필요할 수 있으니 잘 간직해 두자. 항상 경계심을 유지하고, 부지런히 노력한다면 끝나지 않는 사기와의 싸움에서 언제나 한 발 앞서 나갈 수 있을 것이다.

키스 슬로터^{Keith Slotter}
전 FBI 훈련 부문 부국장

프랭크 애버그네일^{Frank W. Abagnale}

사기, 위조 및 사이버 보안 분야에서 세계적으로 인정받는 권위자로, 40
년 이상 세계적으로 유명한 컨설턴트로 활동했으며, FBI 아카데미와 지
부에서 강사로 활동하고 있다. 14,000개가 넘는 금융기관, 기업 및 법 집
행기관에서 그의 사기 방지 프로그램을 사용한다. 미국은퇴자협회^{AARP},
트루소나^{Trusona}, 엑스페리언^{Experian}, 인투잇^{Intuit}, 렉시스넥시스^{LexisNexis}
등의 주요 기업 고객에게 컨설팅을 제공하고 있다. 베스트셀러 자서전인
『Catch Me If You Can』(Crown, 2000)과 『The Art of the Steal』(Currency,
2002), 『Stealing Your Life』(BroadwayBooks, 2007) 등을 저술했다.

차례

똑똑한 사람도 사기에 당한다

스캠scam: (비격식)신용 사기, 주로 화폐 시장에서 거짓 정보를 흘리거나 투자자를 선동해 이득을 취하는 행위[1]

사기詐欺, fraud: 나쁜 꾀로 남을 속임. 고의로 사실을 속여서 사람을 착오에 빠지게 하는 범죄행위를 말한다. 개인 이익을 위해 다른 사람을 비윤리적으로나 범죄적으로 속일 의도를 가진 개인, 단체 혹은 그들에 의해 사용되는 사물을 가리킨다. 일반적으로 욕망할 만한, 가치 있는, 꼭 필요한 것을 제공한다고 근거 없는 주장을 하거나 유리한 특징이나 업적이 있다고 주장한다.

"그냥 죽고 싶었어요."라고 헬렌 앤더슨Helen Anderson은 말했다. "잠든 후 다시 깨어나지 않았으면 좋겠다고 생각했어요. 끝도 없이 벌어지는 일에 지쳤고, 어떻게 해야 할지 도무지 갈피를 잡을 수 없었어요."

64세인 헬렌은 신원 도용 피해자였다. 그녀는 시애틀의 한 병원 수술

---

1 국내에서는 전화, 이메일, 문자메시지 등을 이용해 신뢰할 수 있는 사람 또는 기업이 보낸 메시지인 것처럼 가장함으로써 비밀번호 및 신용카드 정보 같이 기밀을 요하는 정보를 부정하게 얻으려는 사기를 뜻하는 피싱(phishing, 전기통신금융사기)이라는 용어가 널리 사용되고 있다. ― 옮긴이

실에서 근무하는 간호사로, 긴 시간을 서서 일하면서 환자를 움직이고 들어올리는 간호사들의 직업병인 요통에 시달렸다. 2011년경 다리 통증이 너무 심해져 척추 수술을 받아야했고, 그 때문에 직장을 그만뒀다. 헬렌은 월급이 끊기는 것은 걱정하지 않았다. 은퇴 준비를 착실히 했고, 신용등급도 높았으며, 공공요금이 밀린 적도 없었고, 무엇보다 자기 소유의 집이 있었다.

그녀가 수술에서 회복한 직후, 오레곤주 포틀랜드에 사는 딸에게 병이 생겼다. 이미 은퇴한 헬렌은 딸을 방문할 시간적 여유가 넉넉했기에 조카 사만다Samantha에게 집과 애완견을 맡기고 떠났다. 헬렌은 사만다에게 아무도 집에 들이지 않겠다는 약속을 단단히 받았다. 15년 전에 헬렌은 병원 동료의 여동생을 집에 일주일간 들이면서 아주 안 좋은 경험을 했다. 그 사람이 헬렌의 집안에서 찾아낸 정보를 이용해 헬렌 명의로 신용카드를 개설한 것이었다. 그 범죄 사실을 알게 된 헬렌이 그녀에게 따지자 그녀는 빚을 갚았고 신용카드 계좌는 취소됐다. 그런 경험을 한 터라 헬렌은 집에 아무도 들이지 말아야겠다고 생각하게 됐다. 특히 자신이 집을 비우는 경우는 더욱 그랬다.

딸을 방문하고 집으로 돌아왔을 때 낯선 사람이 집에 머물고 있음을 발견한 헬렌은 적잖이 당황스러웠다. 사만다에게 누구냐고 따졌더니 그녀의 이름은 앨리스 립스키Alice Lipski이며, 남자 친구와 싸워서 묵을 곳이 필요한 상황이라고 했다. 단지 며칠만 머물 생각이어서 헬렌이 문제 삼지 않으리라 생각했다고 사만다는 말했다. 헬렌은 문제가 된다고 하면서 앨리스에게 주말까지 나가라고 했다. 헬렌이 불쾌할 만도 했다. 그러나 헬렌이 이용하는 신용협동조합의 지점 매니저가 전화를 걸어 전에 사용한

적이 없는 직불카드에서 300달러가 인출됐다고 알려줬을 때 그 불쾌감은 더욱 커졌다. 계좌의 인출 한도가 초과된 것이었다.

헬렌은 신용협동조합 지점에서 사기 신고서를 작성하고 잃은 돈을 되찾았지만 문제는 거기서 끝나지 않았다. 며칠 후 이번에는 웰스파고^{Wells} ^{Fargo} 은행에서 전화가 왔다. 전에 사용한 적이 없는 신용카드에서 5천 달러 규모의 거래가 일어났다는 것이다. 신규 발급된 신용카드로 5천 달러 어치를 최근에 구매한 적이 있었나 싶었지만 그런 적은 없었다. 해당 카드는 일주일 전에 집에서 개통됐고, 청구 금액은 신용협동조합 수표로 지불됐다. 어찌된 영문인지 알아보려 헬렌은 신용협동조합 지점을 다시 방문했다. 매니저는 그녀의 계좌를 살펴보더니 "혹시 방금 이 수표 계좌에서 아메리칸 익스프레스 신용카드 청구액 500달러를 온라인으로 결제하셨나요?"라고 물었다. 아니 그런 일은 없었다. 헬렌은 대금을 온라인으로 지불하는 일이 없었다. 매니저는 경찰에 신고하라고 말했다.

이것은 헬렌이 겪은 악몽 같은 신원 도용 사건의 시작일 뿐이었다. 자신의 신용에 뚫린 커다란 구멍을 메꾸기 위해 헬렌이 애쓰는 동안 앨리스 립스키는 용의주도하게 '헬렌 앤더슨'이 돼갔다. 앨리스는 헬렌의 집에 있는 서류에서 찾아낸 정보뿐 아니라, 기본적인 소셜미디어 검색과 인터넷 뒷조사를 통해 헬렌의 어머니 생일도 알아냈다. 앨리스는 이 정보로 보안 질문을 통과해 이미 취소된 코스트코 회원증을 되살렸고, 자신만이 아는 새로운 보안 질문을 설정했다. 이 때문에 헬렌은 자기 자신의 계정에 접속할 수도 없었다. 앨리스는 신용평가회사에 헬렌을 등록시켰다. 그런데 이것은 헬렌을 신원 도용으로부터 보호해주기는커녕 헬렌의 신용 이력을 앨리스가 모두 볼 수 있게 만들었다.

신용평가보고서에는 헬렌의 은행 신용카드 및 점포 발행 신용카드 정보가 들어 있었다. 앨리스는 모든 카드에 대해 분실 신고를 하고 신규 카드를 발급받으면서 새로운 사용자 아이디와 비밀번호를 설정해 새 카드를 사용했다. 이제 앨리스는 자신의 사진과 헬렌의 정보가 담긴 신분증으로 온라인뿐 아니라 실생활에서도 헬렌 행세를 할 수 있게 됐다. 앨리스는 우체국에 가서 헬렌 앞으로 오는 우편물이 사서함으로 배달되도록 했다. 물론 앨리스는 헬렌 명의의 신용카드로 사서함 사용료를 매월 지불했다. 그녀는 운전면허증도 위조했고, 우편으로 새로 발급받은 메디케어 의료보험증으로 헬렌의 사회보장번호도 알아냈다(당시는 메디케어 의료보험증에 사회보장번호가 표시되던 시절이었다).

헬렌이 자기에게 수표나 청구서 등의 우편물이 배달되지 않는다는 사실을 눈치채기까지는 얼마간 시간이 걸렸다. 의심스러운 거래에 대한 확인 전화가 신용카드사에서 더 많이 걸려왔다. 헬렌은 말했다. "내가 신용카드사에 전화를 걸면 먼저 계좌번호와 비밀번호를 확인하는데 저는 그 중 어느 것도 댈 수가 없었어요." 그녀는 자신이 세상에서 지워지고 있다고 느꼈다. 그녀는 은행과 상점을 직접 방문해 자신의 운전면허증을 보여주며 자신의 신분을 확인시키려 했다. "나는 내가 나라는 사실을 증명할 수 없었어요. 왜냐하면 앨리스는 나보다 더 쉽게 자신을 증명할 수 있었으니까요." 헬렌은 신용카드를 해지하고 정보를 바로잡았다. 헬렌은 평화를 되찾았다고 생각했지만 그것도 잠시뿐 곧바로 또 다른 금액이 청구됐다. 매장, 레스토랑, 카지노, 주유소 등에서 3만 달러가 넘는 금액이 자기 이름으로 결제됐다고 헬렌은 기억한다.

앨리스가 통제 불능 상태로 치닫고 있음을 헬렌은 그 당시에는 알지 못했다. 앨리스는 필로폰methamphetamine 중독자였다. 법 집행기관의 전문가에 따르면 필로폰 중독과 신원 도용 사이에 뚜렷한 연관이 있다고 한다. 마약중독자가 투여량을 늘리다 보면 결국 실수하기 쉬운 상태가 된다. 앨리스는 헬렌의 계좌 한도를 넘기지 않으려 여러 계좌를 돌려가며 사용했다. 앨리스의 남자 친구가 체포됐을 때 보석금 1만 달러를 마련하기 위해 그녀는 헬렌의 신용협동조합 계정의 잔금을 모두 끌어오고, 그녀가 훔친 다른 사람들의 계정 세 개를 사용했다. 또한 남자 친구의 보석 신청을 위해 헬렌의 집을 담보로 걸었다. 헬렌은 자신이 40년 간 살아온 자기 소유의 집이 위험에 처했다는 사실을 보석금 회사에서 걸려온 화난 목소리의 전화를 받고서야 알게 됐다.

"난 더 이상 인간이 아닌 것 같았어요." 헬렌이 말했다.

헬렌이 겪은 정신적 피해는 신원 도용 및 여러 형태의 사기 범죄가 야기하는 가장 큰 피해인 경우가 많다. 돈을 되찾고 신용 점수를 회복하더라도 자신의 집, 가정, 개인정보 등이 위험에 처했음을 알게 되면서 느낀 피해 의식은 좀처럼 달랠 수가 없다. 전문가에 따르면 개인이 느끼는 사기 후유증은 폭력 범죄나 전쟁 피해로 겪는 심리적 후유증과 비슷해서 불안감, 정서 불안, 우울증과 외상 후 스트레스 장애PTSD까지 이를 수 있다고 한다.

어느 날 밤, 앨리스는 메이시Macy's 백화점에서 폭풍 쇼핑을 하는 바람에 헬렌의 계좌에서 2천 불이나 사용했다. 그녀는 마약을 한 상태였고, 서둘러 백화점을 빠져나가려다가 그만 손가방을 의자에 두고 떠났다. 핸드백 안에는 필로폰 투여기와 함께 앨리스가 사기 행각에 사용하는 물건이 들어 있었다. 범죄 피해자 정보가 담긴 태블릿 PC, 거짓으로 만든 신용카드, 아홉 개의 다른 이름으로 된 워싱턴주 운전면허증 10장 등 모두 그녀의 범죄를 입증할 증거물이었다. 앨리스가 가방을 두고 왔음을 깨닫고 돌아갔지만 한발 늦었다. 신고를 받은 경찰이 그녀를 추적하기 시작했으나 그녀는 경찰이 도착하기 전에 백화점에서 나와 달아났다.

결국 경찰이 앨리스를 체포하기까지 6주가 걸렸다. 경찰이 밝혀낸 바로는 앨리스는 범죄에 사용한 물건을 수개월에 걸쳐 차곡차곡 손에 넣었다. 그녀의 공범 중에는 디노Dino라는 위조 전문가가 있었다. 그가 제작한 위조 신분증은 너무나 정교해서 노련한 은행원도 속을 정도였다. 또 다른 공범인 브라이언Brian은 운전면허증 번호를 결정하는 알고리즘 계산 기술을 갖고 있었다. 앨리스는 열 건의 신원 도용 혐의로 기소됐고, 그녀와 공범들은 헬렌을 비롯한 여러 피해자에게서 1백만 달러에 가까운 금액을 훔쳤다. 앨리스는 기소됐지만 마약 재활 치료를 성공적으로 마치는 조건으로 형량을 줄이는 협상을 했다.

헬렌이 적절한 경찰 신고를 한 덕분에 앨리스에게 도난당한 금액은 되찾았지만, 그녀의 삶은 이전과 같을 수 없었다. 자신의 신용에 남겨진 오점을 씻기 위한 노력에도 불구하고 그녀의 재정적 미래는 불투명하다. 이 시련을 겪은 후 그녀는 40년 넘게 살아온 집을 팔고 고령의 어머니의 집으로 들어가 살기로 했다. 헬렌은 자신의 기록을 바로잡기 위해 신용정보기관에 제출해야 하는 서류 작성에 애를 쓰느라 다른 일을 못 할 때가 많다. 향후에도 일어날 수 있는 사기를 생각하면 절망감을 느낀다. 그녀는 말한다. "내 정보는 또 다른 사기꾼이 사용할 수 있도록 노출된 상태예요." 안타까운 일이지만 이것이 현실이다.

매년 미국 내 수백 만의 소비자, 즉 인구의 거의 7% 정도가 사기 피해자가 된다. 범죄자는 어디에나 있다. 당신이 소속된 모임에도 있을지 모르는 사기꾼들과 국제 범죄 단체에 이르기까지 범죄자들은 호시탐탐 당신을 이용할 기회를 노리고 있다. 2017년 미국 내 사기 피해자 수는 1,670만 명, 피해액은 한화로 18조 원에 달했다. 피해자는 금전적 손해를 당할 뿐 아니라 문제 해결에 많은 시간을 보내야 한다. 더 큰 문제는 사기로 인해 인생이 꼬이고 망가지기도 한다는 것이다.

이 책에서 나는 세상에서 가장 교활한 사기꾼들이 순진한 소비자들에게서 매년 수백억 달러의 돈을 훔칠 때 사용하는 수법을 공개한다. 그리고 당신과 가족을 보호할 구체적인 방법을 제시한다.

내가 이 책을 쓰는 이유는 내가 사기를 방지하는 일을 하면서 사기꾼들과 그 수법이 얼마나 빨리 발전하는지를 목격하고 있기 때문이다. 정말 끔찍한 상황이다. 또한 나는 사기 피해가 가져오는 처참한 결과를 직접 보고 있다.

이 책은 내가 사기 방지의 최전선에서 직접 활동한 경험을 바탕으로 썼다. 나는 45년 넘게 FBI를 비롯한 전 세계 수백 곳의 금융기관, 기업, 정부 기관과 함께 일하면서 사기와의 싸움에서 이기도록 상담하고 조언했다. 또한 나는 3천 7백 명의 회원을 둔 비영리단체인 미국은퇴자협회(이하 AARP)에서 사기 감시 네트워크 홍보대사로 봉사하고 있다. 그러나 내 독특한 지식과 재능의 결합은 50여 년 전, 특이한 방식으로 시작됐다. 사실 나는 세계에서 가장 유명한 사기꾼 중 한 명이었다.

나는 1964년, 16살 때 사기꾼이 돼 21살이 되던 1969년에 체포돼 재판을 받기까지 사기 행각을 계속했다. 나는 비록 매우 젊은 나이였지만 비행기 조종사, 의사, 변호사, 사회학 교수, FBI 요원, 연방 교도소 요원 등 다양한 전문 직업인을 사칭하고 다녔다. 내 이야기는 1980년에 출간된 책 『캐치 미 이프 유 캔』에 소개됐고, 2002년에 스티븐 스필버그가 감독하고, 레오나르도 디카프리오가 내 역할을 맡은 동명 영화로 만들어졌다(자세히 보면 프랑스 경찰로 카메오 출연한 나도 볼 수 있다!). 나는 전 세계를 돌아다니며 250만 달러 이상의 위조 수표를 현금화하고, 그 돈으로 맞춤 양복, 호화 자동차, 세계 여행 등을 즐기는 라이프스타일을 누렸다. 미녀들도 많이 사귀었던 신나는 삶이었다.

맨 처음 나는 팬암Pan Am 항공 조종사로 행세했다. 조종사 신분증을 위조해 마치 비번인 척하며 비행기 조종석에 탑승해 어디로든 공짜 여행을 갈 수 있었다(비행기를 직접 조종한 적은 없으니 안심해도 좋다).

나는 꽤 대담했다. 16살짜리가 팬암 항공사 정복 차림으로 항공기 조종사 행세를 하는 모습을 상상해보라. 나는 키가 큰 덕분에 더 나이 들어 보였고, 옷차림이 깔끔했으며 매우 정중했다. 사람들 중에는 상대적으로 더 쉽게 속는 이들이 있음을 나는 알았다. 예쁘장한 젊은 여성, 노인 그리고 내가 권위를 상징한다고 느끼는 이들 모두 주된 표적이었다. 젊은 여성은 글쎄... 나도 그들을 좋아했고 그들도 나를 좋아했다. 노인들은 쾌활하고 예의 바른 청년을 언제나 좋게 생각했다. 항공사 및 공항 직원들, 은행과 여러 기관에서 일하는 이들은 조종사 정복 차림의 사람을 존중했다. 우리를 커다란 비행기에 태워 목적지까지 안전하게 데려다 주는 조종사를 신뢰할 수밖에 없지 않은가?

줄기차게 이어진 여행에 질린 나는 애틀랜타 외곽의 호화 맨션으로 이사해 의사 행세를 했다. 인근 병원의 지도 담당 의사로 채용되기도 했다(다시 말하지만 안심해도 좋다. 내가 환자를 대상으로 의료 행위를 한 적은 없다).

그 다음에는 하버드 출신의 변호사로 그리고 콜롬비아 대학교를 다닌 사회학 교수로 행세했다. 이윽고 나는 다시 조종사로 가장해 유럽으로 가서 위조 수표를 찍어 현금화했다. 그것은 여자 친구의 아버지가 소유한 거대한 하이델베르크 인쇄기를 사용한, 공이 꽤 많이 들어가는 사기 활동이었다. 이는 영화에서 재미있는 볼거리이기도 하다. 결국 나는 프랑스 경찰에 잡혀 수감됐다(항공사 승무원인 전 여자 친구가 지명 수배 포스터에서 내 얼굴을 알아보고 당국에 신고했다). 이어 스웨덴으로 추방된 후 결국 미국 형무소에 들어갔다(경찰에 잡혀 있던 중 두 번이나 탈출했다. 한 번은 지상에서 유도 중인 비행기에서, 다른 한 번은 연방 교도소에서 그랬다). 그러나 결국 나는 형무소에서 4년의 형기를 마쳤다.

출옥 후(나는 아직도 20대였다) FBI는 범죄 퇴치를 위해 내 재능을 사용하지 않겠냐고 물었다. 사기와의 싸움에 헌신하는 것이 그동안 사회에 진 빚을 갚는 좋은 방법이라 생각해 나는 그러겠다고 답했다. 속이고 훔치고, 그 과정에서 사람들을 기만하고 그들에게 상처를 준 내 청년 시절의 과오가 부끄러웠지만 개과천선할 기회를 얻게 돼 감사했다. 게다가 영화 「캐치 미 이프 유 캔」이 개봉된 덕분에 내가 사기 방지에 대해 더 많은 사람에게 메시지를 전할 수 있는 기회가 열렸다.

오늘날까지 나는 43년 넘게 보안 및 사기 방지 컨설턴트로 일해왔다. 현재 나는 애버그네일 어소시에이츠Abagnale & Associates라는 컨설팅 회사를 운영한다. 1만 4천 곳이 넘는 금융기관, 기업, 법 집행기관이 내가 개발한 사기 방지 프로그램을 사용한다. 나는 사기 피해를 당한 수천 명의 일반인을 만나 이야기를 전했다. 전 세계 소기업 사장과 대기업 CEO, 학생과 은퇴자 등 다양한 연령과 배경을 가진 사람들과 상담하고 조언했다.

이런 경험을 통해 각양각색의 사기 범죄를 접하고, 근원을 조사하면서 이전 세계적 재앙의 퇴치 방법을 찾는 기회를 얻었다.

나는 그 누구도 이런 범죄의 피해자가 돼서는 안 된다고 생각하며, 이것이 바로 이 책을 쓴 이유다.

이 책의 목표는 여러분에게 사기꾼을 막는 데 필요한 정보와 도구를 제공해 최대한 많은 이를 무장시키는 것이다. 또한 이 책은 모든 연령대의 독자에게 가능한 한 많은 사기 수법과 방지책을 최대한 교육하고 무장시키려는 AARP의 노력의 일환이기도 하다.

내가 접한 많은 사연과 내가 제공한 모든 조언이 이 책에 담겨있다. 우리가 별난 시대에 살고 있는 만큼 여기 담긴 정보는 매우 중요하다. 역사상 지금처럼 사기꾼이 되거나 사기를 당하기가 쉬운 시기는 없었다. 지난 10년 간의 기술 발전 덕분에 사기 범죄의 지평은 완전히 달라졌다. 사기는 그 어느 때보다 더 신속하게 전 세계적으로, 익명으로 그리고 상호연계돼 일어난다. 2016년 미국 대통령 선거 당시 정치적 목적으로 소셜네트워크를 통해 가짜 뉴스를 퍼트린, 조지 오웰의 소설을 연상시키는 행위와 취약한 퇴역 군인을 상대로 한 사기가 광범위하게 퍼지는 등 사악한 목적으로 기술이 활용된 뉴스가 매주 새로 등장해 세상을 어둡게 한다 (2012년부터 2017년 사이에 퇴역 군인의 16%가 사기 피해를 당했고, 그 수는 증가일로에 있다).

좋은 소식이 있다면 사기는 예방 가능하다는 사실이다. 경계심이야말로 당신이 언제든 사용할 수 있는 무기다. 보호와 예방은 당신 자신의 책임이며, 간단하고 실제적인 요령을 단계별로 밟아가면 자신을 지킬 수 있다. 이 책은 정보 및 능동적 요령과 전략을 제공해 자신을 보호할 수 있게 돕는다. 내가 제시하는 조언을 따라 습관을 조금씩 바꾸는 것만으로도 택배, 우편물, 전화, 전자기기 등 다양한 방법으로 당신을 끈질기게 공격하는 불법적인 계략을 막아낼 수 있다. 당신의 삶은 이 책을 통해 획기적으로 바뀔 것이다.

누가 사기에 속아넘어가는가?

사기를 당하기 쉬운 이들은 누구인가? 사기 유형에 따라 피해자의 인구통계학적 특성, 즉 성별, 사회경제적 상황, 연령이 다르다는 점이 밝혀졌다. 2011년에 사기 피해자 723명과 일반인 1,509명의 응답자를 대상으로 한 AARP의 전국 사기 피해 연구에 따르면 투자 사기 피해자는 연 수입 5만 달러 이상의 대학 교육을 받은 기혼 남성일 가능성이 높았다. 복권 사기 피해자의 경우 연 수입 5만 달러 이하의 고졸 이하 독신일 가능성이 높았다. 약 처방 목적의 신원 도용 피해자는 연 수입 5만 달러 이하, 고졸 이하의 독신 여성이며, 전체 인구의 평균 연령보다 높을 가능성이 높았다.

남보다 피해자가 되기 쉬운 사람이 따로 있을까? 답은 그렇기도 하고 그렇지 않기도 하다. 연구에 의하면 나이 불문하고 누구나 사기 피해자가 될 수 있다. 그렇다. 어린이도 예외는 아니다. 나는 기업체 임원, 의사, 변호사를 비롯해 많이 배운 사람도 피해자가 된 사례를 봤다. 그럼 누가 가장 자주 사기 피해를 당하는지 그리고 그 이유가 무엇인지 살펴보자. 만약 당신이 이 부류에 속한다면 사기를 당하지 않기 위해 경계심을 더욱 높여야 할 것이다.

- **영업 상황을 접할 기회가 많다**: 피해자들은 시장과 연관된 활동을 하는 경우가 많다. 여기에는 일반 소비 시장(쇼핑, 주식 거래 등)과 생각의 시장(소셜미디어)이 모두 포함된다. 이들은 공짜 식사나 무료 호텔 숙박 등이 제공되는 영업 목적 강연회에 참여하는 경향이 있고, 경품 추첨을 위해 자기 이름을 적어 넣곤 한다. 영업 사원을 집에 들여 상품 소개를 하도록 허락하기도 하고, 카탈로그, 전단지, 경진대회 안내, 판촉 행사 안내 등 배달되는 모든 우편물을 일일이 뜯어 읽어보는 편이다.

- **예방 활동에 더디다**: 피해자들은 텔레마케팅 전화를 원천 차단하기 위해 전화권유판매 수신거부등록 시스템National Do Not Call Registry에 자기 전화번호를 등록하거나, 앞으로 거래할 업체의 평판을 미리 확인해보는 등의 예방 대책을 취하는 경우가 다른 사람들보다 적다.

- **평소 스트레스가 많다**: 스트레스가 많은 상황에 처하거나 인생에서 어려운 일을 당할 때일수록 의사결정 시 더욱 조심해야 한다. 스트레스는 인지 능력을 떨어뜨려 사기로부터 자신을 지켜야 한다는 생각을 하기 어렵게 만들기 때문이다. 게다가 스트레스가 쌓이면 우리는 좋은 결과를 기대하는 경향이 커지며, 자신의 결정이 가져올 부정적 결과를 덜 심각하게 여긴다.

내용 소개

28페이지에 있는 퀴즈를 풀어보며 자신이 사기에 대해 얼마나 알고 있는지 확인해보라. 세상에는 경계심이 가장 예민한 사람들조차 들어보지 못한 여러 유형의 사기가 존재한다. 내가 이 책에서 다루는 주제는 신원 도용과 투자 사기부터 디지털 보안과 데이트 사기까지 다양하다. 당신의 삶을 사기로부터 지킬 수 있도록 여러 사기 유형을 다음 다섯 단계로 간략하게 나눠 소개한다.

1. 신원 도용을 막아라
2. 금융 보안을 확실히 하라
3. 디지털 정보를 지켜라
4. 집과 가족을 지켜라
5. 당신의 마음을 지켜라

단계마다 여러 사기 수법이 이뤄지는 방식과 그 방어 전략을 다룬다. 순서대로 읽어도 되고 당장 필요한 장부터 읽어도 괜찮다. 특정 주제를 찾기 쉽게 색인이 있으므로 필요할 때마다 참조할 수 있다. 또한 이 책은 해결책 중심으로 구성됐다. 각 사기 수법에 대해 당신과 가족을 보호할 방법을 간략히 제시하고, 만약 피해자가 됐을 때의 대응 방안도 제공한다.

중간에 삽입된 '수치의 전당Hall of Shame' 코너에서는 악명 높은 사기꾼과 사기 행각 및 배후의 심리학을 소개하고, 교활한 사기꾼들과 그들의 속임수보다 한 걸음 앞서갈 수 있는 다양한 요령을 깊이 있게 제시한다.

마음의 준비를 단단히 하라. 우리는 이제 학력, 지능, 연령, 성별, 사회적 지위와 무관하게 누구나 정교한 신종 범죄의 피해자가 될 수 있는 위험한 세계에 살고 있다. 당신이 아무리 세상물정을 잘 알고 경륜이 많아도 예외가 될 수 없다! 사기꾼들은 사기 방지 및 보안 관련 최신 기술을 무력화하는 방법을 계속 배우고 있기에 사기 수법은 계속 진화하고 더욱 교활해지며, 그 속임수를 꿰뚫어 보기 어려워지는 것이 안타까운 현실이다. 그렇다면 당신은 무엇을 할 수 있을까? 우선 자신이 어떤 유형에 속하는지 알아야 한다. 당신을 설득하려는 수법이 무엇인지 파악하고 미리 방어하라. 자기 보호를 위해 필요한 행동을 취하고, 의심을 품어라. 발생 가능한 사기 범죄에 대해 배우고, AARP의 사기 감시 네트워크에 가입해 최신 사기 관련 정보를 얻어라.

'사기에 대한 대처에 현명한' 사람이 되기 위한 이 여정에 당신을 초대한다. 이 정보를 친지들과 공유하라. 여럿이 모이면 힘이 생긴다. 경계심과 정보로 무장한 시민들이 공동체 내에서 서로 연결될 때 우리는 더욱 안전해질 것이다. 우리가 함께할 때 변화를 일으키고 사기를 줄일 수 있다. 그리고 우리가 당신과 가족을 지킬 수 있다는 사실이 그 무엇보다 중요하다.

당신의 사기 지능지수는?

다음 퀴즈를 통해 당신의 사기에 대한 취약성을 확인해보라. 나는 이것을 SQ(Scam Quotient, 사기 지능지수)라고 부르겠다. 이 결과는 당신이 사기 피해자가 될 가능성이 얼마나 되는지 가늠할 수 있게 할 것이다. 당신이 몇 점을 맞든지 이 책이 제공하는 정보와 요령을 배우면 사기 피해를 막는 기술을 익힐 수 있고, SQ를 높일 수 있다. 따라서 책을 다 읽은 후 다시 이 퀴즈를 풀어 SQ점수가 얼마나 향상됐는지 확인해보기를 권한다. 문제는 간단하다. 문장을 읽고 그 말이 맞는지 틀리는지 선택하면 된다. 끝까지 풀고 점수를 더한 후 평가 내용을 확인하라.

1. 사기꾼들은 사기에 성공하기 위해 기술보다 심리를 활용한다.
   ☐ 맞다
   ☐ 틀리다

2. 중요한 재정적인 결정을 하기 전에 최소한 24시간을 기다린다.
   ☐ 맞다
   ☐ 틀리다

3. 당신이 소셜미디어나 온라인 쇼핑을 하지 않는다면 신원 도용은 문제되지 않는다.
   ☐ 맞다
   ☐ 틀리다

4. 국세청IRS은 당신의 미납 세금에 대해 서면으로 통지하기 전에 당신에게 전화를 걸 수 있도록 법으로 명시돼 있다.
   ☐ 맞다
   ☐ 틀리다

5. 의료 신원 도용은 메디케어 같은 의료보험 이용자에게만 심각한 문제가 된다.
   ☐ 맞다
   ☐ 틀리다

6. 은행은 사용자 신원을 확인할 때 클릭해야 하는 링크가 포함된 이메일을 고객에게 결코 보내지 않는다.
   ☐ 맞다
   ☐ 틀리다

7. 주에서 발행하는 복권에 당첨될 경우 거액의 상금을 수령하려면 수수료를 내야 한다.

☐ 맞다

☐ 틀리다

8. 종교 단체, 대학 서클, 동창회 등의 모임은 투자 기회를 배우고 믿을 만한 금융 전문가를 만날 수 있는 좋은 방법이다.

☐ 맞다

☐ 틀리다

9. 미국 사회보장국은 전화로 당신의 사회보장번호를 확인할 수도 있다.

☐ 맞다

☐ 틀리다

10. 인터넷 사용 중 컴퓨터 바이러스에 대해 경고하는 팝업창이 뜬다면 이는 당신 컴퓨터의 문제를 진단하는 손쉬운 방법이므로 문제 해결을 위해 해당 내용을 클릭하는 것이 좋다.

☐ 맞다

☐ 틀리다

11. 길고 복잡한 비밀번호는 온라인 계정을 보호하는 최선의 방법 중 하나다.

☐ 맞다

☐ 틀리다

12. 휴가 중 관광지에서 찍은 자기 사진을 소셜미디어에 올리는 것은 가족과 친구들에게 자신의 멋진 경험을 소개하는 좋은 방법이다.

□ 맞다

□ 틀리다

13. 한 번도 거래한 적이 없는 텔레마케팅 회사가 당신에게 전화를 거는 것은 위법이다.

□ 맞다

□ 틀리다

14. 캐나다의 온라인 스토어나 처방전을 요구하지 않는 작은 약국, 혹은 큰 폭의 할인을 해주는 약국에서 의약품을 구입해도 괜찮다.

□ 맞다

□ 틀리다

15. 진품 보증서가 따라오거나 구매자 보호 제도가 있다면 중고 혹은 신상품 명품 가방을 온라인에서 구입해도 괜찮다.

□ 맞다

□ 틀리다

16. 아파트를 임차할 때 선불 수수료를 내는 것은 합법적이며 필요한 절차다.

□ 맞다

□ 틀리다

17. 콘도 이용권을 팔려면 여러 종류의 선불 수수료를 내야 한다.

☐ 맞다

☐ 틀리다

18. 데이트 앱 사용은 결혼 상대자를 만날 수 있는 안전한 방법임이 분명하다.

☐ 맞다

☐ 틀리다

19. 출생증명서는 발급받기가 어렵다.

☐ 맞다

☐ 틀리다

답안 확인

다음 풀이를 보고 답을 확인하라. 틀릴 경우 0점, 맞을 경우 10점씩 가산하라.

1. **맞다.** 심리는 사기꾼이 피해자를 속이기 위해 사용하는 가장 중요한 도구다(43페이지 참조).

2. **맞다.** 현명한 결정을 내리기 위해 생각과 감정을 추스를 시간을 갖는 것이 바람직하다(44페이지 참조).

3. **틀리다.** 디지털 기기가 전혀 없어도 신원은 도용될 수 있다(1장 '신원 도용을 막아라' 참조).

4. **틀리다.** 국세청은 드물게 전화를 걸 수도 있지만 언제나 먼저 서면으로 통지하도록 돼 있다(87페이지 참조).

5. **틀리다.** 사실 의료 신원 도용 사건의 경우 어린아이들이 가장 취약한 대상이다.

6. **틀리다.** 은행은 결코 고객에게 이메일을 보내 개인정보 확인을 위한 링크를 클릭하도록 요청하지 않는다(2장 '금융 보안을 확실히 하라' 참조).

7. **틀리다.** 합법적인 복권 당첨금 수령 시 수수료는 결코 발생하지 않지만, 세금은 내야 할 수 있다!(50페이지 참조)

8. **틀리다.** 사기꾼은 종교 단체, 자원봉사자 단체, 학교 관련 단체에서 표적을 찾기 위해 '친분affinity'을 이용하기도 한다. 당신이 가입한 종교 단체, 자원봉사자 단체, 학교 관련 단체의 일원이라고 해서 그가 믿을만한 법적 조언을 해준다는 보장은 없다(125페이지 참조).

9. 틀리다. 사회보장국은 당신의 사회보장번호를 알고 있다. 당신에게 확인할 필요는 없다.

10. 틀리다. 컴퓨터에 바이러스가 있다고 알려주는 팝업창은 당신에게서 돈을 받아내거나 컴퓨터에 악성 소프트웨어를 설치하려는 속임수다(151페이지 참조).

11. 틀리다. 사기꾼이 사용하는 비밀번호는 대부분 추측한 것이 아니라 훔친 것이다. 비밀번호가 길고 복잡하든, 짧고 간단하든 훔치기 쉬운 것은 매한가지다(204페이지 참조).

12. 틀리다. 사진 공유는 여행에서 돌아온 후에 하라. 집을 비웠다는 사실을 소셜미디어에 알리지 마라!(76페이지 참조)

13. 맞다. 물론 이런다고 당신을 성가시게 하는 불법 자동 스팸 전화를 멈추지는 못한다(227페이지 참조).

14. 틀리다. 처방전이 필요한 약에 대해 처방전을 요구하지 않는 약국은 유통기한이 지났거나 오염된 약, 혹은 가짜 약을 파는 경우가 많다.

15. 맞다. 진품을 판매하는 평판이 좋은 온라인 매장이 있다. 구매자 보호 제도나 진품 보증서가 따라온다면 얼마든지 쇼핑해도 괜찮다.

16. 틀리다. 저렴한 임대 물건, 경매 전 임대 물건, 렌트투오운rent-to-own[1], 임대 물건 등을 소개받기 위해 선불 수수료를 내거나 월 회비를 내야 하는 임대 부동산 중개회사를 피하라. 대부분은 사기

---

1 임대한 이후 일정 기간 뒤 주택을 구입할 수 있는 옵션이 주어지는 계약 — 옮긴이

다. 게다가 만약 집주인이나 중개인이 물건을 직접 보여준다고 수수료를 요구한다면 그것도 사기다(242페이지 참조).

17. 틀리다. 콘도 이용권 판매에는 최종 결제 시 지불하는 구입 비용 closing costs 외에 다른 수수료가 들지 않는다(247페이지 참조).

18. 틀리다. 디지털 데이팅을 통해 정직한 사람을 만날 수도 있지만 많은 사기꾼은 피해자를 낚기 위해 온라인 데이트 사이트를 배회한다(299페이지 참조).

19. 틀리다. 카운티 서기 사무소에서 출생신고서를 발급받기는 매우 쉽다(320페이지 참조).

점수를 더해 당신의 사기 지능지수(SQ)를 확인하라.

0–50점: 고득점자보다 사기 피해를 당할 확률이 높다. 이미 사기를 당했을 수도 있다. 하지만 안심하라. 이제 보호받을 수 있다. 이 책을 처음부터 끝까지 읽을 준비가 됐으니 당신의 SQ는 올라갈 것이다.

60–100점: 사기 피해자가 될 위험이 평균 수준이다. 여러 수법과 그 작동 방식에 대해 약간의 지식이 있다. 과거에 사기 피해를 당했을 수 있지만 해당 경험을 통해 교훈을 얻었다. 다행스럽게도 당신이 이 책을 읽는다면 사기를 당하지 않을 수 있다.

110–150점: 사기를 당하지 않을 가능성이 높다. 지식과 예리한 직감을 지녔다. 과거에 사기를 당할 뻔 했더라도 당신은 아마도 그것을 물리쳤을 것이다.

160–190점: 사기꾼이 거의 얼씬도 못할 수준에 이르렀다. 이 책을 읽고 최고 수준에 도달하자.

사기 수법 대공개: 알면 이길 수 있다

1장에서는 사기범이 일반적으로 사용하는 전략을 공개하고, 그들의 수법을 물리칠 전략을 제시한다. 당신은 사기 방지를 위해 이 전략을 일상적으로 사용해야 한다. 내가 법 집행기관과 함께 오래 일하면서 사기꾼들이 이런 수법을 사용하는 경우를 봐왔다. 나도 젊은 시절 항공기 조종사와 의사 행세를 하고, 은행에서 가짜 수표 계좌를 개설해 위조 수표를 현금화할 때 이런 수법을 직접 사용했다. 실제 사기꾼의 예를 들어 어떤 식으로 작업하는지 설명하고, 이들이 사용하는 일관된 전략을 지적해 여러분이 해당 유형을 파악하고, 자신의 안전을 지킬 수 있도록 하겠다.

케빈^{Kevin} 이야기부터 시작하자. 그는 큰 '보일러실^{boiler room}'에서 일하는 사기꾼이다. 보일러실, 다시 말해 불법 텔레마케팅 사무실은 여러 사기꾼이 모여 걸려들 만한 피해자를 찾아 압박 전화를 돌리는 곳을 말한다. 케빈은 족보 있는 사기꾼 출신이다. 그의 조상이 그렇다는 것이 아니라 이런 부류의 사기꾼이 오래 전부터 있어왔다는 의미다. 그리고 나도 한때는 그런 부류 중 하나였다. 콘도 보유에 지쳐 이제는 급히 팔고 싶어 하는 사용자를 콘도 재판매 웹사이트에서 찾아내 그들의 신뢰를 얻는 것이 케빈의 임무였다. 이때 그는 모든 사기꾼에게 익숙한 수법을 사용한다.

케빈 같은 사기꾼은 표적을 '신뢰의 환상under the ether'에 취하게 만드는 기술에 숙달된 사람이다. 이 기술은 상대를 믿게 만들 뿐 아니라 미끼에 취하게 한다. 피해자를 이런 환상에 취하게 하는 것은 모든 사기꾼에게 결정적으로 중요한 조건이다. 이런 식으로 피해자가 감정이 고조된 상태에 있으면 명료한 생각을 하기도, 합리적 판단을 내리기도 어렵다. 피해자를 환상에 취한 상태로 이끌기 위해 사기꾼들은 상대를 두렵고, 당황스럽고, 다급하게 몰아친다.

케빈은 플로리다에 사는 낸시 애덤스Nancy Adams와 여동생 이디스Edith 와 통화 연결이 됐을 때 그들이 완벽한 표적임을 파악했다. 이들 자매는 2012년 4월 어느 주말에 사우스 캐롤라이나주 찰스턴에 있는 시설에서 공짜로 묵을 수 있다는 한 콘도미니엄 회사의 영업에 걸려들었다. 70대 초반인 낸시는 그녀의 할아버지가 운영하는 플로리다 리조트에서 직원으로 일하며 자랐기에 한 번쯤은 서비스를 받는 입장이 되고 싶었다. 그 주말이 다 지나기 전에 이 자매는 콘도 한 채를 구입했다.

그러나 2년 후, 낸시는 콘도 구입 결정을 후회하기 시작했다. 이들 자매는 지난 24개월 간 해당 콘도를 여러 차례 이용했고, 리조트 소유의 다른 시설에서 묵을 수 있는 포인트를 적립하기도 했다. 하지만 고가의 회원권 승급 비용으로 총투자비용이 2만 달러가 넘어가는 바람에 낸시는 회원권을 팔고 싶었다. 낸시는 BuyATimeshare.com이라는 웹사이트에 판매 광고를 올렸다. 케빈은 이 사이트에서 광고를 보고 그녀에게 연락했다.

그동안 낸시에게는 800[1]으로 시작하는 일반 업체의 전화가 숱하게 걸려왔지만 받지 않았다. 그런데 케빈의 전화는 플로리다 지역 번호가 찍혀서 수화기를 들었다. 지역 번호를 보고 받아도 되겠다는 생각을 한 것이다. 전화로 케빈은 자신이 국제 마케팅 솔루션즈라는 회사의 구매 중개인이라고 소개하면서 몬트리올에 사는 부부가 낸시의 콘도를 구입하고 싶어한다고 말했다. 직접 그들과 통화할 수 있는 연락처도 알려줬기에 낸시는 더욱 안심을 했다. 알려준 연락처에 전화를 걸어봤더니 상대방 여성은 케빈이 말한 내용이 모두 맞다고 했다. 콘도를 당장 팔 수 있겠다는 생각에 자매는 안도했다. 케빈과 구매자 행세를 하는 그의 동료는 피해자에게 확신을 주기 위해 무슨 말을 해야하는지 정확히 알고 있었다.

케빈은 낸시와 이디스에게 가짜 구매자의 서명이 적힌 서류를 팩스로 보냈다. 낸시는 에스크로escrow 계좌 개설 및 등기 수수료 등의 명목으로 2,250달러를 수표로 보냈다(케빈은 이 금액이 환불될 것이라고 장담했다). 하지만 케빈이나 구매자는 몇 주, 몇 달이 지나도록 연락하지 않았다. 케빈은 또 다른 콘도 사기 건으로 옮겨간 것이었다. 결국 케빈은 덜미가 잡혀 체포돼 감옥에 갔다. 자신에게 무슨 일이 일어났는지 파악한 낸시는 신고를 했고, 주 정부는 그녀가 잃은 금액을 거의 모두 갚아줬고, 리조트 회사는 그녀의 콘도를 도로 사갔다. 하지만 그녀가 자신을 사기로부터 지켜낼 수 있었다면 많은 고통과 비용을 피할 수 있었을 것이다.

---

1 미국의 수신자 부담 전화번호의 지역 코드 중 하나로, 한국의 080 번호에 해당한다. — 옮긴이

피해자를 환상에 취하게 하는 법

최고의 사기꾼은 사람들을 환상에 취하도록 만들기 위해 부드럽고 확신에 찬 어조로 말하는 법을 안다. 그들은 사람들의 취약점을 공략하고 피해자들이 자신의 개인정보를 노출시키도록 유인한다. 나는 젊은 시절 사기 행각을 벌이면서 이 기술을 익혔다. 모든 표적을 대할 때 목소리를 바꿔 침착하고 확신을 주는 음성으로 말하는 방법을 알았다. 그 효과는 최면술에 가까웠다. 수표를 현금화하거나 비행기를 무료로 타야 할 이유에 대한 설명이 채 끝나기도 전에 내 표적은 이미 환상에 취해 내 손아귀에 들어왔다. 1980년대와 1990년대에 여러 불법 사기 텔레마케팅 사업장을 상대로 컨설팅을 한 사기범 록키Rocky는 "훌륭한 사기꾼은 피해자가 환상의 높은 산꼭대기에 머물도록 항상 노력해야 합니다. 한 번이라도 논리의 골짜기로 내려온다면 그들은 손아귀에서 벗어난 것이나 다름없습니다."라고 설명한다.

상대방과의 신뢰감 형성은 사기꾼이 표적으로부터 여러 정보를 얻어내는 값진 수단이다. 이렇게 얻어낸 정보를 역이용하면 표적이 평소라면 내리지 않을 손해 보는 결정을 내리도록 유도할 수 있다. 사기꾼은 감정 반응을 촉발하는 질문을 던져 상대를 환상에 취하게 한다. 낸시의 콘도 매매 건을 예를 들면 사기꾼은 직설적이고 진지하게, 그리고 차분하고 전문적으로 해당 콘도에 드는 비용에 대해 낸시에게 물었고, 그녀가 미래에도 시간을 내어 그 콘도를 유용하게 쓸 수 있는 상황인지 물었다. 물론 사기 내용에 따라 질문은 달라진다. 데이트 사기의 경우 사기꾼은 상대방 여성에게 여가 시간에는 무슨 일을 하는지 물으면서 관심있는 척 할 수 있다. 주택 수리 사기의 경우 사기꾼은 집의 보수 관리 때문에 골머리를 앓고 있지는 않은지 묻는다.

일단 표적의 감정 자극점을 알아낸 다음 상대방의 감정을 고조시키려고 해당 부분을 자극한다. 그는 질문을 통해 상대를 파악하면서 추후 전화 통화 시 사용할 수 있는 정보를 수집한다. 이것은 거래를 마무리할 때까지 상대를 환상 속에 묶어두기 위한 것이다.

사기꾼 지미 에드워즈Jimmy Edwards는 체포돼 사기 혐의로 기소되기까지 30곳의 불법 텔레마케팅 사업장에서 8년 간 활동한 바 있다. 그는 이 수법이 개인 차원에서 쓰이는 방식을 설명했다. "사기꾼은 인간적이고 친근한 모습으로 말을 걸면서 정보를 수집해요. '자녀 둘, 그중 한 명이 지적장애, 베트남 전쟁에서 형을 잃음' 등을 기록하고, 이런 정보를 모두 모아 무기로 삼는 거죠. 어느 문제를 끄집어 내야 상대의 감정을 자극할 수 있는지 파악하는 거예요. 상대가 감정에 완전히 휩싸이면 논리적 사고는 불가능해요. 그러면 저는 상대에게는 의미 있는 존재가 되죠. 더 이상 전화 반대편의 약탈자가 아니라 '뉴욕에 사는 짐Jim'이 되는 거죠."

신뢰의 층이 두터워지면 사기꾼이 더 개인적인 질문, 즉 가까운 친구가 물을 만한 질문을 할 여지가 생긴다. 사기꾼은 질문할 때도 어떤 식으로 물어야 할지 잘 안다. 부드럽고 친근하게 던지는 호기심 어린 질문은 표적을 안심시킨다. 불쑥 "주택담보대출금을 매달 얼마씩 갚아 나가나요?"라고 묻는다면 표적은 긴장할 수 있다. 그 대신 사기꾼은 "한 가지 궁금한 게 있어요. 이야기를 듣고 보니 정말 멋진 집에 살고 계신 것 같네요. 매달 갚아 나가는 주택담보대출금은 어느 정도예요?"처럼 부드럽게 질문한다. "남편이 언제 돌아가셨나요?"라고 묻는 대신, "남편을 무척 사랑하셨나봐요. 무척 그리우시겠어요. 혹시 이런 거 물어도 될지 모르겠지만, 돌아가신 지 얼마나 되셨어요?"라고 표현한다. 표적의 마음 속에 감정과 추억이 흘러 들어가면 사기꾼은 그 감정을 전화기 반대편에 있는 사람과 연결시킨다. 표적은 이제 '친구'가 된 사기꾼에게 마음을 열고 개인적인 질문에 답하게 되는데, 이보다 더 심각한 문제는 사기꾼을 신뢰하기 시작한다는 점이다. 이제 사기꾼은 피해자와 신뢰 관계를 형성했다.

신뢰해서는 안 되는 사람을 믿지 않으려면

- 낯선 사람과의 대화에서는 결코 개인적인 내용을 나누지 마라.
- 개인정보를 노출시키지 마라. 계정 정보는 물론 가족, 친구, 심지어 애완동물의 이름도 포함된다.
- 낯선 사람이 당신에게 개인적인 질문을 할 경우 "그걸 왜 알아야 하는데요?"라고 물어보라.
- 낯선 사람에게 진 빚이 전혀 없음을 기억하라. 정보뿐 아니라 그가 판매하는 물건, 혹은 다른 그 무엇에 대해서도 당신은 아무런 의무가 없다.

약간의 아부와 함께 희소성이나 긴급성 버튼을 자극할 경우

일단 당신의 감정 자극점을 파악하면 사기꾼은 또 다른 전략을 구사하면서 당장 행동을 취해야 한다고 당신을 압박할 것이다. 희소성scarcity, 긴급성urgency 그리고 아부flattery, 이 세 가지는 사기꾼과 파렴치한 영업사원 그리고 피해자가 손해보는 거래를 일으키려는 이들이 자주 사용하는 심리 수법이다.

심리학 교수 로버트 치알디니^{Robert Cialdini}는 사람들이 제한적이거나 사라지는 기회에 유혹되는 경향을 설명하는 '희소성 원리^{scarcity principle}'라는 용어를 유행시킨 장본인이다. 희소성은 긴급성(지금 바로 주문하세요!) 그리고 아부(당신 같이 똑똑한 분이 이렇게 좋은 기회를 놓칠 리 없죠!)와 짝을 이루곤 한다. 합법적인 사업체와 소매점에서도 고객에게 물건을 팔기 위해 이 전략을 구사한다. 그들은 "특별 세일! 마지막 하루 남았습니다." 혹은 "남은 수량 단 2개! 지금 바로 주문하세요!" 등의 광고 문구를 사용한다. 이것은 흔하지 않은 기회를 놓치기 싫어하는 우리의 본능적 심리를 건드리는 확실한 판촉 기술이다. 게다가 잘 먹힌다. 수지맞는 거래가 아주 잠시 동안만 제공된다고 생각하면 사람들이 해당 제품을 구입할 가능성이 커진다.

사기꾼들도 이 점을 이용해, 희소성, 긴급성, 아부를 조합해 당신을 압박한다. 실제로 세상에는 경매에 출품된 유일한 예술 작품처럼 희소한 물건을 판매하는 합법적인 방식이 존재한다. 그러나 누군가가 즉각적인 결정을 내리라고 압박한다면 그것은 위험 신호다. 불법 텔레마케팅 사기는 가짜 투자 기회에 투자자를 유혹하기 위해 희소성, 긴급성, 아부가 혼합된 강력한 수법을 구사한다. 일례로 어떤 사람이 가짜 주화를 놓고 "1860년에 필라델피아 조폐소에서 22,625개의 주화를 만들었는데, 이것이 그때 만든 22,625개 중 현존하는 4개 중 하나입니다."라고 주장하면서 수집가에게 팔았다. 이것은 희소성을 각인시킨 사례다. 그는 이어 "이 판매 제안은 앞으로 24시간 동안만 유효합니다."라고 말하면서 긴급성을 자극했다. "게다가 지금 남은 수량이 세 개뿐이니 빨리 결정해야 합니다."라면서 즉시 행동하지 않으면 기회가 사라진다고 겁을 줘 구매자에게 공포심을 심었다. 끝으로 사기꾼은 거래를 끝내도록 표적에게 칭찬으로 아부한다. "당신은 식견이 남다른 분이시네요. 설마 가족에게 허락을 받아야 하는 건 아니시겠죠?" 혹은 "지금 이런 기회를 고려하다니 정말 현명하신 거예요. 이런 기회는 좀처럼 오지 않죠." 주화나 콘도의 남은 수량이 네 개뿐이라고, 혹은 투자 기회를 잡으려면 몇 시간 남지 않았다고 주장함으로써 사기꾼은 당신이 즉시 행동하지 않으면 이런 기회는 다시는 만나지 못할 거라고 믿게 한다. 사기꾼은 당신을 환상에 취하게 하려고 심리적 공포를 자극하는 것이다.

물론 '평생에 단 한 번' 오는 기회가 있을 수 있지만, 그런 경우는 드물다. 다른 주화나 집 그리고 투자 기회는 얼마든지 다시 만날 수 있음을 기억하라. 거래 조건이 달라지고, 가격이 요동칠 수는 있지만 어떤 물건을 구입하거나 어디론가 갈 수 있는 또 다른 기회는 거의 반드시 존재한다.

희소성, 긴급성, 아부의 삼중 위협을 피하는 열 가지 방법

1. **감정을 다스려라:** 큰 돈을 벌 수 있다거나 한시적인 투자 기회에 참여하라거나 만난 적도 없는 사람에게 돈을 송금하라는 이야기를 걸어오는 사람을 만날 때 당신의 감정 상태에 주목하라. 심장이 빨리 뛰는가? 흥분되는가? 그 돈으로 할 수 있는 모든 일에 대해 꿈을 꾸기 시작하는가? 이런 반응은 당신이 환상에 취하고 있다는 신호일 수 있다. 이런 감정 상태에서는 아무 결정도 내리지 마라.

2. **24시간을 기다려라:** 재정과 관련된 모든 결정은 반드시 만 하루 동안 숙고해야 한다는 타협할 수 없는 규칙을 만들어라. 이 규칙을 지키면 상대의 제안에 흔들리는 감정을 추스르고, 다른 사람들의 압박에서 벗어나 자유로운 상태에서 생각할 시간을 가질 수 있다.

3. **내적 성찰을 연습하라:** 상대의 제안이 매혹적으로 보여도 논리적 자세로 돌아와 다음 질문을 자신에게 해보라.

(a) 이 제안을 하는 사람은 무엇을 하는가? 그에게 어떤 혜택이 돌아가는가?

(b) 이 제안이 내게 오는 것이 말이 되는가? 왜 나인가?

(c) 이 제안을 통해 내가 얻는 장기적 이익은 무엇인가?

(d) 이 제안보다 더 낫고, 더 신뢰할 만하고, 더 일반적인 대안이 있는가?

4. **속내를 드러내지 마라:** 개인적 질문, 특히 가족 상황, 재정 문제, 고민거리 등에 관한 물음에는 답하지 마라. 잘 모르거나 만난 적이 없는 사람과는 개인 정보를 공유하지 마라.

5. **꼼꼼하게 확인하라:** 대답하기보다 질문을 더 많이 하라. 전화를 건 사람에게 제안에 대한 상세한 내용, 왜 내게 전화했는지, 상대방 주소 그리고 자격을 입증할 만한 내용 등을 그 자리에서 질문하라.

6. **시간 제한에 걸려들지 마라:** 상대가 시간이나 수량에 제약이 있다고 얘기한다면 시간 제약이 있는 경우는 매우 드물다는 사실을 기억하라. 심지어 수퍼마켓도 식료품을 매주 돌려가면서 특가 세일을 한다! 이번 주에 계란을 할인가격으로 사지 못했다면 몇 주 후에 다시 특가 세일을 할 것이다.

7. **실사(due diligence)를 진행하라:** 시간을 들여서 제안 내용 및 상대방과 해당 회사에 대해 알아보라.

8. **평가를 읽어보라:** 나는 언제나 사용자 포럼이나 소비자 단체 웹사이트를 통해 판매자에 대한 평가를 확인해본다. 기업평가기관이나 소비자 단체의 평점을 찾아보라. 해당 기업이나 판매자에 대한 불평과 부정적 피드백을 검토하라. 주화 등의 화폐를 구입하는 금융 투자의 경우 불평이 단 한 건 있어도 그런 위험한 거래를 진행해서는 안 된다.

9. **누군가에게 이야기하라:** 당신이나 당신의 지인(혹은 다른 누구라도)을 귀찮게 하는 인물이 사기꾼이라는 확신이 들면 경찰에 신고하라.

10. **전화를 받지 마라:** 걸려오는 모든 전화를 받아야 하는 것은 아니다. 전화를 걸러내고 회신하지 마라. 위험한 전화에 대해 알고 있어야 한다.

내가 언제나 제안하는 또 한 가지는 조심해야 할 최신 사기 수법에 대해 알고 자신을 보호하라는 것이다. 사기 감시 네트워크(AARP.org/Fraud WatchNetwork)에 가입하면 관련 정보를 쉽게 무료로 얻을 수 있다.

사기꾼은 당신의 약점을 공략한다

낸시와 이디스가 콘도 사기에 취약했던 이유는 해당 물건을 너무나 팔고 싶었고, 누군가가 그 문제를 바로 해결해 주겠다고 다가왔기 때문이었다. 케빈이 인근 지역의 전화번호로 자매에게 전화를 걸어 직접 통화할 수 있는 구매자에 대해 말해주자 자매는 그를 믿었다. 만약 전화번호가 다른 지역에서 걸려왔거나 800으로 시작하는 일반 번호였다면 약간은 상대를 의심했을 것이다. 케빈은 낸시와 통화하면서 그녀가 구매자를 찾아 거래를 빨리 마무리 짓고 싶어하는 간절함을 간파했다. 그는 캐나다인 부부의 구매 의사를 전하면서("북쪽의 겨울은 지긋지긋해요!") 낸시를 들뜨게 했고, 그녀에게 안도감을 심어 매매 제안을 기꺼이 받아들이게 해 가짜 에스크로 계좌와 등기 검색 수수료 등의 비용을 지불하게 만들었다.

친구로 보이는 사람이 문제에 대한 간단한 해결책을 제시할 때 누구나 환상에 취하기 쉽다. '문제 해결'의 사기에 빠지지 않는 요령을 소개한다.

- 절박한 심정이나 손쉬운 해결책에 휘둘리지 말고 대안을 찾아보라. 결정을 내리기 전에 비록 문제 해결 가능성이 있는 답이 보일지라도 더 나은 대안을 찾아보자.
- 선불 수수료에 대해 의문을 품어라. 특히 부동산 거래의 경우 합법적 수수료는 대체로 거래 성사 후에 지불하거나 거래 대금에

서 차감된다.

- 추적이 불가능한 송금은 절대 하지 마라. 수수료 지불 시 현금이나 온라인 송금, 전신환money order, 상품권, 은행 수표cashier's check는 사용하지 마라. 이런 지불 방법은 회수가 어렵다.

- 신용카드 회사의 분쟁 규정dispute policy을 확인하라. 여러 은행 카드는 일정 기간이 지나면 신고를 인정하지 않는다. 만약 거래에 문제가 있다고 생각되면 해당 기간 내에 연락을 취하라.

- 행동하기 전에 조사하라. 어떤 회사의 웹사이트가 아무리 근사해 보여도, 상대방 전화번호가 어느 지역에서 걸려오더라도 더 확인해보라. 지역 및 주 정부의 소비자 보호기관을 통해 당신에게 연락한 회사에 관한 신고 내역을 확인하라. 소비자 평가를 찾아보고 부정적 의견에 주의를 기울여라.

- 모든 내용을 문서로 요구하라. 서류 없이는 아무것도 동의하지 마라. 서류를 받으면 거래 진행 전에 전문가와 상의하라. 예컨대 콘도의 경우 콘도가 위치한 리조트에 연락해 거래에 관해 문의하라. 변호사나 부동산 중개인도 서류 검토 시 도움이 된다.

사기꾼은 큰 돈을 벌 수 있다고 유혹한다

사기꾼이 이용하는 또 하나의 도구는 큰 돈을 벌 수 있다는 약속이다. 투자 금액을 두 배로 불려준다는 이야기나 복권 당첨 소식에 흥분하지 않을 사람이 누가 있을까? 기대하지 않았던 횡재로 공돈이 생겼는데 이를 기뻐하는 것은 인간의 본성이다. 사기꾼은 이 점을 잘 안다. 그들은 이런 심리를 이용해 큰 돈을 벌 수 있다면서 당신의 마음을 사기에 걸리기 쉬운 상태로 만들어 당신의 돈을 가져간다.

유령 재산은 당신이 갖고 싶어도 가질 수 없다. 사기꾼은 당신 눈 앞에 유령 재산을 보여주며 감정을 부추겨 충동적 결정을 내리게 한다. 사기성 권유 내용을 녹음해 분석한 연구에 따르면 이것이 가장 빈번하게 사용되는 수법이다.

여러 금화 사기 불법 텔레마케팅 회사에서 5년간 일했던 제레미 쉬프만Jeremy Shipman은 유령 재산과 횡재 전략 사용에 대해 다음과 같이 설명한다. "우리는 사람들에게 향후 1~2년 안에 금값이 두 배로 뛸 게 확실하기 때문에 다른 어떤 투자 대상보다 더 큰 돈을 벌 수 있다고 말합니다." 물론 금값이든 다른 어떤 물건의 가격이든 미래 가격을 보장할 수 있는 방법은 없다. 횡재 사기는 말도 안 되는 주장을 그럴듯하게 전달함으로써 상대방을 환상에 취하게 한다.

가짜 주 정부 복권은 당신을 속이는 대표적인 횡재 전략 중 하나다. 사기꾼이 어느 주를 대표하는 것처럼 행세하든 수법은 다 똑같다. 사기꾼은 전화나 우편 혹은 이메일로 당신의 복권 당첨을 축하하면서 거액을 받게 됐다고 전한다. 그러면서 당첨금 수령 업무를 도울 '수령 대리인'과 연락할 방법을 알려준다. 사기꾼의 편지와 이메일에는 합법적 웹사이트에서 가져다 베낀 공식 주 정부의 인장과 복권 로고가 사용되는 경우가 많아 속기 쉽다. 나는 사기꾼이 보낸 편지에 주 정부 복권 위원회의 실제 주소가 사용되고, 입체 인장 스티커가 붙어있고, 진짜 같아 보이는 잉크 서명이 들어간 경우를 많이 봤다.

만약 실제로 '수령 대리인'에게 전화를 걸면(제공되는 수신자 부담 전화번호로 연락하면 해외로 연결되는 경우가 많다) 신원 확인을 위해 사회보장번호, 은행 계좌번호와 라우팅 번호routing number[2] 등의 민감한 정보를 요구한다. 내가 경험한 바로는 전화기 반대편에 있는 대리인은 당첨금 수령을 위해 취급 수수료나 세금을 내야 한다고 말한다. 그는 당당하고 전문적인 말투로 축하한다는 말을 쏟아내면서 당첨금을 수령할 기회를 놓치지 않으려면 시간을 낭비해서는 안 된다고 재촉할 것이다. 대리인은 거짓 취급 수수료로 청구된 돈이 입금 확인될 때까지 전화를 끊지 말라고 당신을 설득할 수도 있다.

일확천금을 약속하는 사기꾼의 유혹에는 누구나 홀딱 넘어가기 쉽다. 만약 그런 느낌이 올 때 다음의 요령을 따라 상황을 역전시켜라.

- 큰 돈을 벌 수 있다는 권유를 받을 때 자신의 감정에 주목해라. 맥박이 증가하는가? 번 돈으로 할 수 있는 많은 일이 머리 속에 그려지는가? 이것은 당신이 환상에 취하고 있다는 신호다. 흥분 상태에서는 아무 것에도 동의하지 마라.

- 일정 기간 동안 얼마의 투자 수익을 보장한다는 이야기를 조심하라. 투자 전략을 논하면서 큰 금액을 벌 수 있다는 전략을 펼친다면 이는 사기다. 마찬가지로 합법적인 복권은 다만 이길 확률만을 제시할 뿐, 결코 얼마를 딸 수 있다고 보장하지 않는다.

- 구입하지 않은 복권은 당첨될 수 없다. 당첨됐다는 통지를 받았더라도 만약 공식 판매처를 통해 복권을 산 적이 없다면 결코 해당 복권에 당첨될 수 없다.

---

2 미국 내 소재 은행에서만 사용하는 은행 고유번호 — 옮긴이

- 직접 찾아가라. 합법적인 복권은 당첨 소식을 직접 전해주지 않는다. 당첨된 복권을 소지한 사람이 복권 위원회를 찾아가도록 돼 있다.
- 수수료를 지불하지 마라. 정말로 복권에 당첨될 경우 선불 수수료 따위는 없다. 당첨금에 대한 세금은 내야할 수 있지만, 세금은 당첨금 수령 이후에 낸다. 복권, 경품, 행운권 추첨에 대해 선불 수수료를 요구한다면 대부분 사기다.
- 확인하고 검증하라. 복권 웹사이트에서 당첨 번호를 반드시 확인하라. 복권 당첨 통지에 대해 의구심이 생긴다면(그래야 마땅하다) 비영리단체인 Fraud Aid 웹사이트(www.fraudaid.com)에서 알려진 사기 복권 명단을 확인해보라.

의심스러운 당첨 연락을 받았다면 주 정부 복권 사무소와 법무부에 신고하라.

사기꾼은 강압과 협박을 사용한다

각종 수법을 동원해도 당신이 속지 않는다면 사기꾼은 더욱 공격적이 돼 공포와 위협으로 자신의 목적을 달성하려 들 것이다. 사기꾼이 피해자에게 하루에도 50~60번씩 전화를 걸어 투자나 물건 구입을 권유하거나, 복권에 대해 돈을 보내라고 하는 경우가 드물지 않다. 한번은 사기꾼이 성가시도록 걸어대는 전화를 피해자가 더 이상 받지 않자 "왜 전화를 받지 않는 거야? 이 XX야?", "장난하지 말고 내가 전화를 걸면 받으란 말이야, 이 XX야. 내가 가서 너네 집에 불을 지를까?"라는 등 피해자에게 험악한 음성메시지를 남겼다.

　피해자가 환상에 빠지는 것은 얼마나 똑똑하고 많이 배웠는지와는 아무 상관이 없다. 실제로 대학 학위 소지자는 고졸 이하 학력자에 비해 사기 피해자가 될 확률이 두 배나 된다. 내가 젊었을 때 매우 똑똑한 사람들이 나를 항공기 조종사라고 믿었고, 세상물정에 밝은 은행 직원들도 내가 그들이 일하는 은행에 거액의 계좌를 갖고 있다는 거짓말에 속았다. 원칙적으로 사기꾼은 표적의 머리가 나쁘기를 기대하고 공격하는 것이 아니라 표적의 감정 상태를 조작해 신뢰를 형성하는 것이 얼마나 쉬운지에 기대를 걸고 공격하는 것이다. 만약 사기꾼이 당신과 신뢰 형성이 어렵다고 판단되면 이번에는 위협으로 당신을 두렵게 하려고 노력할 것이다. 사기꾼은 감정을 자극하는 민감한 부분을 찾아 찌르는 데 도사다. 나를 포함해 누구나 그런 민감한 부분이 있다. 자신의 민감한 부분이 어디인지 알아야 누군가가 당신을 속이려고 할 때 준비돼 있을 수 있다. 내 민감한 부분은 아내와 자식들이다. 만약 내 식구 중 누군가가 위협을 당한다면 나는 내 생각과 행동을 침착하게 추스르고, 논리적 결정을 내리기 위해 엄청나게 노력해야 할 것이다. 하지만 위에 열거한 조언을 따라 사기꾼이 당신을 조종하지 못하게 한다면 당신은 환상에 빠지지 않도록 자신을 보호할 수 있다.

수치의 전당: 마이클 로마노

1997년에서 2008년까지 마이클 로마노(Michael Romano)는 월스트리트 희귀 주화(Wall Street Rare Coins), 애틀랜틱 주화 컴퍼니(Atlantic Coin Company), 노스이스트 골드 앤드 실버(Northeast Gold and Silver)라는 이름의 주화 회사 세 곳을 운영하며 많은 돈을 벌었다. 세 회사 모두 뉴욕주 매사피콰(Massapequa) 및 린덴허스트(Lindenhurst)에 위치한 불법 텔레마케팅 회사에서 운영했다. 로마노 일당은 주로 노인을 표적으로 삼아 수백만 달러의 수익을 올렸다. 그들은 4천만 달러 이상의 돈으로 주택 여러 채와 희귀한 빈티지 자동차를 사들이며 호화생활을 누렸다. 로마노 일당은 그들이 파는 주화는 수집 가치가 높아 가격이 계속 오를 것이라고 피해자들을 속였다.

CNBC와의 인터뷰에서 한 피해자는 이렇게 말했다. "그들이 전화를 걸어 내가 프랭클린 하프 달러(Franklin Half Dollar)라는 특정 주화에 관심이 있음을 알고 있다면서 좋은 값에 팔겠다고 하더군요." 전화상으로 한 묶음의 주화를 구입하자 더 많은 주화를 구입하라고 압박하는 전화가 계속 걸려왔다. '그 주화가 얼마나 좋은지'에 대해 귀찮을 정도로 이야기하면서 그를 회유했다.

더 심한 압박 전술이 뒤따랐다. 로마노 일당은 전체 세트를 구입하면 주화의 가치가 더욱 올라간다고 회유했다. 이들 사기꾼은 해당 주화를 비싼 값에 사들일 투자자들이 있다고 주장했지만 당연히 그런 투자자는 나타나지 않았다.

"로마노는 미국 전역의 노인 수백 명이 남을 믿는 경향이 있다는 점을 악용했습니다. 그들은 수집용 희귀 주화를 판다고 약속했지만 실제로는 거의 아무 가치도 없는 동전을 넘겼을 뿐입니다."라고 로레타 린치(Loretta Lynch) 검사는 말했다. "피해자 중 다수는 자기 자녀와 손주들에게 유산을 남기려고 주화를 구입했습니다."

2014년 2월, 로마노는 징역 20년 및 보호관찰 5년을 선고받았다. 또한 피해자 손해배상금 9천만 달러와 사기로 벌어들인 돈 3천 2백만 달러를 벌금으로 내라는 판결을 받았다.

당신이 사기당하기 직전임을 알려주는 열 가지 신호

사기 전술을 알아챌 수 있는 요령은 다음과 같다.

1. **행동을 요구한다:** 만약 영업사원이 "앞으로 이야기하는 내용은 중요하니까 받아 적으세요." 등과 유사한 이야기를 한다면 사기의 신호다. 일단 당신이 사기꾼의 말을 따르게 되면 그는 대화를 주도하면서 당신을 더욱 궁지로 몰고 갈 것이다.

2. **수수료를 요구한다:** 만약 복권, 경품, 행운권 추첨에 당첨됐다고 수수료를 청구한다면 뒤로 물러서라. 당첨금이나 상품 수령을 위해 돈을 지불해야 한다면 그것은 거의 모두 사기다.

3. **보장:** 사기꾼은 기대해도 좋다고 하면서 깜짝 놀랄 만한 수익율을 보장하곤 한다. 예컨대 6개월 만에 투자금의 두 배를 돌려받는다는 식으로 보장하는 것이다. 그런 보장은 사기 신호인 경우가 많다.

4. **지금이 마지막 기회다:** 뭐든 긴급한 요청은 의심하고 보라. "오늘 결정해야 합니다." 혹은 "8시간 내에 답을 주세요." 등은 사기로 몰고 가는 수법이다.

5. **개인정보를 요구한다:** 상대방이 개인적인 질문을 많이 하고 은행 계좌나 사회보장번호, 비밀번호, 건강 상태, 부동산 대출이나 밀린 대출금 등의 개인정보를 요구한다면 사기일 가능성이 높다.

6. **문법 오류:** 이메일 사기는 주로 외국인이 보내는 경우가 많아서 문법을 정확히 모르거나 온라인 번역기를 돌려서 보내곤 한다. 철자와 표현의 오류를 살펴보라. 이를 통해 상대가 사기꾼인지를 알아볼 수도 있다.

7. **주소가 없다:** 만약 확인 가능한 주소나 실제 소재지가 불분명한 회사가 상품을 팔겠다고 접근한다면 상대방은 바다 건너 어딘가의 커피숍에 앉아있는 사기꾼일 수 있다. 특히 온라인 쇼핑 광고에서 이런 일이 많다. 만약 웹사이트에 전화번호, 이메일 주소, 사무실 주소 등의 자세한 연락처 정보가 없다면 사기일 수 있다.

8. **추적이 불가능한 지불 방법을 요구한다:** 만약 지불 방법으로 웨스턴유니온(Western Union), 상품권 등의 추적 불가능한 방식을 요구한다면 주의하라.

9. **컴퓨터 접속 권한을 요구한다:** 당신이 직접 요구하고 상대방을 검증한 것이 아니라면 타인이 당신 컴퓨터에 원격 접속하도록 허용해서는 안 된다. '무료로' 당신 컴퓨터 문제를 해결할 수 있다고 컴퓨터 원격 접속을 요청하는 기술자는 당신의 개인정보를 훔치고 싶을 뿐이다.

10. **보안되지 않은 웹 주소:** 보안된 웹사이트는 대체로 웹 주소 URL이 일반적인 http대신 https로 시작하는 것으로 확인할 수 있다. 이 점은 중요하다. 보안된 웹사이트는 지불 정보 같은 민감한 정보를 암호화해 처리한다. 보안되지 않은 사이트에 개인정보나 금융 자료를 제출해서는 안 된다. 웹 브라우저를 통해서도 합법적인 온라인 거래 사이트를 확인할 수 있다. 주소 표시줄 왼쪽 끝에 잠긴 자물쇠 모양의 작은 그림을 확인하라. 열린 자물쇠 표시가 있다면 보안되지 않은 사이트라는 의미다.

사기꾼은 어디에나 있다

지난 50년간 사기꾼의 수는 증가했다. 기술 발전 덕분에 더 많은 사람이 집에 편안히 앉아 더 많은 사람을 속일 수 있게 됐다. 로버트 치알디니 교수가 『설득의 심리학Influence: Science and Practice』(21세기북스, 2013)에서 썼듯이 기술이 발달한 세계에 사는 사람들은 넘치는 정보의 홍수 속에 살고 있기에 생각과 시간의 제약하에 행동을 취하기 위해 일반화에 근거한 의사결정 방식을 택하는 경향이 있다. 이런 방식은 평소 별문제 없이 작동하지만 사기꾼은 바로 이 심리를 악용한다.

오늘날의 사기꾼은 이 책에서 소개한 전략에 의존하지 않고도 표적에 대해 많은 정보를 알아낼 수 있다. 사기꾼의 작전 교본에는 이제 소셜미디어 검색과 데이터 절도가 추가됐다. 소셜미디어 계정이 아예 없거나 그런 웹사이트에 좀처럼 접속하지 않는 사람도, 또한 대인관계가 넓지 않은 매우 개인적인 사람도 프로파일링에 취약할 수 있다. 왜냐하면 사기꾼들은 표적이 될 만한 사람들에 대한 정보를 훔치고, 구입하고, 서로 교환하기 때문이다. 그들은 다른 사기꾼이나 사기 정보 브로커, 심지어 합법적인 출처를 통해 이런 정보를 얻는다. 기업체 직원이 돈벌이를 위해 고객 정보를 유출하는 경우도 있다. 예컨대 낸시가 처음 사기를 당한 이후 누군가가 그녀의 콘도를 빌리고 싶은 척하며 접근해 또 다시 사기를 당했다는 소식을 들었다. 그녀는 해당 사기를 통해서도 돈을 잃었다. 내 경험으로 볼 때 사기꾼들이 거래하는 표적 명단에 낸시 이름이 올라갔음이 거의 확실하다.

사기꾼이 한번 당신을 프로파일링하면 그들은 관련 정보로 당신이나 다른 사람에게 사기를 칠 수 있다. 이런 활동은 너무나 은밀하게 이뤄지는데 나는 그 점을 당신에게 알려주고 싶다. 다음 장에서 이어 설명하는 2가지 규칙 '신원 도용을 막아라'와 '금융 보안을 확실히 하라'에서 이 문제를 다루겠다.

신원 도용을 막아라
Protect Your Identity

신원 도용범의 사기 수법

2장에서는 신원 도용^{identify theft}[1]을 피하고 그 발생 가능성을 현저하게 줄이는 방법을 설명한다. 신원 도용을 당하면 은행 계좌나 신용카드에만 문제가 생기는 것이 아니다. 그저 불편한 정도가 아니라 심각한 문제가 평생 따라다닐 수 있다. 이에 대해 주의할 점과 자신을 보호하는 방법을 알아보자.

2017년에 나는 Talk at Google(TED Talk와 비슷한 강연 행사)에서 내 인생에 대한 강연을 했다. 질의 응답 시간에 한 젊은이가 내가 자주 받는 질문을 했다. 컴퓨터와 기술이 발달한 오늘날에는 신원 도용이 1960년대보다 더 어렵지 않느냐는 질문이었다. 그때나 지금이나 내 대답은 같다. 그렇지 않다! 사실 나는 항상 내가 16살일 때보다 지금이 4천 배는 더 쉽다고 말한다. 신원 도용범은 기술을 너무나 사랑한다. 기술 덕분에 당신의 삶을 구석구석 들여다볼 수 있게 돼 도용범의 삶은 한결 편해졌다. 자판

---

1 신원 도용과 명의 도용은 그 의미가 약간 다르다. 신원 도용은 더 넓은 의미에서 다른 사람 행세를 하는 행위를 말하는 한편, 명의 도용은 주민등록번호나 전화번호 등 타인의 개인정보를 훔쳐 사용하는 행위를 말한다. — 옮긴이

을 잠깐 두드리는 것만으로 신용 보고서, 계좌번호, 개인과 가족사에 관한 상세 정보가 손에 들어온다. 방법만 안다면 이런 정보를 손쉽게 구할 수 있다. 게다가 사기꾼은 정보를 찾아내는 데에는 도사다.

2초에 한 번 꼴로 발생하는 신원 도용은 다른 사람의 신원(이름, 주소, 사회보장번호, 은행 계좌 등)을 고의로 사용해서 돈과 신용을 얻거나 직업을 구하고 재산을 훔치거나, 학력 등의 자격증을 위조하거나 건강보험에 접근하는 등의 일을 말한다. 다른 사람을 사칭하는 경우는 오래 전부터 있었지만 내가 찾은 바로는 '신원 도용'이란 용어가 처음 사용된 사례는 1966년 베트남 전쟁에서 사망한 어느 젊은이에 관한 신문 기사의 제목에 사용된 경우다. 고향에서 법적 문제가 있었던 윌리엄 조이스^{William Joyce}는 리처드 프레스케니스^{Richard Preskenis}라는 이름으로 해병대에 입대했다. 리처드 프레스케니스는 인근 마을에 사는 소년의 이름이었다. 당시는 군대에서조차 신원 확인에 크게 신경을 쓰지 않았다.

신원 도용 피해자는 돈과 여러 혜택을 도둑맞고, 신용도가 하락하고, 정신적 고통을 겪고 특히 범인의 행동에 대해 본인이 책임을 져야 할 경우 자존심과 신뢰를 잃는 등 바람직하지 않은 정도가 아니라 파멸적인 피해를 겪기도 한다. 신원 도용을 당해 은행 잔고가 바닥나고, 재산을 잃고, 평판이 나빠지고, 민감한 정보가 내다 팔린다면 아주 최악의 상황을 만나는 것이다. 자신의 신원이 실제로 도용당했음을 입증하기도 어렵고 금전적, 감정적 손실이 크다. 어떤 이들은 자신의 신원을 되찾는데 몇 년씩 걸리고, 어떤 이들은 돈을 회수하거나 평판을 회복하는 데 실패한다. 1장에서 언급한 헬렌은 앨리스에게 당한 신원 도용의 후유증을 아직도 겪고 있다. 앨리스가 체포된 것이 헬렌에게는 무척 다행이었지만 신원 도용 범죄가 제대로 기소되는 경우는 매우 드물다.

신원 도용범의 최고의 도구는 기술

최신 기술을 이용하면 수표 복제는 식은 죽 먹기다. 헬렌의 사례에서 앨리스는 헬렌의 신원을 도용해 헬렌의 거래 은행을 통해 헬렌 이름이 인쇄된 수표를 발행했다. 앨리스의 도둑질은 수작업으로 이뤄진 부분도 있었지만, 그녀가 확보한 정보 대부분은 소셜미디어나 신용평가회사 같은 온라인 출처를 통해 얻었다. 신원 도둑은 그저 온라인에서 수표 발행 서비스에 접속해 이름, 계좌번호, 사서함 주소만 입력하면 작업 끝이다! 당신의 수표 계좌는 이렇게 쉽게 털린다.

내가 수십 년 전에 저지르던 위조 수표 발행은 최신 기술을 이용하면 집에서 컴퓨터로 끝낼 수 있다. 1960년대에 내가 어떤 회사나 개인의 이름과 계좌번호를 사용해 위조 수표를 만들었을 때(본질적으로 신원 도용에 해당)는 4색 인쇄기와 조판기 그리고 장비를 다루는 기술이 필요했다. 지금은 기업체 웹사이트와 은행 웹사이트에 각각 접속해 로고를 내려받으면 된다. 이어 신원을 도용하려는 회사의 채권 추심 부서에 전화를 걸어 빚진 금액을 어느 계좌번호로 송금하면 되는지 물어본다. 이렇게 그 회사가 사용하는 은행과 계좌번호를 손쉽게 알아낼 수 있다. 이번에는 해당 회사의 웹사이트에서 연차보고서를 내려받는다. 연차보고서 앞 인사말에는 회사의 회장이나 대표의 서명이 있는데 이걸 그대로 복사해 내가 만든 수표에 붙인다. 그야말로 기술이 준 기적이라 할 수 있다. 돈이 내 돈이 아니고 수표가 위조된 것만 빼고는 빈틈없이 진짜로 보인다.

신원 도용 방지를 위해 유념할 한 가지 요령은 수표 발행은 최소로 줄이고, 경계심을 갖고 은행 거래 내역을 '자주' 확인하는 것이다. 직불카드debit card는 사용하지 마라. 나는 직불카드가 아예 없다. 가진 적도 없고 앞으로도 갖지 않을 것이다. 가족, 친구, 당신을 포함해 그 누구에게도 직불카드는 권하지 않는다. 왜냐고? 이유는 간단하다. 직불카드를 사용할 때마다 당신의 돈과 은행계좌가 위험해진다. 직불카드 대신 신용카드를 사용하라. 나는 실제로 모든 구매에 신용카드를 사용한다. 해외여행 시에도 마찬가지다. 왜냐고? 신용카드를 사용하면 누군가 내 카드로 부당한 거래를 해도 내 책임 한도가 법으로 정해져 있기 때문이다. 이런 이유 때문에 구매할 때 신용카드를 사용하도록 강력히 권한다.

많은 양의 데이터 유출 사고가 생겨(이런 일은 반드시 일어난다) 당신의 정보가 도용되더라도, 최악의 경우 당신의 신용카드 회사는 기존 카드를 취소하고 며칠 만에 새 카드를 보내줄 것이다. 당신 카드로 결제된 내역에 대해 당신은 책임지지 않아도 된다. 만약 같은 일이 일어나 범죄자가 당신의 직불카드를 사용한다면 당신의 은행 계좌에서 돈은 빠져나갈 것이고, 이를 회수하려면 어렵고 긴 과정을 거쳐야 한다. 우리가 신용카드를 사용할 때는 우리의 돈이 아니라 신용카드 회사의 돈을 사용하는 것이다.

다크 웹

기술 활용은 고작 위조 수표를 만들거나 계정에 침투해 정보를 손에 넣어 신원 도용에 활용하는 데에서 그치지 않는다. 사기꾼과 기타 범죄자들이 잠재적 피해자들의 개인정보를 거래하고 교환하는 소위 다크 웹dark web

이라는 곳이 있다. 사람들이 익명으로 은밀하게 활동할 수 있는 다크 웹은 신원 도용에서 중요한 역할을 한다.

인터넷을 바다에 비유한다면 바다 표면은 우리가 평소 사용하는 웹에 해당한다. 이곳에서 우리는 아마존, CNN, 페이스북, 구글, 야후, 신문, 은행 등 수많은 웹사이트를 이용한다. 대부분은 이곳에서 인터넷 이용 시간을 보낸다. 모두 공개되고 검색 가능하고, 대체로 친근하다. 이들 웹사이트는 검색 엔진이 찾아낼 수 있도록 색인index돼 있다.

조금 더 깊이 들어가면 '딥 웹deep web'이 있다. 이곳에는 로그인이 필요한 데이터베이스와 웹사이트가 있다. 우리 같은 일반인이 쉽게 접근하지 못할 뿐이지 여기서 이뤄지는 활동은 대부분 합법적이다. 미국항공우주국NASA, 미국 해양대기청NOAA, 미국 특허청, 렉시스넥시스나 웨스트로Westlaw 같은 사설 데이터베이스가 인터넷상의 이 영역에 위치한다. 이들 사이트는 색인되지 않아서 전통적 검색 엔진으로는 찾아낼 수 없다. 정확히 어디로 갈지를 알아야 하고, 권한이 부여된 비밀번호가 있어야만 한다. 예컨대 NASA의 내부 웹페이지는 일반 시민은 접속할 수 없는 한편, 렉시스넥시스 같은 곳에 접속하려면 돈을 지불하거나 최소한 사용자 ID와 비밀번호가 있어야 한다.

그보다 더 깊이 들어가면 '다크넷darknet'이라고도 하는 다크 웹을 만난다. 이곳은 토르Tor(본래는 'The Onion Router'로 알려졌음)라는 소프트웨어가 있어야만 접속할 수 있다. 1990년대에 미 해군이 개발한 토르 소프트웨어는 해외에 있는 정보 요원이 미국 내 동료와 익명으로 교신하기 위해 만들어졌다. 2003년에 오픈 소프트웨어로 일반에 공개돼 이제는 누구나 자기 컴퓨터에 설치할 수 있다. 정치 망명자, 기자, 스파이들이 익명으로 활동하는 데에 안성맞춤인 이 기술은 범죄자들에게도 딱 들어맞았다. 다크 웹은 사기꾼들에 의한 불법 상품과 정보의 은밀한 거래를 가능하게 한다. 토르 브라우저는 사용자의 IP 주소를 감추며, 거래는 주로 비트코인 같은 암호 화폐로 이뤄져 추적이 불가능하다.

당신 서류를 보호하라

안타깝게도 신원 도용은 전통적인 좀도둑질을 통해서도 일어난다. 한 가지 좋은 소식은 종이 서류의 취약점을 최소화할 방법이 있다는 것이다.

- **종이 작업을 없애라:** 중요한 정보가 담긴 서류를 자동차에 두지 마라. 자동차 등록증과 보험 서류도 마찬가지다. 신원 도둑은 자동차를 뒤져 정보를 훔쳐 가기로 유명하다. 특히 대형 쇼핑몰, 해변 유원지 주차장, 장기 주차장 등에서 그런 일이 많다. 전미보험범죄방지국(National Insurance Crime Bureau)은 자동차등록증과 보험 서류를 핸드폰 사진으로 보관하고, 사본을 지갑에 넣어 다니도록 권한다. 만약 경찰이 서류를 보여달라고 할 경우 대부분 이 자료로 충분하며, 경찰은 컴퓨터로 해당 정보를 확인할 수 있다.

- **개인 사물을 눈에 보이는 곳에 둬라:** 지갑, 손가방 등의 개인 사물을 방치하지 마라. 외출 시 항상 소지하고 눈에 보이는 곳에 둬라. 사람들이 많은 곳에 있다면 당신의 개인 물품이 어디에 있는지 분명히 알고 있어야 한다.

- **가까이에 있어라:** 당신 집안에서 민감한 정보에 접근해 훔쳐갈 수 있는 공간에 작업자나 낯선 사람을 홀로 두지 마라.

- **주요 카드를 집에 보관하라:** 의료기관 첫 방문 후 메디케어 보험 카드와 사회보장카드는 집에 보관하라(4장에서 이에 대해 자세히 다룬다).

- **파쇄하라:** 파쇄기를 구입해서 금융 자료나 의료 문서뿐 아니라 모든 문서에 대해 철저하게 사용하라. 패션 카탈로그 같은 가장 무해해 보이는 광고성 우편물도 만약 이름이 적혀 있다면 신원 도용의 수단이 될 수 있다. 처방 정보가 적힌 약 봉투, 신용카드 번호가 적힌 영수증, 기부금 관련 편지 등 당신의 이름과 당신에 대해 알려주는 정보가 적힌 것은 모두 파쇄하라. 하나도

남김 없이 파쇄해야 한다. 물론 시간이 걸리지만 발생 가능한 문제를 생각하면 시간을 들일 가치가 있다. 파쇄기 종류는 다양하지만 가격은 대략 비슷하다. 신원 도용을 막기 위해 더 비싼 기종을 구입할 필요는 없다. 긴 띠지 모양으로 파쇄하는 기계(ribbon shredder)는 권하지 않는데, 마음만 먹으면 파쇄물을 이어붙일 수 있기 때문이다. FBI 연구실에서 다 해봐서 하는 말인데 의외로 어렵지 않다. 작은 직사각형 모양으로 잘라내는 파쇄기(crosscut shredder)도 마찬가지다. ePuzzler라는 소프트웨어를 이용하면 원래 이미지를 조합해내는 것이 가능하다. 최고의 파쇄기는 '고보안성 마이크로 파쇄(high-security micro-cut)' 기능을 가진 기종인데, 문서를 미세한 조각으로 만들어주므로 사기꾼이 이 조각을 끼워 맞추기는 실제적으로 불가능하다.

- **자물쇠가 있는 우편함을 사용하라:** 아무리 파쇄기를 사용해도 만약 사기꾼이 이미 당신의 우편함을 열어 카탈로그, 신용카드 광고를 비롯한 광고 우편물을 뒤진 후라면 소 잃고 외양간 고치기다. 돈을 들여 자물쇠가 달린 우편함을 설치하면 일단 우편함에 들어간 우편물은 당신이 열어 가져갈 때까지 아무도 손댈 수 없기 때문에 이런 종류의 도난 위험을 크게 줄일 수 있다.

- **광고물을 거절하라:** 대출 광고와 일반 광고성 우편물 등에 대해 수신거부(opt-out)를 신청하라. 미국의 경우 888-5-OPT-OUT으로 전화를 걸거나 www.optoutprescreen.com을 방문해 신청하면 된다. 이 서비스는 신용평가회사가 운영하는 합법적인 서비스다.

- **청구서나 은행 잔고 통지서를 우편물로 받지 마라:** 많은 미국인은 아직도 청구서를 우편물로 받고 있다. 물론 온라인 청구서도 해킹의 위험이 있지만 보안을 철저히 지키면 청구서를 우편으로 받는 것보다 훨씬 더 안전하다.

전통적 기술: 좀도둑이 신원을 훔치는 방법

신원 도둑의 눈에는 재활용 쓰레기통, 우편함, 주차된 차량, 교회 의자에 놓아둔 손가방 등은 "뭐든 가져가세요."라고 초대하는 뷔페나 마찬가지다. 접시를 한가득 채운 후 또다시 가져올 수 있다. 앨리스 립스키도 바로 헬렌 앤더슨의 우편물로 신원 도용을 한 것이다. 피해자 집에서 앨리스는 핸드폰으로 우편물 사진을 찍은 후 원래 위치에 되돌려 놓아 집주인은 그런 사실을 몰랐다. 앨리스와 공범들은 대형 쇼핑몰 주차장, 기차역 주변 장기 주차장, 헬스클럽이나 해수욕장 주변 주차장 등에 세워 둔 차량을 뒤졌다. 많은 사람은 차량등록증뿐 아니라 서류가방, 핸드백, 지갑 등을 차 안에 오래 놔두곤 한다. 주유소나 현금지급기 영수증처럼 많은 사람이 쓰레기로 여기는 종이 조각에도 신용카드, 직불카드, 은행 계좌 등의 번호 마지막 네 자리처럼 사용 가능한 정보가 담겨있다. 이런 정보도 전체 번호를 재구성할 때 쓸모가 있다. 또한 이름, 주소, 사용자 ID 등을 쉽게 가져갈 수 있다. 농담이 아니고 실제로 이런 일이 일어난다.

오레곤주 포틀랜드 지역에서 신원 도용범으로 악명 높은 캐롤 크레인 Carole Crane은 교회, 유치원, 병원 등 사람들이 경계심을 내려놓는 곳에서 핸드백을 뒤지는 수법을 사용했다. 그녀는 훔친 정보로 자신과 공범들이 사용할 신용카드, 운전면허증, 은행 계좌 등을 위조했다. FBI 발표에 따르면 크레인 일당은 50명 이상의 피해자들에게서 20만 달러 상당의 금품을 훔쳤다.

단골 카페에 무심코 들른 상황에서도 피해자가 될 수 있다. 안젤라는 동네 샌드위치 가게에서 친구 수잔과 점심을 먹었다. 가게에 손님이 많아 소란스러웠지만 좋은 자리를 잡아 서로의 안부를 묻고 담소를 나눴다. 안젤라가 식대를 지불하려고 발치에 조심스럽게 놓아둔 손가방에 손을 뻗었을 때 원래 놓아둔 곳에서 살짝 벗어나 있음을 발견했고, 지갑이 보이지 않았다. 수잔이 계산하는 동안 안젤라는 지갑을 찾으려 애썼지만 찾지 못했다. 혹시라도 지갑을 돌려받을지도 모른다는 기대감에 가게 매니저에게 이야기를 해뒀다. 더 이상 뭘 더 해야할지 막막했다. 운전면허증, 신용카드와 직불카드, 보험증, AAA[2] 카드, 미사용 수표, 직장 신분증 등이 지갑에 들었는데 이제 안젤라는 어떤 조치를 취해야 할까?

이 질문에 답을 하기 전에 애당초 이런 일을 방지하려면 어떻게 해야 할지 생각해보자. 이런 도난을 당한 이후에 발생하는 귀찮은 일을 피하려면 어떤 단계를 밟아야 할까?

지갑을 도난 당하기 전에 해야 할 일

지갑 안에 당신의 인생 전부를 넣고 다녀서는 안 된다. 꼭 필요하지 않은 물건은 소지하지 마라. 다음은 내가 권하는 소지 품목이다.

- 운전면허증
- 건강보험증 사본
- 자동차 보험증 사본
- 자동차 등록증 사본
- 메디케어 의료보험증 사본(번호 마지막 네 자리만 남기고 모두 검게 칠할 것)
- 신용카드 1~2장
- 직장 신분증(출입증)
- 만일의 경우를 대비한 최소한의 현금

---

2 미국 자동차협회(American Automobile Association)의 약자로, 일명 '트리플 A'라고 부른다. 회원가입 시 견인 서비스를 비롯해 다양한 혜택이 있다. - 옮긴이

이상의 필수품 외에 무엇이 더 필요한가? 지갑에 백지 수표를 갖고 다니는 것은 도둑이 당신 은행 계좌에 손쉽게 접근하는 수단이므로 정말 안좋은 생각이다.

지갑 안에 매장 발행 신용카드store credit card를 잔뜩 넣고 다니는 것도 대다수 사람들에게는 합리적이지 않다. 만약 그런 카드가 많다면 그날 사용 예정인 카드만 갖고 가라. 매장 발행 신용카드는 포인트 적립과 할인 등의 혜택이 있지만 자주 사용하지는 않게 되므로 사실 뭘 갖고 다니는지도 잘 모를 것이다. 그리고 그런 카드 대부분은 실제로 비자 혹은 마스터카드다. 구매 항목별로 여러 개의 신용카드를 구분해 사용하면서 약간의 비용 절감을 노리는 것도 좋지만, 어디까지나 연체 없이 제때 청구액을 다 지불한다는 전제에서의 이야기다. 카드를 많이 보유하는 것의 또 다른 단점은 소비의 유혹을 받아 연체 위험이 있다는 것이다. 그러면 당신의 신용도는 떨어지고 빚에 시달릴 수 있다.

외출 전 지갑에서 확인할 일

- **지갑 안의 신용카드와 직불카드 수를 줄여라:** 안젤라는 지갑을 도난당한 후 그날 사용할 카드만 소지하기로 다짐했다. 즉 은행 현금인출기ATM에서 현금을 뽑을 직불카드 한 장과 구매에 사용할 신용카드 한 장으로 제한하기로 한 것이다. 소지한 카드가 적을수록 분실 시 사용 정지나 취소를 하는 수고를 덜 수 있다. 안젤라는 나머지 카드를 집안 안전한 곳에 두고 특정 매장 방문 시에만 쉽게 뽑아갈 수 있게 했다. 그녀는 일 년간 사용하지 않은 매장 발행 신용카드는 취소하면서 개인정보가 담긴 마그네틱 선magnetic strip을 길이 방향으로 자르고(마그네틱 선 위에 자석을 문질러도 된다), 정보를 읽을 수 없도록 카드를 작은 조각으로 잘랐다. 확실한 보안을 위해 조각을 며칠에 걸쳐 서로 다른 폐기물 봉투에 넣어 버렸다.

- **가급적 신용카드를 이용하라:** 신용카드를 사용하면 매월 청구액을 치르기까지는 신용카드사의 돈을 이용하는 셈이다. 그동안 은행 계좌에 있는 '내' 돈은 이자를 발생시킨다. 만약 범죄자가 내 신용카드 번호를 알아내 사용한 후 100만 달러를 청구한다면 분실신고가 된 경우 신용카드사로부터 부정사용에 대한 보상을 받을 수 있다. 누군가 당신의 직불 카드를 부정하게 사용하면 그들은 당신의 돈을 직접 가져가는 셈이다. 은행이 조사해서 돈을 돌려주기까지는 최대 3개월이 걸릴 수 있다.

- **수표는 집에 둬라:** 수표를 쓸 일이 있다면 딱 한 장만 챙겨서 나가라. 수표 사기는 너무나 쉽기 때문에 나는 수표를 잘 사용하지 않는다. 수표를 사용하는 경우는 잉크가 지워지지 않는 젤펜gel-pen으로 적는다. 종이에 스며들어 고착되는 특수 잉크 젤펜을 사용하면 범죄자가 수표를 지우지 못하게 되므로 서류 위조 방지에도 도움이 된다.

- **수표 발행 대상에게 직접 전달되는 수표만 적어라:** 예컨대 보험 회사에 내는 수표는 대체로 안전하다. 그러나 월그린Walgreens[3]에 수표를 적어내면 수표가 결제되기 전에 여러 사람의 손을 거칠 것이 분

---

3 미국 최대의 잡화, 식품, 건강보조제품 판매 체인점 – 옮긴이

명하다. 계산대 직원에게 건네는 수표에는 개인정보가 적혀 있으므로 해당 직원이나 다른 사람이 정보를 사용해 내 돈을 훔칠 수도 있다. 수표에는 계좌번호와 송금 번호^{routing number}, 이름과 주소가 적혀 있고, 계산대 직원이 운전면허증 번호와 생년월일을 받아 적기도 한다. 수표 위에 서명도 적혀 있다. 경리 직원부터 일반 직원, 관리자, 심지어 택배 직원까지 수표 앞면을 보고 내 은행 계좌에 접근할 수도 있다. 그런 일은 너무 간단하다.

- **은행 예금 전표는 집에 둬라:** 이 전표에는 수표와 동일한 정보가 들어 있으며 당신의 은행 통장을 여는 열쇠나 마찬가지다.
- **사회보장 카드, 메디케어 및 보험증 등을 지갑에 계속 넣어두지 마라:** 의료기관에 처음 방문할 때에만 메디케어 혹은 보험증이 필요하다. 그 외의 경우라면 카드는 집에 보관하라.
- **지갑에 소지한 정보 목록을 집안 안전한 곳에 보관하라:** 운전면허증 번호, 자동차 및 의료보험 번호, 신용카드 번호, 직장 출입증 번호 등과 함께 분실 시 신고 전화번호를 적어 둬라.

지갑을 도난당한 경우 해야할 일

만약 지갑을 도난당했다면 너무 당황하지 말자. 물론 누군가가 지갑을 훔쳐갔다면 긴장되겠지만 많은 사람이 이런 일을 당하며, 또 그런 일은 언제든 일어날 수 있다. 긴장하는 대신 다음 조치를 취하자.

- **즉각 행동하라:** 잃어버린 내용물과 연관된 각 기관에 신고하라. 이 경우 정말로 시간은 돈, 즉 당신의 돈이다.
- **경찰에 신고하라:** 거의 모든 경우 경찰은 당신의 지갑을 되찾기 위

해 아무 일도 하지 않겠지만 당신에게는 도난 신고 기록이 필요하다. 경찰에게 보고서 작성을 부탁한 후 사본을 요청하라. 보험 및 기타 목적을 위해 이 기록이 필요하다.

- **은행에 신고하라:** 수표나 예금 전표 혹은 은행 계좌 정보가 담긴 서류, 직불카드 등이 들어 있었다면 즉시 은행에 신고하라. 은행은 새로운 계좌번호와 직불카드를 발행해 줄 것이다. 이 연락을 미루면 안 된다. 은행의 책임 기한은 대체로 30일로 한정돼 있고, 당신이 부담해야 하는 금액은 50달러 정도로 끝날 수 있다.

- **신용카드 회사에 연락하라:** 도난당한 카드 회사마다 신고하라. 당신의 신원 확인을 위해 당신의 최근 결제 내용을 묻거나 혹은 최근 카드 결제 내역을 불러주며 그것이 맞는지 확인할 수도 있다. 며칠 후에 새로운 번호가 적힌 신용카드를 받을 수 있으며, 당신이 부담해야 하는 금액은 0이다.

- **주 정부 자동차 관리국에 신고하라:** 운전면허증이나 신분증을 새로 발급받아라. 신원 도둑이 당신의 면허증 번호를 사용할 경우에 대비해 새로운 번호를 발급해 달라고 요청해라. 그래야 기존 번호가 당신과 연결되지 않을 것이다.

- **의료보험 회사에 연락하라:** 메디케어 카드 등의 의료보험 카드가 도난당했다면 금전적 피해가 상당히 클 수도 있다. 이 중요한 전화 연락을 잊거나 미루지 말자.

- **사기 경고 알림 서비스를 신청하라:** 이 서비스는 무료로 제공된다. 만약 신원 도용 피해를 입었다면 거래 정지와 함께 이 서비스도 신청하는 것이 바람직하다. 초기에 사기 경고 알림이 뜬다면 신원

도용범이 당신 명의로 계좌를 개설하기가 더 어렵다. 당신의 신용 보고서에 경고 표시가 있으면 대출 회사는 대출에 앞서 당신의 신원 검증을 위해 당신에게 연락을 취할 수 있다. 사기 경고 알림은 일시적이다. 대체로 3개월간 유효하며 갱신 가능하다. 7년까지 지속되는 사기 경고 알림 서비스도 있는데, 이 서비스를 받으려면 당신이 신원 도용 피해를 입었음을 확인하는 서류를 갖춰 제출해야 한다. 사기 경고 알림 서비스를 받으려면 신용평가회사(예: Experian, Equifax, TransUnion)를 방문하라. 한 곳에서 사기 경고 알림 서비스를 신청하면 다른 곳에도 자동으로 연결된다.

- **사회보장국에 신고하라:** 만약 지갑에서 사회보장 카드가 도난당해도 사회보장국이 신규 번호를 발급하지는 않는다. 다만 신고 내용을 접수하고 차후에 누군가가 당신 번호를 사용하려고 할 때 기록이 남는다.

수치의 전당: 제럴드 반바움, 제럴드 C. 반즈, 도널드 반즈

제럴드 반바움(Gerald Barnbaum)은 1934년생으로 시카고에서 태어났다. 그는 약사 교육을 받았지만, 의료 사기범 및 신원 도용범으로 오래 활동했다. 신문 보도에 따르면 1976년에 메디케이드(Medicaid) 사기 건으로 그의 약사 자격이 박탈되자 캘리포니아로 이주해 성을 반바움에서 반즈(Barnes)로 정식 개명했다. 그는 스톡턴(Stockton) 지역에서 실제로 의사면허를 가진 제럴드 반즈라는 사람의 신원을 도용해 로스앤젤레스와 캘리포니아 남부에서 의사 행세를 하며 진료 활동을 했다.

1979년에 존 맥킨지(John McKenzie)라는 29세의 청년이 그에게 진료를 받으러 왔다. 그에게는 제1형 당뇨병이 있었지만 정작 자신은 모르고 있었다. 그는 만성적 갈증과 허기, 어지럼증과 급속한 체중 감량 등의 전형적인 당뇨 증세를 보이고 있었기에 내과의사라면 즉시 진단을 내릴 수 있었을 것이다. 반즈는 의사 보조(PA, physician's assistant)를 시켜 혈액 샘플을 뽑아 검사실에 보내도록 했다. 그동안 그는 현기증 약을 처방해 청년을 돌려보냈다. 혈액 검사 결과가 나왔을 때 반즈의 의사 보조는 깜짝 놀랐다. 맥킨지의 혈당 수치는 dl당 1,200mg이나 됐는데, 이는 급성 고혈당증에 해당했다. 해당 의사 보조는 환자에게 문제가 있으리라 직감하고, 경찰에 신고해 맥킨지의 아파트로 가보도록 했으나 그 청년은 이미 숨진 뒤였다.

그 의사 보조는 반즈의 의사 자격을 의심해 당국에 신고했고, 조사를 통해 그의 의심이 입증됐다. 신문 보도에 의하면 1981년에 반즈는 과실치사 혐의를 인정해 3년간의 징역형을 받았다. 그는 1년 반 수감됐다가 가석방됐다.

이런 일에도 반즈는 석방 이후 의료 행위를 계속했다. 그는 다시 제럴드 반즈의 신원을 도용해 진료 의사로 일하다가 1984년에 체포돼 절도 및 가짜 처방전 발행 혐의로 기소됐다. 이 사기꾼은 이번 건으로 3년 4개월을 복역했다. 주 정부 의료 위원회는 실제 제럴드 반즈의 서류에 이 문제를 기록해 두지 않았다. 만약 기록해 뒀더라면 사기꾼에 대한 경고 역할을 할 수 있었을 것이다.

두 번째 징역 이후 반즈는 1989년에 다시 기소됐다. 이번에는 샌프란시스코에 사는 약사인 도널드 반즈(Donald Barnes)의 신원을 도용한 것이었다. 그가 가짜 자격증으로 로스앤젤레스의 한 약국에 취업하려던 중 덜미가 잡혔다. 그는 짧은 감옥살이 후에 또다시 가석방 위반으로 체포됐다. 이번에 출소한 뒤에도 그의 신원 도용은 멈추지 않았다. 4년 반 동안 반즈는 로스앤젤레스 주변의 의료기관에서 또다시 제럴드 반즈의 이름으로 의료 전문가 행세를 했다.

1995년에 그는 로스앤젤레스 소재 병원인 이그제큐티브 헬스 그룹(Executive Health Group) 소속 의사로 채용돼 FBI와 정부기관 및 사설 단체 요원과 고위 관리들의 건강검진을 맡았다. 결국 주 정부 의료위원회에서 새로운 조사 담당자를 채용해 반즈 사건을 검토하며 그를 심문하는 과정에서 사기 행위가 드러났다. 철두철미한 사기꾼인 반즈는 심문 과정에서 자살하려는 척하다가 통하지 않자 심장마비를 가장하기까지 했다.

이번에는 반즈가 주 정부 직원을 상대로 사기를 친 셈이어서 연방 법 집행기관까지 조사에 가담했다. 이것은 반즈가 여생을 연방 교도소에서 보낼 수도 있음을 시사했다. 이것을 피하고자 반즈는 우편 사기, 규제 약물의 불법 조제 및 규제 약물 등록 사기 등에 대해 유죄를 인정했다. 그는 12년 반의 징역형을 선고받았다.

반즈는 2000년에 다른 교도소로 이감되던 중 탈옥했다. 4주 후 연방 보안관에게 체포됐는데, 그 짧은 기간 동안 병원에서 일자리를 얻어 근무하고 있었다. 그는 재수감돼 2018년 6월 15일, 84살의 나이로 숨졌다. 진짜 닥터 반즈는 신원 도용의 결과로 망가진 자신의 신용과 명성을 회복하느라 여러 해 고생했다.

반즈의 신원 도용 사례에는 매우 심각한 정신적 문제가 연관돼 있다. 분명 돈벌이만이 목적은 아니었다. 반즈가 20년간 가짜 의사 노릇을 하며 벌어들인 돈은 40만 달러 정도로 추산되는데, 그리 큰 금액은 아니다. 아마 정식 절차를 통해서는 이루지 못한, 의사가 되고 싶은 간절함이 마음 속에 있었을지 모른다. 그는 진짜 닥터 반즈에게 해를 입혔고, 실제로 사람들에게 피해를 줬다. 적어도 한 명을 죽게 했다. 이 이야기는 신원 도용이 재정적 피해를 줄 뿐 아니라 생명을 위협할 수도 있음을 보여준다. 이 별난 이야기는 매우 드문 사례다. 그럼에도 불구하고 신원 도용범이 자신의 목적 달성을 위해 어디까지 갈 수 있는지 이해하는 데 도움이 된다.

소셜미디어: 신원 도둑을 위한 무한리필 뷔페

신원 도둑에게 소셜미디어는 보물상자나 다름없다. 아무리 유행에 뒤떨어진 사람도 페이스북으로 멀리 떨어진 친구, 친척, 고등학교 동창들과 소식을 나눈다. 많은 이는 친구와 가족과 함께 놀거나 식사하는 자신의 모습을 인스타그램에 올린다. 직업상의 인맥 관리를 위해 링크드인을 사용한다. 현실을 직시하자. 소셜미디어는 쉽고 재미있고, 자신의 삶 속에서 지인과 연락하고 지내는 수단이다. 저마다 나름대로의 이유가 있어서 사용한다. 그러나 안타깝게도 그곳은 범죄자들의 주된 활동무대이기도 하다.

존John과 에드Ed는 중견 기업의 직장 동료 사이다. 함께 골프도 즐기고 몇 주마다 한 번씩 부부 동반 식사를 하며 즐거운 시간을 보낸다. 또한 둘은 서로 페이스북 친구여서 자선 골프 대회에서 우승한 사진이나 회사를 대표해 참가한 지역 행사 사진, 그리고 부부 동반으로 함께 찍은 사진 등을 올렸다. 존은 아내와 긴 주말 여행을 떠나기 직전에 에드가 보낸 이메일을 열었다. 에드는 존에게 그날 오전 중으로 잊지 말고 어느 노숙자 지원 단체에 후원금을 넉넉히 송금해 줄 것을 당부했다. 그리고 이메일에 덧붙이기를, 부인과의 여행을 잘 다녀오라고 하면서 전날 퇴근길에 들른 술집에서 얻어먹은 것에 대해 다시 한번 감사한다고 적었다. 존은 비서에게 송금 건을 지시하기에 앞서 빌린 책을 돌려주려 에드의 사무실에 들렀고, 그 김에 에드가 이메일에서 언급한 송금의 기한에 대해 물었다. 에드는 무슨 송금이냐고 물어보며 이메일을 보낸 적이 없다고 했다. 이것은 또 한 건의 신원 도용 사건이었다.

겉보기에는 일상적으로 받을 법한 이메일이었다. 퇴근 후 한 잔, 곧 있을 여행 등 존과 에드의 개인적 일상이 모두 정확하게 적혀 있었다. 신원 도둑은 모든 내용을 파악하고 있었다.

정보 출처는 존의 페이스북 페이지였다. 그는 전날 에드와 함께 들른 술집에 '체크인'했고 그 주말에 부부가 묵을 호텔에 대해 언급했다. 그리고 노숙자에 대한 걱정과 이와 연관된 후원금 모금 노력에 대한 글도 올라가 있었다. 존과 에드가 얻은 교훈은 모든 사람에게 적용된다. 즉 소셜 미디어에 무슨 글을 올릴지 조심해야 한다는 점이다. 게시물이 악용될 수 있기 때문이다.

소셜미디어에서 신원 도용의 표적이 될 사람에 대해 알아내기는 어렵지 않다. 사는 곳과 행선지 그리고 친구 등에 대한 개인정보는 신원 도둑에게는 언제든 찾아 쓸 수 있는 은행 예금이나 다름없다. 그러므로 무엇을 올릴지 현명하게 선택해야 한다. 이름, 커버 이미지, 프로필 사진은 페이스북상에 모두 공개된다. 거기에 생일, 애완동물 이름, 어머니의 결혼 전 이름 등을 올리면 유능한 도둑은 우리의 신원을 훔쳐갈 채비를 한다. 왜냐하면 이런 정보는 종종 비밀번호나 보안 질문에 대한 답으로 사용되기 때문이다. 당신이 구체적인 장소에 '체크인'하거나 그런 장소에 대해 글을 올리면 잠재적 도둑들에게 당신이 집에 없음을 알려주는 셈이다. 실제로 이런 틈을 타 집에 침입하거나 쓰레기통을 뒤지곤 한다. 존과 에드를 표적으로 삼은 이들처럼 더 교묘한 범죄자들은 당신의 계정을 뒤져 배우자, 자녀, 친구를 비롯한 인간 관계에 대한 개인정보를 찾아내 악용한다. 글자나 숫자 하나를 바꿔 언뜻 봐서는 진짜 이메일과 구분되지 않는 이메일 주소를 만들어 당신이 바쁜 순간에 실수를 유도하는 것도 어렵지 않다.

물론 페이스북에서 가족들의 사진을 보고 동료 및 친구들과 소식을 주고받는 것은 좋지만 자신의 신분을 드러내는 구체적인 개인정보는 프로필에 넣지 마라. 생일을 공개하지 말고, 페이스북을 통해 물건을 구입하지 마라. 직장이 어딘지, 어디에 사는지, 지금 집에 있는지, 쇼핑이나 여행 중인지 밝히지 마라.

최근 페이스북에 사진을 올렸을 때 사진 속 인물을 태그할지 묻는 질문에 어떻게 반응했는지 기억해보라. 혹시 "와, 이거 정말 좋은데! 더 이상 사진에 설명을 달 필요도 없고 페이스북이 알아서 해주네!"라고 생각했는가? 얼굴 인식 소프트웨어는 어디에서나 쓰이고 있다. 페이스북뿐 아니라 은행, 기업, 정부에서도 사용한다. 높은 정확도로 당신의 특징을 측정하고, 해당 결과를 당신과 연관시키는 이 기술은 당신의 신원을 확인하는 강력한 도구다. 말로는 그럴듯하지만 이 고유한 측정값이 컴퓨터로 코드화되면 데이터 누출 위험이 생기고, 당신의 신원을 보호하는 완벽한 방법으로 여겨졌던 것이 이제는 범죄자가 당신의 신원 정보를 훔쳐 온라인상에서 당신 행세를 할 수 있는 또 하나의 정보 원천이 된다.

페이스북에 자신의 사진을 올릴 때 사진 선택에도 주의가 필요하다. 범죄자들이 얼굴 인식 소프트웨어로 당신의 얼굴 정보를 훔치지 못하게 하려면 여권 사진처럼 얼굴 전체가 나온 사진은 올리지 마라. 그런 사진은 얼굴 인식 프로그램이 요구하는 정밀한 측정이 가능할 수 있다. 대신 정밀 측정이 어려운 단체 사진이나 측면 사진만을 올리는 것이 좋다.

신원 도용의 위협을 줄이려면

1. **멈추고 검증하라:** 누군가가 지금 '당장' 당신의 개인정보나 금융정보를 공유해야 한다고 말하는 순간 방어 태세를 취하고, 요구에 따르지 마라. 누군가가 당신에게 전화를 걸어 당신이 이용하는 신용카드 회사라고 하면서 비밀번호를 입력하라고 하면 바로 전화를 끊어라. 이어 당신의 신용카드 뒷면에 적힌 고객센터 전화번호로 연락해 방금 전화로 요구받은 정보가 정말 필요한지 안내직원에게 물어라. 담당 직원은 그렇지 않다고 할 것이고, 당신 계좌는 당신의 조심성 덕분에 뚫리지 않고 안전할 수 있다. 존과 에드의 경우처럼 누군가가 이메일로 기부를 요청한다면 일단 멈추고 내용을 검증하라. 이런 대응은 시간이 조금 걸리겠지만 당신의 신원을 훔쳐 많은 돈을 뜯어가려는 시도로부터 당신을 지켜줄 것이다.

2. **신용 조회 차단(credit freeze)을 요청하라:** 만약 당신 계정에서 수상한 활동이 감지되거나 혹은 신용카드나 기타 신분증을 잃어버렸거나 도난당해 당신이 신원 도용의 희생자가 됐거나 그럴 가능성이 있다고 믿을 만한 이유가 있다면 신용 조회 차단 신청을 고려하라. 신용 조회 차단(혹은 명의 보호)을 신청하면 신원 도둑이 당신 명의로 새로운 신용카드 계좌를 개설할 수 없게 된

다. 이렇게 해두면 도둑이 은행이나 신용카드 회사를 통해 신규 계좌 개설을 시도할 때 신용 정보 확인 요청이 거절돼 신규 계좌를 개설할 수가 없다. 만약 은행이나 당신의 고용주나 기타 기관이 당신의 신용 정보를 확인해야 한다면 차단을 일시 해제 후 다시 차단할 수 있다. 나는 개인적으로 보안을 위해 모든 사람이 신용 조회를 차단해두는 것이 좋다고 본다. 미국에서는 2018년 9월에 신용 조회 차단이 무료화돼 이용하기가 훨씬 더 간편해졌다. 이제 당신은 모든 신용정보기관에서 무료로 신용 정보를 차단하거나 해제할 수 있으며, 신용정보기관은 당신이 인터넷이나 전화상으로 신청한 내용을 하루 안에, 혹은 우편으로 신청한 경우 접수 3일 내에 수행해야 한다. 인터넷상에서 신용 조회 차단을 하려면 3대 신용정보기관의 각 웹사이트에서 차단 페이지에 접속한다(자세한 접속 정보는 부록 참조). 당신은 각 기관이 당신에게 발급한 사용자 번호로 차단을 해제하거나 재차단할 수 있다.[4]

3. **소셜미디어 사용 시 조심하라:** 자신의 개인 프로필 정보는 최소한으로 유지하자. 생일, 직장, 집 주소, 당신이 지금 있는 위치를 알 수 있는 단서는 올리지 마라. 그리고 당신의 친구들만 프로필을 볼 수 있도록 설정하라.

4. **공공 와이파이 사용 시 조심해라:** 해커들은 당신이 공공 와이파이를 이용할 때 정보를 가로채는 다양한 수법을 갖고 있다. 만약 당신이 공공 와이파이를 이용하는 장소에 있다면 당신의 인터넷 활동을 누구나 보고 읽을 수 있다고 생각하라. 사실 대다수의 와이파이 핫스팟은 인터넷으로 전달되는 정보를 암호화하지 않는다. 만약 당신이 접속한 무선 네트워크가 WPA나 WPA2 비밀번호를 요구하지 않았다면 십중팔구 보안되지 않은 네트워크이며, 네트워크상의 다른 사용자들이 당신이 보고, 쓰고, 전송하는 내용을 볼 수 있음을 의미한다. 그들은 정식으로 보이는 가짜 핫스팟을 만들거나 당신이 사용하는 정식 핫스팟을 도청하면서 당신이 보내는 이메일, 당신이 사용하는 로그인 정보나 신용카드 정보 등을 가로챈다. 나날이 새로워지고 손쉽게 그리고 무료로 손에 넣을 수 있는 해킹 도구는 심지어 기술적 지식이 얕은 사람들까지도

---

4 국내에서 신용 조회 차단 서비스는 나이스평가정보의 NICE지키미(www.credit.co.kr)와 코리아크레딧뷰로의 올크레딧(www.allcredit.co.kr) 두 곳에서 유료로 제공된다. — 옮긴이

78

당신의 온라인 활동을 해킹할 수 있게 한다. 이런 상황에서 당신의 모든 개인정보, 문서, 연락처, 사진, 로그인 아이디와 비밀번호 등은 취약해지고, 신원 도용은 식은 죽 먹기가 된다. 해커는 당신의 아이디와 비밀번호로 당신의 금융 정보가 저장된 웹사이트에 접속할 수 있다. 공공 와이파이를 전혀 사용하지 않는 것이 자신을 지키는 최선의 방법이다. 외부에서는 당신의 모바일 기기를 비행기 탑승 모드로 바꿔 실수로라도 취약한 네트워크에 노출되지 않게 하는 것이 좋다. 만약 보안이 취약한 네트워크나 공공 네트워크를 꼭 사용해야 한다면 신원 정보가 노출되는 아이디와 비밀번호 입력이 필요한 웹사이트는 접속하지 말아야 한다.

누구도 신원 도용에 대해 생각하고 싶지 않지만, 오늘날 신원 도용은 현실이며 미래에도 그럴 것이다. 조심하면서 최대한 능동적으로 이에 대처하는 수밖에 없다. 이 책을 통해 사기와 사기꾼에 대해 탐구하는 과정에서 당신은 여러 종류의 사기에 신원 도용의 요소가 있음을 볼 것이다. 그래서 미안하지만 신원 도용에 대해서는 이 책 전체를 통해 계속 배워나갈 수밖에 없다.

3장

세금 사기와 국세청(IRS) 사기

죽음과 세금 외에는 확실한 게 없다는 옛 격언을 기억하는가? 오늘날 교활한 사기꾼은 납세자의 신원을 도용하고, 세금 환급금을 훔치는 범죄를 저지르면서 오히려 불확실성을 더하고 있다. 범죄자들은 각종 기술을 활용해 정부를 속이고, 미 국세청은 해마다 새로운 세금 사기를 발견한다. 세금 전문가를 포함해 그 누구도 사기로부터 자유롭지 못하다. 세금 사기는 누구에게나 일어날 수 있다. 3장에서는 범죄자들이 가장 흔한 형태의 세금 사기를 어떻게 벌이는지 그리고 우리 세금과 세금 환급금을 날치기 당하지 않으려면 어떻게 해야 하는지 다룬다.

"2016년 초에 저는 제 회계사에게 세금 정보를 보냈어요." 의료기관에서 근무하는 제이미Jamie가 말했다. 얼마 지나지 않아 회계사에게서 누군가가 그녀 이름으로 세금 환급을 이미 신청해서 받아갔다는 전화가 걸려왔다. 그녀는 "도대체 그게 무슨 말이예요? 그게 어떻게 가능하죠?"라고 물었고, 그로부터 2주 후 그녀의 모든 신용카드가 공격당했다. 그녀는 "약 20분 사이에 세계 각처에서 일곱 건의 결제가 일제히 일어나더군요. 저는 세금 환급금을 받지 못했고, 그 신용카드 결제도 제가 한 것이 아니예요."라며 당시 상황을 설명했다.

제이미는 회계사와 미국 국세청의 도움으로 응당 자신이 받아야 할 환급금을 받을 수 있었다. 그녀는 이제 사기 보호를 받고 있으며, 세금 환급을 신청하고 환급금을 받으려면 매년 정부로부터 고유 사용자 번호를 발급받아야 한다. 앞으로도 그녀가 세금을 내는 한 계속 이래야 한다.

매일마다 사기꾼들은 당신과 나 같은 보통 시민뿐 아니라 정부마저 속이기 위한 신종 수법을 찾아낸다. 그들은 당신 명의로 세금 환급을 신청하고, 전화나 이메일로 당신의 돈을 속여 갈취한다. 사기꾼들은 세무 대리인의 가면을 쓰고 활동하기도 한다. 이들은 모두 당신의 돈을 빼가고 당신의 신원을 도용한다.

내 환급금은 어디에?

한동안은 환급금 신청 사기가 가장 흔한 세금 사기였지만 최근 들어 국세청이 이런 사기를 효과적으로 적발한 덕분에 점차 줄고 있다. 2017년에 국세청은 약 597,000건의 사기성 환급금 신청이 있었다고 추산했다. 이 수치는 2016년의 883,000건과 2015년의 1,400,000건에 비해 줄어든 것이다. 그럼에도 국세청은 사기 환급 신청과 신원 도용에 따라 지급된 환급금이 2016년에 16.8억 달러에서 23.1억 달러 사이에 이른다고 추산했다.

누군가가 당신의 신원을 도용해 거짓으로 환급금을 신청하고, 해당 환급금을 당신 명의로 받아간다면 이 상황에 대처하는 몇 단계 방법이 있다. 물론 국세청이 당신의 신원과 당신이 제출한 환급금 신청의 정당성을 인정하면 비록 도둑이 이미 발행된 수표를 현금화했더라도 당신은 환급금을 받을 수 있다. 제이미의 경우처럼 시간이 걸리며, 신원을 입증할 책임은 당신에게 있다.

다행히 국세청은 당신의 환급금이 사기꾼의 손에 넘어가기 전에 세금 관련 신원 도용을 검거하는 경우가 많다. 국세청은 서류 처리 단계에서 수백 개의 필터를 동원해 수상한 신청을 걸러낸다. 의심스러운 신청 건이 발견되면 국세청은 해당 환급 신청 서류를 검토하고, 신원 확인을 위해 온라인 도구를 활용하거나 납세자 지원 센터를 직접 방문하도록 우편으로 통지할 것이다. 만약 당신이 세금 관련 신원 도용의 피해자라고 생각될 경우, 예컨대 당신의 사회보장번호로 이미 세금 환급이 이뤄졌다고 하면서 온라인상으로 환급 신청을 할 수 없다면, 즉시 국세청에 신고해야 한다. 신고 과정은 상당히 간소화돼 신원 도용 진술서 양식 14039번을 제출하고, 세금 환급 신청을 다시 하면 된다. 국세청에 따르면 세금 관련 상황을 바로잡는 데 대체로 4개월이 걸리며, 경우에 따라 더 오래 걸릴 수도 있다고 한다.

사회보장번호를 보호하는 네 가지 방법

사회보장번호로 범죄자가 당신에게 피해를 입힐 수 있는 분야는 국세청 사기를 비롯해 다양하다. 이 번호를 지키기 위해 조심해야 한다.

1. 사회보장 카드를 소지하고 다니지 마라.
2. 꼭 필요할 때에만 사회보장번호를 제공하라. 예컨대 병원에서 번호를 요구한다면 꼭 필요한지 물어보라.
3. www.ssa.gov/myaccount에서 당신의 사회보장 혜택에 관한 정보를 온라인

으로 확인하고, 혜택의 기준이 되는 수입 이력을 검토하라. 필요 시 교체 서류를 신청하라. 국세청은 당신의 사생활과 사회보장 연금 보호를 위해 새로운 신원 검증 과정을 사용한다. 신원을 검증하기 위해 개인정보를 묻는데, 해당 질문에는 오직 당신만이 답을 할 수 있는 질문이 포함된다. 로그인하려면 2단계 확인 작업을 거치며, 사용자 아이디와 비밀번호 그리고 문자메시지나 이메일로 전달되는 보안 코드가 필요하다. 이것은 사회보장번호 및 혜택을 보호하는 중요한 수단이다. 사기꾼들은 피해자들이 모르는 사이에 계정에 접속해 그들이 받아야 할 혜택을 가로채는 것으로 유명하다.

4. 만약 당신의 사회보장번호가 도난당했다면 연방거래위원회(FTC, Federal Trade Commission)에 신고하라(부록 참조).

국세청에서 전화가 오면 십중팔구 가짜!

미국 국세청은 좋은 소식이든 나쁜 소식이든 우편을 통해 전달한다. 내야 하는 세금이 있다면 국세청은 우편으로 고지서를 보낸다. 만약 세금을 제때 내지 않으면 어떻게 될까?

2015년에 국세청이 사설 채권 추심 제도를 도입하면서 사기꾼들이 유리해졌다. 이제 사기꾼들은 정부가 인정한 추심기관 행세를 할 수 있다. 누군가가 국세청을 사칭하며 당신이 내야 할 돈이 채권 추심기관으로 이관됐다고 전화나 이메일로 통지할 경우, 만약 국세청이 우편으로 통지한 적이 없다면 당신은 이를 무시해야 한다. 원칙적으로 국세청은 오래된 체납 세금을 사설 추심기관에 넘긴다. 물론 국세청이 당신에게 우편으로 당신에게 연락을 시도한 이후에 국세청을 대행하는 사설기관이 합법적으로 당신에게 전화를 거는 경우도 드물게 일어날 수 있다. 추심기관은 업무가 이관됐음을 확인하는 두 번째 우편물을 송부할 것이다. 핵심은 당신이 우편 통지를 받기 이전에는 국세청이든 추심기관이든 당신에게 직접 연락하지 않는다는 점이다.

이 글을 쓰는 시점을 기준으로 국세청은 CBE, ConServe, Performant, Pioneer 네 군데의 추심 대행 기관을 이용한다. 이 네 곳을 제외한 곳에서 국세청 업무를 대행한다고 말한다면 그들의 전화나 이메일에 답하기 전에 반드시 확인이 필요하다. 국세청 업무를 대행하는 이 네 곳도 당신이 확인을 요청하면 기꺼이 응해줄 것이므로 묻기를 주저하지 마라. 게다가 국세청 업무를 대행하는 추심기관은 결코 자기 회사로 세금을 납부하라고 하지 않는다. 체납 세금은 미국 재무부를 수령인으로 해서 국세청 앞으로 보내야 한다.

다른 연락은 모두 무시하라. 전화가 걸려오면 바로 끊고, 이메일이 오면 바로 삭제하라. 그 어떤 경우에도 링크를 누르지 마라. 다른 이메일 사기와 마찬가지로 링크는 범죄자들이 당신의 컴퓨터 내용을 탈취하거나 악성코드를 심어 비밀번호, 신용카드 번호 및 기타 저장된 정보를 훔치는 방법이다.

2018년 3월, 메건 머필드^{Megan Murfield}는 정부 공무원이라는 남녀의 전화를 받았다. 여자는 "당신이 응답하지 않아 우리는 이것이 고의적 사기라고 판단했습니다. 미국 정부는 당신을 상대로 소송을 걸었습니다."라고 설명했다. 그러고 나서 남자가 "당신 앞으로 구속 영장이 발부됐습니다."라고 말했다.

머필드는 이 사기꾼들이 시키는 대로 했다. "그들은 내가 2,085달러의 세금을 체납했고, 그중 절반을 납부하지 않으면 감옥에 갈 거라고 말했어요." 그녀는 기자들에게 말했다. "저는 두려웠어요." 그녀는 차를 운전하지 않았으므로 가까운 월그린 체인점으로 걸어가 지시받은 대로 상품권 gift card을 구입했다. 그녀는 상품권 뒷면의 보안띠를 긁은 후 보이는 숫자를 전화로 사기꾼들에게 불러줬다. "그는 제 은행 잔고를 다 털어내지 않으면 은행 계좌를 동결하겠다고 으름장을 놓았어요. 그 남자는 다시 가게에 들어가 상품권을 더 구입하고 다시 나와 숫자를 긁어 불러 달라고 했어요." 이 사건이 있은 지 일년이 지났지만 그녀는 이 이야기를 하며 여전히 두려운 감정에 휩싸였다. "저는 밖이 춥다고 여러 번 말했지만 그는 '아주머니, 괜찮으니까 계속 숫자를 긁어서 불러주세요.'라고만 했어요." 남자는 전화를 끊지 못하게 하면서 누가 상품권을 현금으로 그렇게 많이 구입하는 이유를 물어도 대답하지 말라고 경고했다. 그녀는 모두 650달러어치의 상품권을 구입했다. 사기꾼들이 애당초 요구한 금액의 반에도 미치지 못했지만 그들은 그 정도로 만족했다. 이 사건이 있은 후에도 사기꾼들은 서너 차례 전화를 걸어 음성 메시지를 남기면서 돈을 더 보내라고 했다.

머필드는 너무 겁이 난 나머지 직장 동료에게 전화를 걸어 탈세 문제로 체포당하게 돼 다음 금요일은 출근하기 어렵겠다고 알렸다. 이 이야기를 들은 동료는 사기에 당한 것 같다고 우려를 표현했다. 머필드는 그제서야 자신이 무슨 일을 당했는지 깨달았다. 하지만 때는 이미 늦었고 650달러는 영영 사라진 다음이었다. 그녀는 경찰에 신고하고, 다른 피해자가 발생하지 않게 하려고 지역 텔레비전 방송국에 자신이 겪은 사연을 알렸다.

가짜 국세청 전화 사기를 알아챌 수 있는 단서

- 국세청은 우편으로 통지하기 전에는 전화를 걸지 않는다. 국세청 직원 혹은 대리인이라고 주장하는 전화를 받으면 즉시 의심을 가져라. 대화하지 말고 바로 전화를 끊어라. 통화가 길어질수록 사기를 당하거나 공유해서는 안 되는 개인정보를 넘길 가능성이 커진다.

- 국세청과 추심기관은 상품권으로 돈을 받지 않는다.

- 국세청은 즉시 벌을 받는다고 협박하지 않는다. 가짜 국세청 전화는 즉각적 체포, 자산 동결(국세청은 자산 동결을 할 수 있지만 전화상으로는 하지 않는다. 언제나 적법한 절차를 따르게 돼 있다), 운전면허 취소, 이민 자격 변경 등의 위험을 가하지만, 국세청은 결코 이런 위협을 하지 않는다. 사기꾼은 심지어 국외 추방의 위협을 가하기도 하지만 추방은 국세청 소관이 아니다.

- 국세청을 가장한 이메일은 삭제하고, 해당 이메일 내의 링크를 누르지 말라. 국세청은 요청받지 않은 이메일을 보내지 않으며, 이메일을 통해 자세한 개인정보나 금융정보를 요청하지 않는다.

- 국세청 직원이라는 사람에게 신용카드, 은행 및 기타 금융 계좌와 연관된 개인 아이디나 비밀번호 그리고 이와 유사한 보안 접속 정보를 결코 주지 마라. 국세청은 납세자에게 이런 정보를 요구하지 않는다.

만약 세금 관련 전화가 합법적이라고 생각되면 가까운 국세청 납세자 지원센터에 연락해 과연 국세청 직원이 당신에게 연락했는지 확인하라.

하지만 납세자 지원센터에서 걸려오는 전화에 대해서는 주의하라. 2018년에 국세청은 전통적인 전화 사기의 새로운 변종에 대한 경고를 발표했다. 범죄자들은 발신자 번호에 납세자 지원센터 번호가 뜨도록 컴퓨터를 프로그램해서 진짜 전화라고 믿게 해 존재하지 않는 세금을 내게 한다. 이 전화가 더 그럴듯해 보이게 하려고 사기꾼은 국세청 웹사이트에 접속해 납세자 지원센터 전화번호를 확인해보라는 이야기를 할 수도 있다. 사기꾼은 일단 전화를 끊고 당신이 전화번호를 확인하도록 몇 분을 기다린 다음에 다시 전화를 걸어 송금 요청을 이어간다. 이들은 직불카드로 지불을 요구하는 경우도 많다.

더 많은 사람이 가짜 전화를 눈치채자 사기꾼들은 처음에는 전화가 아닌 다른 수단으로 시작해 결국은 전화 통화로 이어지는 방식을 채택하기 시작했다. 사기꾼은 봉투에 '미국 정부가 우편요금을 납부했다'고 표기된 국세청 양식의 편지를 발송한다. 고지서에는 편지에 적힌 전화번호나 이메일 주소를 이용해 국세청 직원과 연락하라는 내용이 적혀 있다. 전화를 걸면 "국세청입니다."라고 응답하고, "직원 중 어느 담당자와 통화해야 한다."고 말하면 상대방은 연결해 주겠다고 하면서 기다리라고 한다. 이어 담당 직원이 전화를 받고 "당신은 국세청에 얼마를 체납했는데 얼마를 납부해야 한다…"는 식의 이야기를 시작한다. 여기서 가짜를 알아내는 단서는 24시간 이내에 바로 납부해야 한다는 이야기다. 그들은 가까운 월마트로 가서 그린닷 카드[1]를 구입하거나 애플 페이를 사용하라고 지시한다. 다시 말하지만 국세청은 이런 종류의 지불 방법을 요구하지 않는다.

---

1 편의점이나 수퍼마켓에서 널리 팔리는 선불 직불 카드 — 옮긴이

수치의 전당: 사힐 파텔

2015년 사힐 파텔(Sahil Patel)에게 14년 형을 언도한 판사는 유사한 범죄를 꾸미려는 이들에게 경고의 메시지가 전달되기 바란다고 했다. 파텔 일당은 국세청 직원을 사칭해 체납 세금이 있다고 미국 납세자들을 위협해 수백만 달러를 송금하게 했다. 그는 가중 신원 도용, 금전 갈취 및 정부 직원 사칭 모의, 송금 사기 등의 혐의로 체포됐다. 그는 2011년부터 2013년 체포될 때까지 저지른 범죄에 대해 1백만 달러의 벌금을 내야 했다.

판결문에 의하면 파텔 일당은 인도 콜센터에서 법 집행기관 공무원을 사칭하면서 금융 관련 벌금과 체포 등으로 피해자를 위협했다. 이들은 인터넷 기반 기술로 마치 전화가 미국의 법 집행기관에서 걸려오는 것처럼 보이게 만들었다. 국세청 관련 범죄를 수사한 티모시 캐머스(Timothy Camus) 부감찰관은 로스앤젤레스 타임스에 다음과 같이 말했다. "이들은 공격적으로 전화를 걸어 사람들에게 겁을 줍니다. 국세청을 사칭하면서 '이봐요, 여기 국세청인데, 당신이 안 낸 돈이 이만큼인데 당장 내지 않으면 감옥 갑니다. 내일 체포하러 갈 거예요.'라고 말하면 더 무섭겠죠."

파텔 사건의 담당 판사 앨빈 헬러스타인(Alvin Hellerstein)은 이렇게 말했다. "이 범죄는 사람들에게 '망했다'는 느낌을 주면서 그들의 신원과 돈을 훔쳤습니다." 법정에서 앤드류 애덤스(Andrew Adams) 연방검사는 이 사기가 체포의 위협으로 겁먹은 재정적 고민에 빠진 사람들을 조종하도록 "완벽하게 설계됐다."라고 판사에게 말했다고 기사에서 밝혔다.

검찰은 파텔이 '절박한' 공범들을 착취했다고 말했다. 공범 중에는 특히 여성과 그가 '멍청하다'고 여긴 이들이 많았는데, 공범들은 파텔이 벌어들이는 금액의 극히 일부를 받고 그가 시키는 대로 했다. "특히 파텔은 여성 혐오가 무척 강한 인물로, 그가 고용한 이들 중에서도 여성들은 고분고분하고, 쉽게 조종할 수 있고, 탐욕스럽고, 시키는 대로 잘 따른다고 생각했다. 특히 불온스러운 점은 파텔이 자신의 여동생에 대해서도 그런 생각을 했다는 점이다."라고 검찰은 밝혔다.

악랄한 이메일

앞서 이메일 이야기를 했지만 다시 강조하려 한다. 이메일은 일상의 많은 영역에서 사용되므로 자칫 경계심을 늦추기 쉽다. 사기꾼들은 진짜처럼 로고와 면책 조항 등이 들어간 피싱 수법을 이용해 당신이 이메일을 읽게 만들고 링크를 누르게 한다. 세금 납부 기간마다 사기 수법은 조금씩 변하고, 사기꾼들의 실력은 매년 늘어간다. 따라서 이들에 대한 최선의 방어는 처음부터 진위에 대해 의구심을 품는 것이다. '국세청'에서 오는 이메일은 우선 가짜일 것이라고 가정하라.

이메일 발송자 이름은 '국세청 환급' 또는 이와 유사한 경우가 많다. 세금 환급에 대한 기대로 사람을 들뜨게 만드는 이런 수법은 사기임을 나타내는 단서다. 이메일의 나머지 내용이 아무리 진짜 같아 보여도 이것은 가짜다. '보안 확인' 버튼을 누르라는 지시에 따르면 당신의 사회보장번호와 기타 개인정보를 입력하라는 요구를 받을 것이다. 그런 요구에 따른다면 이메일을 보낸 도둑은 당신의 신원을 손에 넣은 셈이다.

더 대담한 사기꾼들도 있다. 한 번에 한 명의 납세자를 표적으로 삼는 대신, 이들 범죄자들은 국세청 직원을 사칭해 전문 세무사, 공인회계사, 인사담당 직원 등으로부터 고객과 직원들의 개인정보를 얻어내려는 가짜 이메일을 보낸다. 사기꾼들은 이 자료를 손에 넣은 다음 수백 건의 세금 환급 신청서를 작성해 환급금을 가로챈다. 반복하지만 아무리 강조해도 지나치지 않다. 당신이 일개 시민에 불과하든, 세무 전문가이든 간에 국세청은 결코 이메일, 문자메시지, 소셜미디어를 통해 첫 연락을 취하지 않는다. 국세청은 우편으로 연락한다. 먼저 우편물을 보내 전화로 연락하겠다고 고지하지 않고서는 당신에게 전화를 걸지 않는다. 3장에서 다른 건 잊더라도 이 점은 꼭 기억하라!

가짜 세무 대리인을 조심하라

국세청은 이런 유형의 사기에 대한 통계를 발표하지 않지만 세무 대리인 사기는 심각한 수준이어서 국세청이 세금 사기 감시 대상으로 꼽는 12대 범죄 목록에 몇 년째 올라가 있다.

세무 대리인들은 자기 고객도 아닌 이들의 명의를 도용해 가짜 세금 환급 신청을 한다고 알려졌다. 2013년에 연방 배심원은 수백만 달러에 달하는 세금 환급을 거짓으로 신청한 베르난도 O. 데이비스Bernando O. Davis의 연방 소득세 환급 거짓 신청 혐의에 대해 유죄라고 판단했다. 2010년부터 2013년까지 데이비스는 조지아주 클레이튼 카운티에서 '데이비스 세무 대행 서비스'를 운영했다. 그는 이름과 사회보장번호를 제출하면 '정부 보조금' 혹은 '무료 정부 자금'을 신청할 수 있다고 수천 명의 피해자를 속였다. 그는 심부름꾼을 고용해 입소문을 내고, 피해자들의 개인정보를 수집했다. 데이비스는 감옥과 노숙자 쉼터에서도 이름을 수집했다. 많은 피해자는 '보조금 지급'에 대해 들어보지 못했다고 증언했다. 그럼에도 데이비스와 그 일당은 피해자 명의를 도용해 세금 환급을 거짓으로 신청했다. 실제로 보조금 지급은 존재하지 않았고, 데이비스는 그저 피해자들의 정보를 이용해 거짓으로 세금 환급 신청을 하고, 환급금을 챙겨 자기 배를 불릴 뿐이었다. 그가 챙긴 금액은 1,900만 달러 이상이었다.

사기 세무 대리인들은 고객이 받을 환급금보다 큰 금액을 신청해 정부를 속이고, 고객의 신원을 악용한다. 뉴저지주 로젠하인Rosenhayn에서 세무 대리인으로 활동하는 노에미 펜더Noemi Pender는 2007년부터 2011년까지 5년간 연방 소득세 환급 신청 사기로 1년형을 선고받았다. 법무부에 따르면 그녀와 공범들은 고객이 합법적으로 청구할 수 있는 금액 이상으로 환급을 신청해 정부 돈을 34만 달러 이상 사취했다.

플로리다주 올랜도의 연방 판사는 플로리다 중부 출신의 사업가 제이슨 스틴슨Jason Stinson에게 환급 신청 사기 건으로 95만 달러 가까운 벌금을 부과했다. 스틴슨은 플로리다, 앨라배마, 조지아, 노스캐롤라이나 등에서 '네이션 세무 서비스Nation Tax Service'라는 회사를 운영했다. 펜더와 마찬가지로 그는 부양 가족 수, 비용 지출, 기부금 등을 부풀리는 수법으로 환급금을 과다 청구한 혐의로 기소됐다. 법원은 스틴슨이 주로 '사회적으로 소외되고 교육 수준이 낮은 가난한 사람들'을 표적으로 삼아 환급 신청 건당 999달러에 달하는 수수료를 청구한 사실을 알아냈다. 간혹 수수료는 환급금에서 제했기에 고객들은 해당 사실을 알지 못했다.

가짜 세무 대리인으로부터 자신을 지키는 법

- 임시 사무실에서 일하는 세무 대리인을 조심하라. 항상 그런 것은 아니지만 많은 경우 사기꾼은 임시로 사무실을 빌려 사용하므로 그들이 사라지고 나면 다시 찾기 어렵다.
- 세무 대리인이 거액의 환급금을 받을 수 있다고 약속한다면 즉시 경계심을 높여라. 만약 숫자를 속여 환급금을 받아낼 경우 차액을 갚아야 하는 의무는 바로 당신에게 있다.
- 사회보장번호나 기타 개인정보를 제공하면 '부양금 지급'을 받을

수 있다고 세무 대리인이 말한다면 의심을 품어라.

- 자신이 국세청 추천을 받았다고 주장하는 세무 대리인을 믿지 마라. 그런 건 없다. 국세청은 세무 대리인이나 회계사를 추천하지 않는다. 만약 세무 대리인이 국세청 추천을 받았다거나 국세청이 발행한 추천장을 보여준다면 즉시 그곳을 떠나라. 그런 문서는 가짜고 그는 사기꾼이다.

- 만약 세무 대리인이 환급금에 비례해 수수료를 청구한다면 다른 데를 알아봐라. 회계사는 금액에 대한 비율로 수수료를 청구하지 않는다. 그들은 시간당 수수료를 받거나 정액제로 일한다. 누군가가 이런 식의 업무를 제안한다면 즉시 대화를 중단하라.

- 환급금 수신자를 회계사 자신으로 하거나 그의 계좌로 지정하라고 권한다면 그런 회계사와는 거래하지 마라. 이것은 범죄 의도를 나타내는 단서다.

- 환급금을 부풀리는 방법을 알고 있다고 말하는 세무 대리인과는 함께 일하지 마라. 제대로 된 세무 대리인이라면 법과 당신이 합법적으로 인정받을 수 있는 공제액에 대해 잘 알 것이다.

- 환급 신청서에 서명하기 전에 서류에 기재된 소득과 공제 내역이 모두 사실인지 확인하라.

- 세무 대리인의 국세청 ID 번호를 보여달라고 요청하고, 이를 국세청을 통해 검증한 후 합법적인 사업자임을 확인하라.

- 세무 대리인이 환급 신청서에 서명하는지 확인하라. 법 규정에 따라 당신과 세무 대리인이 모두 서명을 하도록 돼 있다. 절차가 마무리 단계에 이르러 환급 신청 서류에 서명을 해야 하는데 세

무 대리인이 서명을 거부한다면 비록 늦은 시점이긴 해도 다른 세무 대리인을 찾아야 한다. 국세청은 서명을 거부하는 사람을 '유령'이라고 부른다. 유령은 세금 보고 시 서명을 하지 않는다. 이것은 약속된 세금 환급액의 일정 비율을 수수료로 청구해 쉽게 돈을 벌려고 하는 부정직한 세무 대리인이 납세자를 속일 때 쓰는 수법이다. 서명 거부는 위험 신호다.

세금 관련 명의 도용의 피해자가 됐을 때 대처방법

국세청은 사기 환급 신청을 효과적으로 차단해가고 있다. 만약 환급 신청 내용이 의심스럽다면 국세청은 4883C 서신을 당신에게 우편으로 보낼 것이다. 이 서신은 국세청이 당신의 세금 환급 신청 서류를 의심한다고 알리는 경고다. 당신은 30일 이내에 의심스러운 환급 신청 서류가 실제로 당신이 제출한 것이거나 혹은 당신이 제출한 것이 아님을 입증하는 서류를 보내야 한다. 4883C 서신에 응답 시 필요한 서류는 다음과 같다.

- 당신이 수령한 문서번호 4883C 서신(이 서신에는 당신이 사용할 착신자 부담 전화번호가 적혀 있다)
- 전년도 세금 환급 내역 사본
- 해당 년도 세금 환급 신청서류
- 양쪽 년도의 환급에 연관된 부대 서류(W-2, 양식 1099, 스케줄 C 또는 F)

국세청 납세자 보호 프로그램 소속 직원은 이 정보에 근거해 의심스러운 환급 신청이 실제로 당신의 것인지 판단한다. 만약 실제로 당신이 이 환급 신청 서류를 낸 것이라면 국세청은 이를 처리하고, 당신에게 돌아갈 환급금을 문제없이 지불할 것이다. 만약 환급 신청이 사기에 의한 것이라면 당신은 환급 신청 반려 신고를 하도록 요청받을 것이며, 해당 사기 환급 신고서는 당신의 국세청 기록에서 삭제될 것이다.

사기 사건을 다루면 분명 신경이 예민해진다. 그러나 국세청은 당신을 돕고 보호하기 위해 무척 노력한다. 만약 이 과정에서 당신이 결국 피해를 입었다면 국세청은 관련 내용을 당신의 기록에 남겨둘 것이다. 만약 재차 피해를 입을 가능성이 높다면 국세청은 당신에게 명의 보호용 개인 식별 번호PIN를 발급할 것이다. 이 번호는 1년간 유효하며, 당신이 고위험군에 해당하는 한 매년 갱신해야 한다. 당신은 환급 신청 시 신원 확인을 위해 이 번호를 사용하게 된다.

만약 당신이 온라인으로 제출한 환급 신청서가 거절당했는데, 그 이유가 당신 명의의 환급 신청서가 이미 사기로 등록됐기 때문이라는 의심이 든다면 이 문제의 해결 방법이 국세청 웹사이트에 상세히 설명돼 있다(부록 참조). 해당 설명에 따르면 3장 앞부분에서 언급한 명의 도용 진술서인 양식 14039를 작성해 제출하고, 환급 신청서를 서면으로 제출한다. 국세청이 당신의 환급 신청서와 양식 14039를 접수한 다음 확인서를 발행하고, 명의 도용 피해자 지원 기관을 통해 당신의 신고 내역을 조사할 것이다. 이 조사는 철저하게 이뤄지며 시간이 걸릴 것이다. 예를 들면 국세청은 당신이 과거에 피해를 입은 이력이 있는지 살펴보고, 이 건이 다른 납세자들과 함께 당한 사기 범죄의 일부분인지 그리고 개인 식별 번호를 통한 추가 보호가 필요한지 여부를 검토한다. 당신의 환급 신청 서류에는 '명의 도용 식별 표시'가 찍혀서 향후에 추가 보호를 받도록 한다. 국세청은 세금 사기로부터 당신을 지키기 위해 항상 당신과 협력한다는 사실을 잊지 마라.

물론 국세청에 세금을 납부하는 것을 좋아하는 사람은 없음을 나도 잘 안다. 하지만 우리가 납부하는 세금은 꼭 필요한 일에 사용된다는 점을 기억하라. 명의 도둑이 당신의 세금 환급금으로 일으킨 문제로부터 당신이 벗어나려 할 때 국세청은 당신을 지원하고, 향후 사기를 방지하도록 도울 것이다. 국세청은 사기를 적발해 이에 대항하고, 당신을 보호하기 위해 부지런히 일하고 있다.

의료 신원 도용

보안 전문업체인 시큐어웍스SecureWorks의 CTO 존 램지Jon Ramsey는 개인의 인적사항 데이터가 암시장에서 대략 25달러에 팔린다고 말한다. 이 개인 데이터에는 사회보장번호와 금융 계좌번호 등 사기꾼이 금융 신원 도용을 저지르는데 필요한 모든 정보가 들어 있다. 그러나 건강 보험과 의료 기록을 훔치면 훨씬 높은 가격인 1인당 약 2,000달러에 팔린다. 그 이유는 사기꾼들이 당신의 정보를 이용해 메디케어와 기타 의료 보험 회사에 당신 명의로 거짓 비용 청구를 할 수 있기 때문이다. 예컨대 2만 달러짜리 수술처럼 의료 신원 도용으로 얻는 잠재적 금액이 클수록 더 비싼 값에 팔린다. 4장에서는 의료 신원 도둑이 어떻게 청구액을 높이고, 당신의 신원을 훔쳐 의료 보장 내역을 침해하고 망가뜨리는지 살펴보겠다. 물론 그런 일을 방지하는 방법도 보여줄 것이다.

2018년 5월, 루이지애나에 사는 헤더 카핀스키Heather Karpinsky와 그녀의 가족이 휴가를 마치고 집에 도착해서 우편함을 확인했을 때 뭔가 이상하다고 느꼈다. 다섯 살 된 아들인 개빈Gavin 앞으로 다량의 우편물이 와 있었기 때문이었다. "아이한테 무슨 광고물이 이렇게 많이 왔나 싶었지만 뜯어보고 버린 뒤에는 거기에 대해 별 생각을 하지 않았어요."라고 헤더는 회상했다. 그러나 바로 다음 날 개빈 앞으로 두 통의 우편물이 또 배달됐다. 그녀는 이웃집 아이들도 그런 광고 우편물을 받는지 옆집에 물어봤지만 그런 일이 없다는 답변을 받았다. 이틀 후 이번에는 개빈 앞으로 청구서가 배달됐다. 텔레비전 광고를 보고 구입한 건강 보조제 값으로 200달러를 내라는 것이었다. 개빈은 텔레비전을 자주 보지도 않고, 다섯 살에 불과할 뿐 아니라 전화로 물건을 주문하는 것에 익숙하지도 않았다. 물론 상품 구매에 사용된 신용카드를 갖고 있지도 않았다.

헤더는 즉시 신용카드 회사에 신고했고, 해당 청구서가 사기임을 확인했다. 청구서를 받고 나흘 후 아들이 다니는 병원에서 전화가 걸려와 병원 컴퓨터가 해킹을 당해 미성년 환자 14명의 이름, 생년월일, 사회보장번호, 보험회사 정보 등이 누출됐다고 알려줬다. 피해자 중에는 개빈과 형이 포함돼 있었다. 형의 정보는 아직 사용되지 않았지만 개빈의 정보가 처방전이 필요 없는 건강 보조제 구매에 여러 번 사용됐다.

헤더가 이 문제를 해결하는 유일한 방법은 개빈 명의로 사기 보호 신청을 하는 것이었다. 개빈은 평생 이 보호를 받아야 할 것이다. "개빈의 정보가 암시장에서 계속 거래될 수 있으므로 의료 관련 신원 정보 도용이 이어질 것이라고 들었어요."라고 헤더는 말했다. 개빈 명의로 개설된 신용카드는 3대 신용평가회사에 신용 기록을 남긴다. "이 아이는 고작 다섯 살이라고요. 아이에게 무슨 신용 정보나 신용 등급이 필요하겠어요?" 하지만 실제로 아이의 명의로 신용 정보와 신용 등급이 생성됐으므로 신용 감시도 받는다. 헤더는 개빈이 성인이 될 때까지 개빈의 신용 상황을 확인해야 하며, 그가 성인이 된 다음에는 스스로 확인을 해야 한다.

"정보 누출 이후 개빈이 가입한 보험회사인 블루크로스 블루쉴드^{Blue} Cross Blue Shield는 새로운 방침을 도입했어요." 헤더는 설명했다. "아이 계좌에는 도용 침해 기록이 남아 사기 범죄로 인한 의료비 청구는 개빈이 책임지지 않아도 돼요. 해당 비용은 병원이 떠맡게 됩니다." 개빈이 새로운 병원에 갈 경우 헤더는 사진이 첨부된 신분증을 제시해야 한다. 개빈이 크면 본인 스스로 자기 신분증을 제시해야 한다.

헤더는 경찰에도 신고했는데, 경찰 조사 결과 병원은 책임이 없다는 결론이 났다. 병원은 데이터 관리를 위해 돈을 주고 보안 시스템을 도입했는데, 해당 시스템에서 문제가 발생했기 때문이다. "의료 정보 보호에 대한 부담은 피해자에게 돌아가게 돼 있어요." 헤더는 말했다. 그녀는 아들이 커서 신용카드를 사용하거나 새로운 의사에게 의료 기록을 증명해야 할 경우 얼마나 힘들지 걱정된다. 현재 개빈 명의의 신용카드는 정지된 상태지만 개인정보와 의료 기록은 어딘가에서 계속 유통되고 있다.

"이 정보가 이렇게 소중한 것인 줄 몰랐네요." 개빈의 어머니는 말한다. "저는 엄청 조심했어요. 저는 소셜미디어에 아이들 생일 축하 글도 올리지 않아요. 그런 정보가 공개되는 걸 원하지 않거든요. 이번 일을 겪으면서 아무리 조심을 해도 여전히 빈틈이 있다는 걸 알게 됐어요." 헤더는 자기 가족을 잘 보호하고 있다고 생각했지만, 아들의 정보가 도난당하는 것에 대해서는 속수무책이었다. 데이터 누출을 막을 수는 없지만 자신을 보호하는 몇 가지 요령은 있다.

의료 신원 도용의 피해

범죄자들은 당신의 의료보험 정보나 개인 의료 정보를 이용해 치료를 받거나 약을 처방받고 당신에게 그 비용을 덮어씌울 수 있다. 따라서 당신은 의료 신원 도용이 일어나지 않도록 노력해야 한다. 의료 신원 도둑은 의료 보험 번호를 훔치는 데서 그치지 않고 당신의 건강도 해칠 수 있다. 누군가가 당신의 의료 기록이나 의료보험 카드를 손에 넣어 의료 서비스를 받는다면, 훔쳐간 사람의 의료 정보가 당신의 의료 정보와 섞여 당신이 제대로 된 의료 서비스를 받지 못할 수도 있다. 또한 사기꾼에 의한 의료비 청구로 인해 병원과 긴 싸움을 해야 할 수도 있고, 간혹 고액의 외과 수술비도 청구될 수 있다. 범죄자가 이 정보를 이용해 병원 밖에서 사기 활동을 벌일 수도 있다.

수천 달러 상당의 마약성 진통제나 암거래가 가능한 의약품 구입에 자신의 명의가 사용되는 바람에 마약 사범으로 몰린 운 나쁜 피해자도 있다. 「컨슈머 리포트Consumer Reports」 기사에 따르면 휴스턴에 사는 데브라 포드Deborah Ford는 우체국에 근무하다 은퇴한 사람인데, 어느 날 전화를 받고 깜짝 놀랐다. 그녀가 여러 약국을 돌면서 1,700개 이상의 마약성 진통제를 구입한 혐의로 체포될 거라고 보석금 처리 기관에서 알려준 것이었다. 이 전화는 사기 전화가 아니었고, 그녀는 실제로 마약 사범으로 체포됐다. "저는 체포돼 범죄자 얼굴 사진mugshot 촬영도 당하고 지문도 찍었어요." 포드는 기자에게 말했다. 그녀는 건선이라는 자가면역질환을 앓고 있었는데 체포로 인한 스트레스 때문에 증상이 더 심해졌다. "경찰은 내 손을 보더니 마약쟁이 손처럼 생겼다고 하며, 저를 범죄자로 단정 짓더군요."

데브라가 기소당하지 않고 풀려날 수 있었던 궁극적인 계기는 그녀가 2년 전 주유소에서 당한 가방 도난 사고를 경찰에 신고한 덕분이었다. 그녀는 가방이 도난당했음을 발견하자 필요한 모든 조치를 취했다. 경찰에 신고 후 자신의 신용카드를 모두 취소하고, 새로운 운전면허증을 발급받고, 건강보험증도 새로 발급받았다. 은행 계좌가 모두 안전한 사실을 확인하고 그녀는 그 일을 잊고 일상으로 돌아왔다. 보석금 처리 기관의 전화를 받기 전까지는 말이다.

도둑은 포드의 운전면허증을 위조해 사진을 교체하면서 그녀의 이름과 개인정보는 그대로 뒀다. 또 그녀의 운전면허증과 건강보험증을 이용해 여러 병원을 다니면서 처방이 필요한 진통제를 처방받았다. 너무 많은 양의 규제 약물을 처방받는 것에 의심을 품은 한 약사가 경찰에 신고했고, 결국 데브라가 체포됐다. 엉뚱한 사람을 잡은 것이었지만 데브라는 무죄 입증에 무려 7년(2008~2015)이 걸렸다.

의료 신원 도용의 위험을 최소화하는 영리한 방법

데이터 해킹이나 내부 직원에 의한 데이터 도난을 당신이 막을 수는 없다. 그러나 다음 단계를 밟으면 문제를 일찍 발견하고 자신을 지킬 수 있다.

- 당신과 무관한 의료비가 발생하지는 않았는지 은행 및 신용카드 계좌를 살펴보라. 특히 당신의 의료 정보가 도난당한 이력이 있다면 더욱 잘 살펴봐야 한다. 잘못된 기록을 바로잡기 위해 즉시 행동하라. 문제가 있으면 보험사와 3대 신용평가회사(Equifax, Experian, TransUnion)에 통보하라.

- '혜택에 대한 설명'과 분기별 메디케어 요약 보고서를 꼼꼼히 읽어라. 이 문서에는 당신의 의료기관에서 받은 검사와 서비스에 대한 건강보험회사의 지불 내역이 적혀 있다. 지불 내역 중 당신이 모르는 서비스가 있다면 즉시 문제를 제기하고, 해당 오류가 개선되고 해결될 때까지 끈질기게 확인하라. 단순한 청구 오류일 수도 있지만 의료 신원 도용의 흔적일 수도 있다. 도둑이 수천 달러, 심지어 수십만 달러의 의료 비용을 당신에게 덮어씌우고 달아날 때까지 이 문서가 당신이 확인 가능한 유일한 단서인 경우가 많다. 의료 보험사와 병원에서 보낸 모든 우편물을 읽어보라. "청구서가 아닙니다This is not a bill."라고 쓰인 것도 챙겨봐야 한다. 낯선 의사 이름이나 진료일이 눈에 띄거든 문제를 제기하라. 지체하지 말고 신뢰할 만한 사람과 함께 해당 문서를 검토하라. 당신이 놓친 수상한 청구 내역을 제3자가 발견하는 경우도 있다.
- 병원 첫 방문 시 메디케어나 보험카드를 사용한 후에는 사본만을 소지하라. 이때 카드 번호의 마지막 네 자리를 남기고 나머지는 검게 색칠해 감춰라.
- 병원 청구서, 진료 기록, 보험과 메디케어 관련 정보, 계좌번호 등을 안전한 곳에 보관하라. 이들 문서에 기재된 정보가 필요하지 않다면 마이크로 파쇄기로 파쇄해 버려라. 처방 내역이 기록된 약 봉투와 영수증도 포함된다.
- 당신이 먼저 건 전화가 아니라면 전화로 의료보험 관련 개인정보를 제공하지 마라. 이런 정보를 요구하는 이메일에는 답변하

지 마라.

- '무료'로 제공한다는 의료 서비스는 더 특별히 조심하라. 공짜로 뭔가를 제공하겠다는 사람에게 당신의 의료 정보를 줘서는 안 된다.

- 소셜미디어에 수술, 병원 치료, 특정 전문의 방문 등의 내용을 올리지 마라. 당신의 명의를 훔쳐간 도둑은 그런 정보를 활용해 더욱 치밀하게 당신을 사칭할 수 있다.

- 모든 의사에게 당신의 의료 기록 사본 전부를 달라고 요청하라. 이때 비용이 들 수도 있다. 이렇게 확보한 당신의 서류 사본은 유사시에 활용될 수 있다.

- 잘 알지 못하는 건강 관련 행사나 소매점 등에서 제공하는 유·무료 검사가 당신의 보험 정보를 요구한다면 그런 곳은 피하라.

- 뭔가를 무료로 준다고 하거나 당신의 건강과 건강 관리 정보나 의료보험 정보를 물어보는 전화는 바로 끊어라.

- 요양사나 가사 도우미가 당신의 집을 방문한다면 당신의 약을 잠금 장치가 있는 안전한 장소에 보관하라. 누구나 카메라가 달린 스마트폰을 갖고 다니므로 약병 라벨 사진을 찍어 처방전 리필을 받기가 쉽다.

수치의 전당: 예니어 카포티 곤잘레스

2010년 8월, 미국 보건복지부는 플로리다주 마이애미에 사는 한 남자가 테네시주에서 신규 개설한 은행 계좌에서 플로리다의 은행 계좌로 17,000달러를 송금하려 했다는 정보를 입수했다. 법무부 보도 자료에 따르면 해당 계좌에 최근 메디케어로부터 38,000달러가 송금됐다. 거액 송금은 은행의 의심을 사는 경우가 많은데, 이번 경우는 그 의심 덕분에 문제를 발견할 수 있었다. 예니어 카포티 곤잘레스(Yennier Capote Gonzalez)는 테네시주 게인즈보로 변두리에 '게인즈보로 얼티밋 의료 서비스(Gainesboro Ultimate Med Service)'를 설립하면서 법인 계좌를 새로 텄다. 그러나 법 집행관이 해당 건물을 방문해 확인한 결과 그 곳이 의료 서비스 회사가 아님이 명백했다. 그곳에 세워진 구조물은 단지 낡은 헛간과 짓다 만 집일 뿐이었다.

조사 결과 게인즈보로 얼티밋 의료 서비스는 껍데기에 불과했고, 곤잘레스는 해당 법인을 통해 테네시주 녹스빌에 있는 어느 의사의 신분을 도용하면서 메디케어 소속 병원 번호를 확보했다. 그는 가짜 병원 앞으로 플로리다 남부의 메디케어 가입자들 명의로 의료비를 청구했다. 그 가입자들도 의료 신원 도용의 피해자였다. 테네시주에 가본 적도 없는 이 환자들은 게인즈보로 얼티밋 의료 서비스에서 받았다는 의료 서비스에 대해 돈을 내야했다.

2010년에 미국 정부는 곤잘레스의 또 다른 송금 시도 건을 적발했다. 그는 기소돼 연방 감옥에서 67개월 형을 언도받았고, 사기 행각에 대해 19,296달러를 벌금으로 내야했다.

의료 기록 절도: 전문가들이 우려하는 것

2017년 11월, 뉴저지주 동부 브런즈윅의 보관 창고에 도둑이 침입했다는 신고가 경찰에 접수됐다. 도둑들은 용의주도하게 서류로 가득 찬 13개의 상자를 빼냈다. 도둑질치고는 의외였다. 고생스럽게 보관 창고에 침입했으면 보석이나 귀금속처럼 값나가는 물건을 훔쳐가야 하지 않을까? 범인들은 실수로 엉뚱한 창고에 들어간 것이었을까?

알고 보니 이 건은 흔한 절도 사건이 아니었다. 훔친 상자에는 센트럴 저지 이비인후과 협회Otolaryngology Associates of Central Jersey의 환자 기록이 들어 있었고 서류로 가득 찬 상자가 절도범에게는 보물 상자였다. 서류에는 환자 이름, 주소, 전화번호, 생년월일, 진료 이력, 보험 및 메디케어 정보, 사회보장번호, 운전면허, 군복무 상세 내역 등이 기재돼 있었다.

도둑들이 이 정보를 내다팔면 쏠쏠한 재미를 보는 반면 의료기관은 끝없는 골치거리를 떠안게 된다. 병원은 정보가 누출된 천 명의 환자에게 개별 통보해야 하기 때문이다. 경찰뿐 아니라 미국 국토안보부와 미들섹스 카운티 검찰청까지 동원된 철저한 조사 끝에 범인들은 체포되고, 해당 정보 대부분은 외부로 팔리기 전에 회수됐다. 도둑 중 한 명이 신원 정보를 누군가에게 팔려고 했을 때 상대방이 당국에 신고를 한 덕분이었다.

이 사례가 특이한 이유는 우선 서류 뭉치를 훔치는 고전적 절도였다는 점과 신속한 검거로 침입자들이 잡혔다는 점 때문이다. 대형 의료기관의 신원 절도 사건은 주로 디지털 파일을 훔치는 해커들의 소행이다. 이들 도둑들은 디지털 흔적을 남기지 않거나 해외에서 활동해 국내 법 기관의 관할을 벗어나므로 정체 파악과 검거가 무척 어렵다. 실제로 의료 정보 누출 사고가 증가하는 큰 이유 중 하나는 의료 정보가 디지털 데이터로 저장되기 때문이다. 텍사스주 오스틴 소재 비영리 단체인 '환자 개인정보 관리Patient Privacy Rights'를 설립한 내과의사 데브라 필Deborah Peel은 마켓워치MarketWatch 방송에서 "디지털 기록은 종이 기록보다 훔치기가 훨씬 쉽다."라고 말했다. 디지털화된 의료 기록은 수백만 개의 데이터베이스에 저장되곤 하는데, 도둑이 그 내용을 변경할 경우 바로잡기가 극히 어렵다고 필은 말한다.

시장 조사기관인 포네몬 연구소Ponemon Institute에 따르면 데이터 누출로 인한 의료계 손실액은 연간 60억 달러에 이른다. 해킹 도난 사건을 관할 하는 당국자들은 피해자 정보가 실제 사용됐는지 여부를 파악하기조차 어려워한다. 매년 약 2천 7백만 건의 개인 의료 기록이 도난을 당한다. 2017년 한 해 동안 477건의 의료 데이터 누출 사고가 미국 보건복지부와 보도기관에 의해 집계됐다. 의료계 정보 누출 사고를 추적하는 프로테너 스Protenus사에 의하면 의료 정보 누출 피해를 입은 환자 수는 560만 명이 라고 한다. 어떤 전문가들은 2024년에는 미국 내 모든 사람이 의료 정보 누출의 피해자가 될 것으로 전망한다.

실제로 의료계의 정보 누출 사고 대부분은 내부자 소행이다. 나는 기 업 고객들에게 "데이터 누출 사고는 저절로 일어나지 않는다."고 누차 강 조한다. 나쁜 마음을 품거나 불만을 품은 직원은 한 건 혹은 여러 건의 자 료를 빼낼 수도 있고, 심지어 자료 시스템을 통째로 삭제할 수도 있다. 데이터 누출 사건은 꼭 직원이 화가 났거나 돈 욕심이 생겨서 그런 것만 은 아니다. 사소한 주의 태만에 의해서도 발생 가능하다.

통신회사인 버라이즌Verizon이 2018년도에 발표한 「보호된 의료 정보 데이터 누출 보고서Protected Health Information Data Breach Report」에 따르면 의 료계 데이터 누출 사고의 주요 원인은 다른 산업과는 상이한 측면이 있다 고 한다. 이 보고서에서 데이터 누출 사고 중 35%는 인적 오류로 인한 것 으로, 정보 전달 착오, 폐기 오류, 자료 손실 등이 포함된다고 밝혔다. 그 리고 누출 사고의 16% 이상이 내부자에 의한 절도다. 비밀번호를 걸지 않거나 훔치기 쉬운 곳에 저장 장치를 놓아두거나, 보안 패치를 업데이트하지 않을 경우 데이터 누출로 이어질 수 있다. 보안 절차는 사람들이 그것을 수행, 유지, 감독하는 정도만 효과가 있다. 관련 절차 중 어느 한 곳에서 실수가 발생하면 데이터 도둑이 뚫고 들어올 여지가 생긴다.

그리고 그들은 그 기회를 놓치지 않는다. 기관의 자료에 접근하기 쉽게 만드는 부주의한 직원처럼 의도치 않은 '공범'이 없더라도 데이터 절도범은 의료 정보를 훔치는 여러 수단을 갖고 있다. 악성코드, 서비스 거부 공격DoS, 랜섬웨어 등은 모두 불법으로 정보를 획득하는 수단이다. 때로는 이런 방법으로 데이터가 누출돼도 당사자인 회사는 모르는 경우도 있다.

메디케어 가입자는 특히 취약하다

많은 사람은 65세를 맞으며 착잡한 심정이 된다. 나도 그랬다. 하지만 인생의 분기점에서 한 가지 보상을 받는다는 점만큼은 무척 흥분됐고 지금도 그렇다. 그것은 내 메디케어 카드다. 그러나 카드에 내 사회보장번호가 보란 듯이 새겨진 것을 보고 기분이 나빴다. 누구나 그걸 베껴 내 명의로 비용을 청구할 수 있기 때문이다. 당신도 한동안 메디케어를 받았다면 나처럼 카드에 사회보장번호가 적혀 있었을 것이다.

2015년이 돼서야 정부는 메디케어 번호와 사회보장번호가 서로 달라야 한다는 법을 통과시켰다. AARP와 나는 이 법안 통과를 위해 많이 노력했다. 메디케어 사업을 관장하는 미국 보건복지부의 메디케어 메디케이드 서비스 본부는 2018년 4월에 카드 교체 프로그램을 시작했다. 사회보장번호와 다른 신규 번호가 적힌 새로운 메디케어 카드는 주별로 메디케어 가입자들에게 발송되고 있다. 당신이 메디케어에 가입됐다면 지금쯤 새 카드를 받았을 것이다. 서로 다른 번호를 사용하면 분실된 메디케어 카드로 인한 명의 도용 위협이 분명 급감할 것이다. 이것은 좋은 소식이다.

그러나 불행한 점은 메디케어가 오랫동안 사회보장번호를 사용했기 때문에 메디케어 가입자들의 사회보장번호를 알아내려는 사기꾼들의 조직적 활동이 이어졌다는 점이다. 간혹 사기꾼들이 정말 메디케어에서 전화가 오는 것처럼 발신자 번호를 조작해 당신에게 연락할 수도 있다. 신규 카드 발급을 위해 수수료를 내라고 하거나 혹은 새 번호를 받으려면 사회보장번호를 확인해야 한다고 요구할 수도 있다. 이것은 속임수다. 카드 발급은 무료이고, 메디케어는 이미 개인정보를 갖고 있으므로 사회보장번호 확인을 위해 전화를 걸지 않는다.

메디케어 신원 도용 관련 참고 자료

메디케어 가입자로서 의료 신원 도용 피해를 입었다고 생각될 경우 다음 내용을 참고하라.

- 당신이 이용하는 병원이나 건강보험과 관련해 수상한 전화를 받았다면 800-MEDICARE (800-633-4227)에 연락하라.
- 주마다 시니어 메디케어 감찰단(SMP, Senior Medicare Patrol)이 있어서 메디케어 관련 질문에 대해 신뢰할 만한 정보를 제공하며, 당신을 돕게 돼 있다. 사기나 신원 도용 문제에 대해서도 도움을 준다. 주에 있는 사무소는 www.smpresource.org/content/what-smps-do.aspx에서 찾아볼 수 있다. 이곳의 직원은 사기나 신원 도용 여부 확인을 도와줄 것이다.
- 다른 누군가가 내 메디케어 혜택을 빼가고 있음을 확인했다면 다른 종류의 신원 도용의 경우와 마찬가지로 우선 신원 도용 신고 사이트(www.identitytheft.gov)에 신고하라.

의료 기록 절도를 막는 방법

사이버 범죄를 통한 의료 신원 도용의 위협을 근절하려면 갈 길이 멀지만 개선의 희망은 보인다. 무엇보다 누출 사고가 얼마나 심각한 문제를 일으키는지 깨달은 의료 업계는 더욱 깊은 경각심을 갖게 됐다. 예컨대 2017년에 로스앤젤레스 소재 퍼시픽얼라이언스 메디컬센터Pacific Alliance Medical Center에서는 랜섬웨어 바이러스가 침투해 266,000명의 환자 기록이 공격당했다. 병원의 전산 직원들은 바이러스가 파일을 암호화하기 전에 바이러스를 무력화시키려고 진땀을 뺐다. 병원이 범인들에게 '몸값'을 지불했는지는 공개되지 않았다. 확실한 것은 병원이 환자들에게 침해 사실을 공지하고, 신용 감시 비용을 2년 동안 부담하겠다고 발표했다는 사실이다. 내 경험상 2년은 불충분하다. 인내심 많은 범인은 훔친 정보를 활용하기까지 5년 이상 기다리기도 한다고 알려져 있다. 따라서 신용 감시와 명의 보호는 장기간 이뤄져야 한다. 당신이 사용하는 신용 감시 서비스는 3대 신용평가회사를 추적하면서 문제 발견 즉시 당신에게 알려줄 수 있어야 한다.

의료 기록을 다루는 사설업체는 자료 관리의 보안 수준을 강화하는 대책을 실행에 옮겨야 한다. 이들 사설업체 서비스를 이용하는 소비자로서 나는 그들이 특정 방침과 절차를 갖추고 있는지 확인하곤 한다. 당신도 다음과 같이 질문해보기를 권한다. 이것은 자신의 권리를 지키기 위해 서비스 제공자에게 일상적으로 요구하는 내용이어야 한다. 최상의, 최적의 치료를 받으려면 의료 정보의 정확성과 안전이 무엇보다 중요하기 때문이다. 나는 다음과 같은 질문을 한다.

- 직원들은 데이터 보호를 위한 올바른 절차를 훈련받는가? 훈련은 자주 이뤄져야 하며 새로운 위협과 해결책이 발견될 때마다 훈련 내용이 갱신돼야 한다. 직원이 데이터에 접근하는 모든 업무에는 제대로 된 데이터 보안이 통합돼야 하며 이런 기준이 직원 평가에 반영돼야 한다.
- 직원이 보안 정보에 접근할 경우 비밀번호와 함께 특정 기기를 통한 접속만 허용하는가? 태블릿, 스마트폰, 노트북 컴퓨터 같은 휴대용 기기는 분실 및 도난 확률이 높으며, 아무 데나 놓여 있으면 접속 권한이 없는 사람이 정보를 빼낼 수도 있다.
- 데이터 누출 시 대응 행동이 명시된 복구 계획이 마련돼 있는가? 또한 이를 자주 재검토하며 갱신하는가? 환자들이 자신의 의료 기록을 복구하고 수정할 수 있도록 돕는 지원 계획도 마련돼 있는가?
- 데이터 누출 시 피해자들의 명의 도용 보호 기간을 최소 3년, 혹은 바람직하게는 최소 5년간 제공하는가?
- 데이터 누출 사고에 대비한 보험에 가입돼 있는가? 사건 발생 시 범죄를 수사하고, 시스템상의 취약점을 고치고, 생활과 신용에 피해를 입은 이들을 지원할 재정 예산이 확보돼 있는가?

의료 기록 도난에 대한 향후 전망

최선의 출발점은 경각심을 유지하는 것이다. 다행히 기업은 자체 컴퓨터 시스템의 취약점을 찾고, 가상 훈련을 실시하며, 직원들에게 한층 더 높은 책임감을 요구하는 등의 주의를 기울이고 있다. 정부는 메디케어 번호를 사회보장번호와 별개로 부여하는 중요한 결정을 내렸다. 유럽연합이 최근 시행한 일반 데이터 보호 규칙 법령General Data Protection Regulation이 개인정보의 데이터 도난을 줄이는 효과가 있는지 지켜봐야 한다. 이 복잡한 법률의 핵심 규정 중 하나는 '가명 처리pseudonymization', 즉 개인 식별 정보를 무작위 암호(가명)로 대체하는 것이다. 이렇게 하면 정보를 다루는 사람은 그가 직원이든 도둑이든 이 정보에 해당하는 개인이 누구인지 알 수가 없다. 추가 보호를 위해 암호화를 함께 사용할 수도 있다. 이 정보를 해독하려면 특별한 디지털 키가 있어야 한다. 시작에 불과하지만 이 글을 쓰는 시점 기준으로 미국에서는 가명 처리가 광범위하게 활용되지 않고 있다. 따라서 당분간 우리는 자신의 의료 신원이라는 소중한 상품을 지키기 위해 정신을 바짝 차려야 한다.

금융 보안을 확실히 하라
Secure Your Finances

5장

나쁜 투자를 멀리하라

투자와 관련해 내가 강조하는 핵심 메시지는 "거창한 약속을 하는 제안은 단호히 거절하라."는 것이다. 5장에서는 폰지Ponzi 사기부터 친분 사기, 이메일 투자 사기, 과당매매churning[1], 금화 사기까지 망라해 설명한다. 가장 흔한 형태의 투자 사기를 살펴보고 금융 사기꾼에게 당하지 않는 방법을 알려주겠다. 만약 자신은 언제나 시장을 이긴다고 하거나 말도 안 되게 높은 수익이나 특정 수준의 수익률을 보장한다고 말한다면 그런 제안은 거절하라(예: 6개월에 수익률 500% 보장). 모든 투자에는 위험이 따른다. 자격을 갖춘 정직한 재무설계사는 투자 결과를 보장하지 않는다.

다음 경우처럼 위험도가 낮은 단순한 투자를 생각해보라. (1) 은행, 신용카드사, 학자금대출 운영사, 자동차와 트럭 금융 회사 등에게 빌린 돈을 갚지 못한 소비자들에 대한 부실채권을 액면가의 1% 가격으로 구입한다(이를 '소비자 채권 포트폴리오consumer debt portfolio'라고 부른다). (2) 채권의

---

1 증권회사가 고객계좌에 대한 지배력을 갖는 것을 계기로 해 고객의 투자이익보다는 증권회사 또는 그 임직원의 수수료 수익을 증대시키기 위해 고객계좌의 목적과 성격에 비춰 거래규모나 거래 횟수 면에서 과도하게 증권거래를 하는 것을 말한다(출처: 금융감독원 금융감독용어사전).

일부라도 회수하되 채권 구입 비용보다는 많이 회수하든지 혹은 다른 채권 매입자에게 이익을 붙여 판다(이를 되팔기flipping라고 한다). 케빈 메릴Kevin Merrill, 제이 레드포드Jay Ledford, 캐머런 제지어스키Cameron Jezierski가 바로 이런 일을 벌인 혐의로 기소됐다. 채권 포트폴리오 투자는 합법적이며 수익을 낼 수 있는 것이 사실이다. 메릴과 그 일당이 내놓은 투자 상품은 인기가 폭주해 400명 이상이 가입을 원했다. 그중에는 소기업 사장, 연예 기획사 직원, 은행원, 프로 스포츠 선수, 심지어 재무설계사 등도 포함됐다.

정부 발표에 따르면 이들이 폰지 사기라고 불리는 피라미드 사기를 벌인 점이 문제였다. 사기꾼들은 신규 투자자들의 돈을 빼돌려 그보다 먼저 투자한 이들에게 이미 약속한 높은 이율로 수익을 돌려줬다. 이런 식으로 이익금을 지불하면 해당 상품을 합법적인 수익 창출 기회로 포장할 수 있다. 그러나 사실 수익의 원천은 투자자들이 낸 돈일 뿐이었다. 이들의 채권 포트폴리오는 투자금을 돌려막는 식으로 운영됐다고 알려졌고, 주범들은 투자자에게서 3억 6천 5백 달러를 사취했으며, 부당하게 취한 돈으로 고급 저택, 호화 자동차, 다이아몬드 장신구, 보트, 심지어 제트 비행기 지분을 구입했다. 그리고 일부 금액(2천 5백만 달러)은 도박에 탕진했다.

이런 종류의 금융 사기는 어디에나 있다. 2017년 한 해 동안 소비자들이 당한 투자 사기 총액은 9천 7백만 달러에 달한다고 FBI는 밝혔다. 이 숫자는 정부기관이 검거한 사건에 해당된다. 그 외의 투자 사기는 신고조차 되지 않는데, 그 이유는 피해자들이 자신이 사기당했음을 밝히기 부끄러워하기 때문이거나 일부 투자자들은 그것을 투자에 따른 리스크의 일부로 감수하기 때문이다.

투자 사기는 실제로 들어보면 꽤 그럴듯하고, 신중하게 설계된 것 같고, 또한 매우 유혹적이기까지 하다. 이런 사기가 통하는 이유는 앞서 언급한 전략을 활용해 사기꾼들이 계획을 믿음직스럽고 합법적으로 보이게 만들었기 때문이다. 그들은 뛰어난 언변과 열정으로 희소성과 긴급성을 내세우며, 당신에게 아부하며 대박의 환상을 심어 당신을 환상에 취하게 만들고 올가미를 씌운다. 투자 사기꾼의 제안서는 근사한 엠보싱 로고가 찍힌 화려한 안내장에 담겨 가짜 학위, 인증서, 허위 경력 그리고 유명 브랜드나 성공한 기업, 또는 유명인사와 관련이 있다는 주장과 함께 보여지기도 한다.

폰지 사기

약 100년 전, 한 사기꾼이 당시로서는 터무니없은 사기 행각을 저지른 이후 그의 이름을 딴 범죄명이 생겨났다. 불행히도 찰스 폰지Charles Ponzi는 여러 교활한 사기꾼들의 모범이 됐다.

폰지는 국제반신우표권이라는 우편 쿠폰[2] 거래에 투자하도록 설득해 투자자들을 속였다. 처음에는 합법적이었지만 곧 신규 투자자 투자금으로 기존 투자자에게 배당금을 지급하는 피라미드 사기로 변모했다. 결국 투자자의 돈은 그 어디에도 투자되지 않았고, 모든 자금은 투자자들이 낸 돈으로 운영될 뿐이었다. 결국 그런 운영 방식은 무너졌고, 폰지는 1920

---

2 만국우편연합에 가입한 국가라면 어디서든 우표로 교환할 수 있는 쿠폰, 우편을 송달할 때 발송인이 상대방의 수취인에게 답신용 우편요금을 부과시키지 않고 싶을 때 편지에 같이 동봉해 보내는 국제적으로 통용되는 일종의 우표대체 유가증권이다. ─ 옮긴이

년 8월에 체포돼 14년간 옥살이를 했다.

버니 메이도프Bernie Madoff는 폰지 사기의 파괴력을 보여주는 최근 사례다. 주식 중개인이자 투자 상담사이며 금융업자 출신인 그는 가장 지적이고 까다로운 투자자들을 속여 약 2백억 달러를 가로챈 사상 최대 규모의 폰지 사기를 벌였다. 2,200명 이상이 메이도프에게 투자했는데 그중에는 장기 투자자와 금융 전문가도 있었으며, 영화감독 스티븐 스필버그(영화 「캐치 미 이프 유 캔」의 프로듀서 겸 감독)가 설립한 비영리단체인 분더킨더 자선재단Wunderkinder Foundation, 부동산 재벌 모티머 저커먼Mortimer Zuckerman, 배우 케빈 베이컨Kevin Bacon, 명예의 전당에 오른 투수 샌디 쿠팩스Sandy Koufax 등의 유명인사도 있었다. 물론 일반인들도 피해를 입었다. 펜실베이니아주 벅스 카운티 출신의 마이클 드비타Michael De Vita는 자신과 어머니의 은퇴 자금 5백만 달러를 메이도프 펀드에 투자했다. 그 돈을 지켰다면 조기 은퇴를 하고 어머니의 여생을 보장해드릴 수 있었을 것이다.

또 한 명의 피해자인 아리아나Arianna는 투자에 따르는 위험을 누구보다 잘 아는 헤지펀드 매니저였다. 그녀는 "저는 5만 달러를 버니 메이도프에게 맡겼다가 다 잃었어요. 제가 그런 실수를 하다니 더 잘 알아봤어야 했어요. 제 동료와 여러 친구가 버니를 통해 수익을 내고 있었거든요. 그 사람이 어떻게 그토록 큰 수익을 내는지 이해할 수 없었지만 저는 '가짜일 리가 없어'라고 생각했어요."라며 후회했다.

또 다른 최근 사례는 2017년 12월에 미국 증권거래위원회SEC가 우드브릿지 그룹Woodbridge Group of Companies LLC과 로버트 H. 샤피로Robert H. Shapiro를 12억 달러 규모의 폰지 사기 혐의로 기소한 사건이다. 이 사기 건은 다른 회사에 높은 이율로 단기 대출을 제공하는 방식으로 돈을 벌었다. 문제는 우드브릿지 대출은 대부분 샤피로가 소유한 회사에 대한 허위 거래였다는 점이다. 초기 투자자들이 얻은 수익은 짐작대로 이후에 납입된 투자자들의 투자금에서 나왔다. 그러나 2017년 말에 우드브릿지 그룹은 파산을 선언했다.

이 사기의 특이점은 그 위법성과 8,400명이나 끌어들인 규모뿐 아니라 대담함에 있다. 이 상품의 판매 대리인은 수백 명에 달했고, 우드브릿지사는 텔레비전, 라디오, 신문, 인터넷 등 모든 대중매체에 광고를 뿌렸다. 무료 식사가 포함된 세미나와 발표회가 열렸고, 투자를 추천하는 성공담이 소셜미디어를 장식했다. 사기 범죄 운영에 상당한 노력을 기울인 셈이다. 증권거래위원회는 샤피로와 우드브릿지사의 자산을 동결하고, 투자자의 돈을 회수하기 위해 노력 중이다. 2018년 우드브릿지사는 새로운 이사회를 구성하고, 피해자 소송 대리인들의 비용 지불을 조건으로 정부와 협상을 타결했다. 2019년 1월, 우드브릿지사와 이전 소유주는 10억 달러를 지불하라는 명령을 받았다.

폰지 사기를 알아보는 방법

- **위험도가 낮거나 전혀 위험하지 않다면서 고수익을 보장할 때**: 모든 투자에는 위험이 따른다. 그러나 위험도는 낮으면서 고수익을 낼 수 있다는 주장은 심각한 위험 신호다. 도박의 경우처럼 고수익은 일반적으로 고위험을 동반한다. 국채 같은 저위험 투자는 대체로 낮은 수익을 낸다.
- **일관된 수익을 약속할 때**: 역사적으로 주식 시장은 등락을 거듭했다. 등락은 주 단위, 월 단위, 연 단위로 방향이 바뀌기도 한다.

시장에 노출된 투자의 수익성은 변동이 있기 마련이다. 서류에 일관된 수익을 보장한다고 쓰여 있다면 이 또한 심각한 위험 신호다.

- **등록되지 않은 투자 건**: 폰지 사기는 증권거래위원회나 주의 규제 기관에 등록되지 않은 투자 건인 경우가 많다. 등록된 투자 기회는 해당 기업의 경영진, 제품, 서비스 및 재정 상태 등에 대한 주요 정보를 투자자에게 제공한다.

- **무면허 및 미등록 판매처**: 연방 및 주 정부의 증권법은 투자 전문가 및 투자회사가 면허를 취득했거나 등록돼 있어야 한다고 규정한다. 폰지 사기는 대체로 무면허 개인이나 미등록 회사에 의해 진행된다. 물론 예외도 있다. 버니 메이도프는 증권거래위원회에 등록돼 있었고, 그의 공시 자료는 전통적이고 합법적인 형태를 따랐다.

- **복잡하고 비밀스러운 전략**: 이들은 복잡한 비밀 전략으로 놀라운 투자 성과를 낸다는 이야기를 자주 한다. 도무지 이해할 수 없는 모호한 표현과 전문 용어로 포장된 설명을 쏟아내기도 하는데, 그런 전략은 말이 안 되고 사실이 아니기 때문이다. 그러나 모든 폰지 사기가 난해한 것은 아니다. 5장 첫 부분에 언급한 채권 회수 사기는 복잡하지 않고 알아듣기 쉽게 설명됐다. 해당 사기를 벌인 이들은 꽤 능수능란한 거짓말쟁이였다고 생각된다.

- **서류상의 문제**: 정상적인 투자 회사가 제공하는 보고서와 명세서는 읽고 이해하기가 쉽도록 비교적 명확하게 작성돼 있다. 만약 명세서가 제때 제공되지 않거나 서류상 오류나 혼란스러운 내용

이 있다면 의문을 제기하라.

- **돈을 받아내기 어려울 때:** 만약 돈을 돌려받기 어렵거나 투자를 현금화해 빠져나오기 어렵다면 의심을 가져라. 폰지 사기를 벌이는 이들은 참여자들에게 끈질기게 재투자를 권하기도 하며, 재투자 시 수익률이 더 높아진다고 약속하기도 한다.

텔레비전과 라디오 광고를 이용한 사기

텔레비전이나 라디오, 혹은 기타 매체에서 광고를 한다는 것 자체가 상품의 합법성을 보장하지는 않는다. 대체로 회사 광고는 검토와 승인 과정을 거친다. 어떤 광고는 엄격한 규제 대상이 되기도 한다. 예컨대 담배류는 텔레비전과 라디오 광고가 실질적으로 금지돼 있다. 한편 금융 상품 광고에 대한 규정은 존재하지만, 사기꾼들은 어렵지 않게 관련 규정을 빠져나간다. 광고를 한다고 그 회사가 정직하리라고 생각해서는 절대 안 된다. 항상 의심하라.

이메일 투자 사기

투자자에게 인터넷은 굉장한 도구다. 인터넷 덕분에 투자 연구가 쉬워졌다. 우리는 주식을 발굴하고, 온라인 주식 거래를 할 수 있으며, 투자 행위와 투자 대상 그리고 회사와 투자 기회가 될 만한 동향에 관한 무제한의 자료를 읽을 수 있다. 투자 권유를 따르기도 하고 상대의 주장을 확인하는 모든 과정을 손가락 끝으로 할 수 있다. 따라서 내 경우엔 다음과 같은 이메일을 받았을 때 관련 자료를 재빨리 검색해 사기임을 알아채고 해당 이메일을 삭제할 수 있었다.

2018년 6월 28일

수신자: 프랭크

제목: 마감 임박 – 보장된 투자 기회

안녕하세요! 프랭크 님

저는 이런 이메일을 보내는 사람은 아니지만 엄청난 투자 기회를 혼자만 알고 있을 수 없어 연락을 드려요. 저는 최근 궁극의 주식 거래 플랫폼을 알게 됐어요. 이 플랫폼 개발자들은 향후 애플과 아마존처럼 성장할 주식을 찾아내고, 시어즈Sears나 토이저러스Toys R Us처럼 망하는 주식을 피해가는 방법을 찾았어요. 저는 이 플랫폼을 사용한 지 1년도 안 됐는데 벌써 투자 대비 1,500%의 수익률을 냈어요. 정말 효과가 대단해요! 당신처럼 현명한 투자자가 이런 기회를 놓치실 리 없겠죠?

이건 정말 확실하고 사용하기도 쉬워서 제 어머니께도 소개해드렸는데, 두 달 만에 엄청난 수익을 내셨어요! 당신의 초기 투자금은 손실이 없도록 개발자들이 보장한다고 하니 이 투자는 절대 위험하지 않아요!

단, 이 플랫폼에 가입하시려면 제게 399달러만 보내주시면 돼요. 하지만 오늘 중으로 송금하지 않으시면 이 기회는 영영 다시 오지 않아요. 그렇게만 하시면 제가 보기에 인터넷 최고의 투자 도구를 당신이 사용하게 될 겁니다. 당분간은 이 프로그램의 가입자 수를 제한하는데 자기도 끼워 달라고 하는 사람들이 너무 많네요.

이 기회를 놓치지 마세요!

건투를 빌며
마이크 P. 드림

나는 마이크 P가 누군지 모르고, 어떤 사기꾼이 이런 부류의 이메일을 보내는지 모르지만 알랑거리는 듯한 말투에서 벌써 낌새를 챘다. 그는 마치 나와 구면인 듯한 분위기를 연출해 내가 그를 만난 적이 있다는 착각을 유도한다. 게다가 그는 자기 어머니까지 끌어들였다고 주장한다. 자기 어머니까지 끌어들였다면 어떻게 가짜일 수 있을까?

내가 2장에서 언급했던 환상에 취하게 하는 여러 수법을 그가 사용하고 있음을 주목하라. 투자 센스가 남다른(아부) 소수의 선택된 투자자들에게만(아부: 나는 특별하다) 짧은 기간 동안 제공되는(긴박함과 희소성) 이 기회를 '당장' 잡으라고 재촉하면서, 지금 당장 행동에 옮기면(또 다시 긴박함을 강조) 이 특별한 기회를 통해 이득을 얻는다고 표현한다. 또한 투자 수익을 '보장'하며(대박) '위험'은 전혀 없다고 안심시킨다.

이런 종류의 이메일은 다른 웹사이트로 안내하는데 거기에는 투자 기회에 대한 모호한 설명과 규제, 법률, 기관 등이 그럴듯하게 언급된다. 물론 내 수익률은 일반 투자 기대 수익률보다 훨씬 크다고 주장한다. 가짜 회사는 이런 기회에 대해 좋은 이야기를 늘어놓은 자칭 인플루언서들의 소셜미디어 계정을 인용한다. 또 링크를 따라가면 주식 투자 토론방에서 이 가짜 회사에 대해 칭찬을 늘어놓는 '객관적인' 해설자를 만날 수도 있다. 제3자가 이 건에 대해 트윗을 남겼다면 "사실일 수밖에 없지, 안 그래?"라고 생각하기 쉽다.

재주 많은 사기꾼에게는 가짜 웹사이트를 만드는 정도는 식은 죽 먹기이며, 그들은 소셜미디어에 논평을 달고 당신을 가짜 웹사이트로 유인한다. 이메일에서는 '소수의 사람들'이라고 썼지만 사실은 수십만 명의 수신자가 사기꾼이 교묘하게 작성해 한꺼번에 보내는 전자메일을 받는다.

웹사이트 내용도 가짜고, 소셜미디어 계정에 글을 남긴 행복한 투자자들도 가짜다. 그런 글은 아마 소셜미디어 계정에 글을 올리도록 프로그램된 '봇'일 가능성이 높다.

이메일 투자 사기에는 부동산 투자 사기, 영화 투자 사기, 주식 투자 조언 등 이 책에서 다루는 여러 형태의 사기가 포함된다.

인터넷 투자 사기를 간파하고 피하는 방법

- **요청하지 않은 이메일**: 투자 전문가 중에는 요즘도 집을 방문해 상품 설명을 하는 이들도 있고, 일방적으로 전화를 거는 이들도 있다. 그러나 요청하지 않은 투자 권유 이메일이 정상적인 경우는 거의 없다. 어떤 경우에도 먼저 정보를 확인하는 노력 없이 재정적인 투자 결정을 내려서는 안 된다.

- **즉시 신청하지 않으면 기회는 없다**: 지금 바로 결제해야 한다는 투자 제안은 무시해도 좋다. 실사를 거치지 않고 돈을 투자해서는 절대 안 된다. 투자를 제안하는 사람에 대해 그리고 투자 대상이 되는 상품에 관해서 조사해야 한다.

- **당신은 특별하다**: 물론 당신은 특별한 존재다. 그러나 당신의 돈을 노리는 사기꾼의 눈에는 그렇지 않다. 당신이 어떤 단체의 회원이기 때문에 특별 기회를 준다는 제안은 의심하라. 이것은 비위를 맞추면서 당신을 조종하려는 수작에 불과하므로 즉시 경계심을 가져라.

- **온라인상에 넘치는 칭찬**: 누구나 투자 의견을 올릴 수 있는 여러 온라인 게시판에서 정보의 진위를 가려내기는 거의 불가능하다.

온라인 게시판은 뉴스그룹, 웹 게시판, 소셜미디어 플랫폼 등 여러 형태가 있다. 레이징 불Raging Bull[3]이나 실리콘 인베스터Silicon Investor[4] 같은 웹사이트에서 볼 수 있는 대형 온라인 게시판에는 매 시간 수 천 건의 글이 올라온다! 흥미로운 글도 있기는 하지만, 그중에서 신뢰할 만한 글과 그렇지 않은 글을 누가 구분해낼 수 있을까? 사실 이들 사이트에 올라온 조언 중 상당수는 가짜다. 사기꾼들은 이런 사이트를 이용해 가짜 투자 건이나 수익률이 낮은 투자 대상을 과대평가한다. 그것은 온라인 게시판과 소셜미디어 플랫폼에서는 익명으로 활동하거나 다른 사람인 척 위장하기 쉽기 때문이다. 한 사람이 여러 개의 가명으로 활동하기도 한다.

친분 사기

소위 친분 사기affinity fraud는 돈보다 투자자를 끌어오는 기술이다. 친분 사기꾼은 대체로 기성 단체, 예컨대 교회나 종교 집단, 특정 인종 단체, 동창회, 전문가 단체, 구호 단체, 심지어 시민 단체처럼 상호 신뢰와 상호 존중이 이미 형성된 곳을 표적으로 삼는다. 범죄자는 표적으로 삼은 곳에 자리를 잡고, 해당 단체 회원들에게만 주어지는 특별한 투자 기회를 여러 방법으로 제안하기 시작한다. 더 많은 사람이 가입할수록 해당 투자 건은

---

3 금융 관련 정보와 주식 데이 트레이딩을 다루는 웹사이트 — 옮긴이
4 주식 시장 토론 전문 사이트 — 옮긴이

더욱 설득력을 가진다. 아는 사람이 이미 돈을 투자했다면 정말 괜찮은 거래일 것이라고 기대하지만 사실은 그렇지 않다.

에프렌 W. 테일러 2세Ephren W. Taylor II는 감동적인 인물이었다. 목사의 아들인 그는 선행으로 자신의 흔적을 세상에 남기기 원했다. 자칭 '사회적 자본가'인 테일러는 기업가로 성공해 돈 버는 법에 대한 책을 세 권이나 썼다. 그는 젊은 나이에 자수성가한 백만장자로서 몬텔 윌리엄스Montel Williams 및 도니 도이치Donny Deutsch 텔레비전 쇼 등에 출연한 차세대 스타였다. 그는 투자 받은 돈으로 불우한 지역의 소상인을 돕겠다며 '시티 캐피탈City Capital'이라는 투자회사를 설립했다.

테일러는 꽤 괜찮은 아이디어로 들리는 이 이야기를 라디오와 텔레비전에서 광고하고, 온라인 세미나를 통해 설명하면서 개인 은퇴 구좌IRA 관리를 시티 캐피탈에 맡기거나 약속 어음을 구입함으로써 투자자들이 원하는 유형의 사업체를 고를 수 있다고 했다. 그 대가로 투자자들은 높은 이율을 받고 자신의 투자금이 좋은 일에 쓰였다는 만족감까지 얻을 수 있다고 했다. 그 외에도 투자금의 300%를 돌려받을 수 있는 '복권 기계'를 구입할 기회도 있다고 했다.

이런 방식으로 모은 수백만 달러의 일부는 빈곤 지역의 소외 계층이 운영하는 회사에 투자됐지만, 그 액수는 크지 않았다. 불행히도 자금의 대부분은 테일러와 그 일당들에게 흘러가거나 테일러의 저서를 홍보하고, 그의 아내의 쇼 비즈니스 경력을 쌓는데 쓰였다. 증권거래위원회가 개입해 범죄를 기소하기까지 그는 약 400명의 투자자에게서 수백만 달러를 사기 쳤다. 피해자들 대부분은 테일러가 투자 사기의 주요 표적으로 삼은 미국 각지의 교인들이었다. 이들은 테일러가 돕겠다고 주장한 지역의 주민인 경우가 많았다. 그는 자신의 죄를 인정하고 19년 형을 받았으며, 자신이 훔친 돈을 갚으라는 명령을 받았다.

친분 사기를 간파하는 법

- **단체 제안:** 종교 단체, 동창회 및 기타 단체나 조직의 회원에게만 주어진다는 투자 기회 제안을 의심하라. 사기꾼들은 기성 단체에 소속된 '포로가 된 청중'을 너무나 좋아하며, 이들을 사기 거래의 표적으로 삼는다.

- **당신이 신뢰하는 사람들:** 같은 단체에 소속된 다른 회원, 즉 당신이 잘 알고 좋아하고 신뢰하는 사람이 당신에게 접근할 경우 조심하라. 사기꾼들이 단체 회원들의 신뢰를 얻는 방법 중 하나는 한 명, 특히 지도자 위치에 있는 사람을 설득해 투자에 참여시키는 것이다. 그 사람은 자기도 모르는 사이에 사기꾼의 홍보대사 역을 맡는 셈이다.

과당매매: 역겨운 금융 사기

과당매매란 불필요한 증권 거래를 과도하게 일으키는 것을 말한다. 일반적으로 거래 중개인은 고객 수수료 혹은 거래 수수료를 통해 돈을 번다. 고객을 위해서가 아니라 중개인의 이득을 위해 이뤄지는 증권 거래가 과당매매다. 이런 행위는 비윤리적일뿐 아니라 불법이다. 법규에 따르면 단 한 건의 거래도 과당매매로 간주될 수 있다. 이것이 거래 건당 수수료 대신 정액제나 정률제로 일하는 투자 설계사를 고르는 것이 바람직한 이

유 중 하나다.

증권거래위원회는 특정 고객 계좌의 과당매매 여부를 확인하는 기준을 구체적으로 정해뒀다. 만약 중개인이 당신 명의로 매달 거래를 일으킬 때 거래 수수료는 증가하지만 포트폴리오의 가치가 오르지 않는다면 과당매매의 가능성이 높다. 가령 당신이 100달러 어치의 증권을 갖고 있는데 12개월 동안 중개인이 당신 명의로 1,000달러 어치의 거래를 한다고 하자. 그러면 당신 계좌의 회전율은 10(1,000달러÷100달러=10)이다. 증권거래위원회는 어떤 투자자에게는 회전율이 3.3만 돼도 지나치다고 말하는데, 회전율이 10이나 된다면 당신 계좌는 수수료를 벌어들이기 위해 과당매매를 당하고 있음이 확실하다.

과당매매를 파악하고 대응하는 방법

- **거래 건수가 이상하게 증가하는지 확인하라:** 당신 계좌의 거래 건수가 늘어나는 동안 포트폴리오의 가치가 오르지 않는다면 과당매매의 신호일 수 있다. 특히 매매 수수료 청구액이 오른다면 더욱 그렇다.
- **자신의 투자 성향의 위험도 설정을 확인하라:** 계좌의 위험도 설정이 당신이 편안하게 여기는 수준으로 돼 있는지 확인하라. 사악한 중개인은 계좌의 투자성향을 '초고위험성speculative'이나 '공격성aggressive' 등급으로 해두고 과당매매를 정당화하는 구실로 삼을 수 있다.
- **'6배 회전율' 규칙을 따르라:** 과당매매 여부를 가늠하는 간단한 방법으로 '6배 회전율' 규칙이 있다. 만약 계좌 자산의 연간 회전율이

6회를 넘기고 대다수의 거래가 중개인에 의해 이뤄졌다면 과당매매의 가능성이 높다. 예컨대 특정 계좌의 연간 가치가 10만 달러이고, 10만 달러라는 순자본에 대해 60만 달러 어치의 거래가 이뤄졌다면(수익율은 계산하지 않는다) 해당 계좌의 회전율은 6(60만 달러 ÷ 10만 달러)이다. 이것은 과당매매다.

과당매매를 방지하려면 투자 설계사가 보내오는 메일을 잘 챙겨 월별 실적 보고서를 꼼꼼히 읽고, 당신이 승인하지 않은 거래의 낌새가 있는지 확인하라. 만약 당신 계좌에서 과당매매가 이뤄졌다고 생각되면 중개인에게 해당 거래에 대한 설명을 요구하고, 계좌의 위험도 설정이 어떻게 돼 있는지 물어라. 중개인의 답변이 만족스럽지 않고 과당매매가 의심된다면 새로운 중개인을 찾고, 증권거래위원회의 온라인 신고 양식(www.sec.gov/tcr)을 이용해 진정서를 접수시켜라. 연관된 주요 서류(월별 보고서 등)를 챙기고, 전문 변호사의 자문을 구해야 할 수도 있다. 그러나 우선 금융거래위원회에 진정서를 접수시켜야 한다.

과당거래가 일어났다면 당신이 받을 수 있는 보상액 계산 방법이 있다. 과당매매에서 보상금 계산 기준 마련의 이정표가 됐던 마일리 대 오펜하이머사Miley v. Oppenheimer & Co. 사건에서는 피해자가 수수료와 포트폴리오 가치의 손실액 그리고 이에 대한 이자까지 돌려받을 수 있게 했다. 과당매매 소송에서는 통계적으로 다음와 같은 연간 수수료와 회전율이 세 단계의 증거 기준으로 사용된다.

수수료 비율	회전율	증거 수준
4%	2회	과당매매가 의심된다.
8%	4회	과당매매가 있다고 가정된다.
12%	6회	과당매매가 확실하다.

투자와 관련된 일반적인 위험 신호를 기억하라

- "정말이라고 믿기 어려울 정도로 좋다." 싶으면 가짜일 가능성이 크다.
- "수익을 보장한다."는 약속, 그런 건 존재하지 않는다.
- 아부하면서 긴급성과 희소성을 강조한다.
- 사기꾼에 대해 호감과 신뢰를 갖게 만드는 소통 기술인 매력 공세를 활용한 후광 효과halo effect
- "모두 다 사고 있다."는 영업성 멘트
- 지금 당장 송금하라는 압박
- 밥을 산다거나 무료 설명회에 초대한다거나 하는 작은 호의

반짝이는 것이 모두 금은 아니다: 희귀 주화 사기

어떤 수집품은 사기 범죄에 상대적으로 취약하다. 역사적으로 금, 은, 백금 등으로 만든 희귀 주화나 금괴, 은괴는 인플레이션이나 달러 환율의 등락으로부터 당신을 지켜주는 괜찮은 투자 대상이었다. 바로 그런 이유 때문에 수집품은 사기에 특히 취약하다. 희귀 주화나 귀금속은 괜찮은 투

자일 수 있지만, 그건 어디까지나 당신이 무엇을 구입하는지 잘 알고 있을 때의 이야기다. 사기성이 높은 장사꾼들을 피하려면 그들의 영업 방식을 잘 알아야 한다.

희귀 주화 사기에는 근대에 주조된 금화인 미국의 아메리칸 이글American Eagle, 캐나다 메이플 리프Canadian Maple Leaf, 남아프리카의 크루거란드South African Krugerrand 등이 더 자주 연루된다. 그 이유는 경기 침체나 인플레이션에 따라 이들 주화의 가치가 오르내리기 때문이다. 주화 투자 경험이 짧은 초보자들은 시장 하락기에 매입했다가 시장 상승기에 팔면 손쉽게 돈을 벌 수 있다고 생각한다. 이런 초보자들은 주화를 사기 위해 자신의 예금이나 비상금을 동원하려는 유혹에 자주 빠지는데, 특히 사악한 딜러의 솔깃한 제안에 잘 넘어간다.

때로는 오늘 구입한 주화가 단기간에 두세 배 오를 것이라는 호언장담에 넘어간 투자자들에게서 수백만 달러를 앗아간 회사도 있다. 주화를 구입한 이들은 실제 가치의 3~4배 가격으로 주화를 구입했음을 뒤늦게 알게 된다. 정상적인 회사로 보이는 '메릿 골드 앤드 실버Merit Gold & Silver사'에서 금화를 구입한 대프니Daphne가 바로 그런 경우다. 그녀는 청구서는 받았지만, 자기가 구입한 주화의 가치에 대한 보고서는 한 번도 받지 못했다. 그녀는 상황 파악을 위해 구입한 회사에 전화를 걸었지만 언제나 음성 메시지를 남기라는 자동응답기 메시지뿐이었고, 단 한 번도 응답 전화를 받지 못했다. 그녀가 주화를 감정받았을 때 비로소 자신이 속았음을 깨달았다. 그녀는 비용 대비 1%만 더 받고 판다는 회사의 이야기와는 달리 35%나 더 비싸게 주고 구입한 것이었다. 게다가 금값이 폭락하는 바람에 그녀의 투자 가치는 사라지는 듯했다. 인터넷을 통해 그녀는 여러 구매자가 메릿사를 사기성 마케팅으로 고소했음을 알게 됐다. 이윽고 그녀는 '전국 규모의 공격적인 사기로 소비자들에게서 수천만 달러를 사기친 혐의'로 해당 회사에 소비자 보호 소송이 걸려 있다는 사실도 알게 됐다.

주화 사기에 걸리지 않는 법

- **자격을 확인하라**: 당신이 구매를 고려하는 어떤 주화 거래소든 그들의 자격 증명을 확인하라. 사업을 얼마나 오래 했는지도 알아보라. 거래소 담당자가 화폐 전문가 단체나 연관 산업 단체 회원이라고 하면 실제로 관련 단체가 존재하는지, 그리고 어느 정도의 명성이 있는지 확인하라. 미국 화폐 협회American Numismatic Association가 그런 단체 중 하나인데 홈페이지(www.money.org)에서 회원을 확인하고, 특정 회원에 대한 문제를 제기할 수 있다. 또한 이 단체는 주화에 대한 다양한 정보를 제공한다. 마찬가지로 유형자산 산업협의회Industry Council for Tangible Assets는 전국 규모의 산업 단체로, 주화와 귀금속 거래자들의 감시자 역할을 한다. 회원 및 비회원에 대한 문제 제기는 www.ictaonline.org에서 할 수 있다. 또 다른 주화 거래자 단체인 전문 화폐 길드Professional Numismatists Guild는 교육과 안내를 제공한다.
- **다른 곳도 알아보라**: 비슷한 주화 가격을 비교해보라. 구매 결정 전에 예산 범위 내에서 구입 가능한 대안을 알아보라.
- **주화를 만져보라**: 실제 주화인지 확인하기 위해 항상 주화를 손에 넣어봐야 한다. 사기꾼은 실제로 존재하지 않는 주화를 팔면서 대신 보관해 준다고 말하기도 한다.

- **환불 규정을 확인하라**: 만약 주화가 약속한 감정가를 받지 못할 경우 일정 기간 내에 전액 환불이 가능하도록 계약조건에 명시됐는지 구매 전에 확인하라. 다시 말해 당신이 구매를 고려하는 주화의 현 시세나 향후 시세에 대해 주화 판매자의 말을 그대로 받아들이지 마라. 당신이 주화를 받는 즉시 주화의 등급과 가치에 대해 명성 있는 독립된 거래소의 감정을 받아라.

- **인증 서비스를 의심하라**: 부정직한 거래자는 인증 서비스를 악용할 수도 있다. 명성 있는 거래자나 전문 단체보다 낮은 기준을 적용하는 인증 서비스가 존재하는데, 그들의 인증도 사기에 관여됐거나 아니면 단순히 잘못된 경우가 있다.

- **가치에 대한 주장을 의심하라**: 매우 희귀한 주화 20종을 기반으로 한 가격표인 살로몬 브라더즈 인덱스Salomon Brothers Index를 거래자가 제공하더라도 이를 전적으로 신뢰하지는 마라. 부정직한 거래자가 판매하는 주화 대부분은 희귀 주화가 아니다. 인덱스 정보 자체가 틀린 것은 아니지만 사기꾼이 해당 자료를 근거로 매년 12~25%의 가격 상승이 기대된다고 하는 예측은 당신의 주화에는 해당되지 않는다.

비용을 지불할 만한 금융 서비스와 그렇지 않은 금융 서비스

필요하지도 않은 서비스 또는 필요하더라도 무료로 얻을 수 있는 투자 및 금융 서비스에 돈을 지불하게 만드는 것도 투자 사기의 일종이다. 성공적인 투자자는 돈을 지불할 만한 서비스와 그렇지 않은 서비스를 분간한다.

다음 서비스에는 비용을 지불하지 마라

- **신용 보고서**^{credit report}: 당신은 12개월에 한 번 전국 규모의 신용 평가회사에서 무료 신용 보고를 받을 자격이 있다. 이들 3대 신용평가기관에서 무료 연간 보고서를 받으려면 www.annual creditreport.com을 방문하라(구체적인 연락처 정보는 부록 참조).[5] 몇몇 영리 기관은 유사한 이름과 웹 주소를 내걸고 유료로 보고서를 판매한다. 또 다른 회사는 맛보기 자료를 '무료'로 제공한다고 하면서 신용카드나 은행 계좌 등의 지불 정보를 받아낸 후 일정 기간 이후에는 매월 20달러 이상을 청구한다. 3대 평가기관 이외의 웹사이트에서 무료로 당신의 신용평가 보고서를 보내준다고 할 경우, 많은 양의 개인정보를 제공해야 하는 등의 부대 조건이 있는지 확인해야 한다. 3대 평가기관 외의 회사는 개인정보를 다른 회사에 팔기도 한다. 당신이 꼼꼼히 계획한다면 신용평가보고 웹사이트(annualcreditreport.com)에서 3가지 무료 보고서를 일년 내내 일정 간격으로 받아볼 수도 있다. 예컨대 1월 1일에는 Experian, 5월 1일에는 TransUnion, 9월 1일에는 Equifax에 보고서를 신청할 수 있다.

- **보험 상담**: 제대로 된 보험 중개인이라면 당신에게 맞는 보험 상담을 하면서 돈을 받지 않을 것이다. 물론 여기서 강조점은 '제대

---

5 한국에서는 나이스평가정보(www.credit.co.kr), SCI평가정보(www.siren24.com), 올크레딧(www.allcredit.co.kr)에서 무료로 연 3회까지 자신의 신용등급을 조회할 수 있다.

로 된'이라는 표현에 있다. 여러 보험 회사의 상품을 취급하는 유능한 보험 판매원이라면 당신의 생활 양식, 목표, 필요 등을 감안해 집, 건강, 생활, 자동차, 장기 요양 등에 비용 대비 효과가 크고 효율적인 보험을 찾아줄 것이다. 만약 당신이 보험회사로부터 직접 보험 상품을 구입하기로 했더라도 여러 보험 회사를 비교해보는 편이 유리하다. 당신은 AccuQuote나 Policygenius 같은 온라인 중개서비스를 통해 보험 상품에 가입할 수도 있다. 가장 안전한 방법은 자격증을 가진 재무설계사에게 돈을 지불하고 두 시간 정도에 걸쳐 당신에게 맞는 보험 프로그램을 구성해 달라고 요청하는 것이다. 특히 생명보험, 장기요양 및 장애보험일 경우 더욱 그럴 필요가 있다.

질의 응답: 재무설계사를 고를 때 무엇을 물어볼 것인가?

나는 재무 관련 결정을 내릴 때 신뢰할 만한 전문가들에게 조언을 구한다. 아무에게나 유산 관리 업무를 맡길 수는 없다. 뿐만 아니라 나 혼자 재정 관련 문제를 해결할 수 있으리라고 생각하지도 않는다.

재무설계사 자격, 보수 책정 방식 및 그들이 고객에게 어떤 신의성실의 의무를 지는지 이해하려면 담당자에게 질문을 해야 하며 기꺼이 대답해 줄 것이다. 만약 답변을 주저하거나 언짢아하거나 질문을 회피하고 화제를 돌린다면 그런 재무설계사는 사기꾼일 가능성이 있다. 재무설계사를 인터뷰할 때 AARP의 지침(www.aarp.org/interviewanadvisor)을 사용하고 답변을 기록해 두라. 투자에 대해 더 공부하려면 북미증권감독협회 투자자 교육 사이트(www.nasaa.org/investor-education)를 방문하라. 그리고 질문을 시작할 때 다음에 제시하는 간단한 지침을 참고하면 좋다.

- **어떤 자격증을 갖고 있습니까?** 사기꾼들은 고객 돈을 관리할 자격이 있다고

속이기 위해 가짜 자격증을 제시하기도 한다. 고객이 다양한 재무 관련 자격에 대해 모르거나, 어떤 종류의 재정 관련 업무에는 어떤 자격이 필요한지 잘 모르면 더욱 속기 쉽다. 재정 관리를 돕기 위한 다양한 전문 자격증이 있다. 자격증을 잘 모르면 전문 교육을 받지도 않고 전문 지식도 없는 사람에게서 재무 상담을 받을 수도 있다. 애써 번 돈을 어떻게 사용할지 상담해준다고 간판을 걸고 영업을 시작하는 것이 미용실을 차리는 것보다 더 쉬운 주도 있다. 이런 일을 하는 사기꾼은 가짜 상품을 당신에게 넘긴 다음 사무실을 폐쇄하고 당신의 돈을 들고 야반도주할 수 있다. 당신이 눈여겨볼 자격증에는 다음과 같은 것이 있다.

- **국제 공인 재무설계사**(CFP, Certified Financial Planner): CFP는 주별로 자격이 주어지고 규제를 받는다. CFP는 재무설계에 대한 다양한 측면과 재무설계 법규의 변동 내용에 대해 의무 교육을 받으면서 최신 정보를 갖춰야 한다.

- **공인회계사**(CPA, Certified Public Accountant): CPA는 교육 및 경력 조건이 만족될 경우 주별로 자격이 주어진다. 세무 보고를 비롯한 다양한 회계 업무 및 재무설계 서비스를 제공할 수 있다.

- **공인재무분석사**(CFA, Chartered Financial Analyst): CFA는 세 개의 어려운 자격 시험을 통과한 후 3년의 업무 경력을 쌓는 등 여러 자격 요건을 만족해야 한다.

- **등록된 투자상담사**(RIA, Registered Investment Adviser): RIA는 증권거래위원회나 주 정부의 증권 관련 기관에 등록된 상담사다. RIA는 자기 고객에 대해 신의성실의 의무를 지는데, 이는 고객에게 최선의 이익을 위해 조언을 해야만 한다는 의무를 말한다.

- **이 서비스에 대해 나는 어떻게 보수를 주며, 얻는 것은 무엇입니까?** 재무설계사의 보수 방식에는 수수료, 정액제, 시간당 요금 등이 있다. 수수료를 받는 설계사는 당신의 재정적 이익에 부합하지 않는 상품을 판매하려는 동기를 가질 수도 있다. 수수료 기반 설계사들은 대체로 합법적이지만, 이런 보수 방식은 나쁜 마음을 품은 설계사가 수수료를 얻으려고 당신에게 필요하지 않은 상품을 판매할 여지를 크게 남긴다. 정액제 설계사는 재무설계 한 건당 일회성 요금을 청구할 수도 있고, 만약 당신 돈을 맡아 관리한다면 주

로 총 투자금에 대해 연간 요금의 형태로 몇 퍼센트 정도를 가져가거나 아니면 시간당 요금을 청구할 수 있다.

- **당신은 신의성실의 의무가 있습니까?** 설계사가 신의성실의 의무를 진다고 할 때는 고객의 이익에 부합하도록 운영할 의무가 있음을 뜻한다. 이와 반대로 신의성실의 의무가 없는 재무전문가들은 이런 높은 기준의 적용을 받지 않고, '적당한' 상품을 당신에게 팔아도 상관없다. 이런 '적당한' 상품은 당신의 이익에 부합하지 않을 수도 있다. 만약 당신 대신 주식 거래를 실행해줄 사람이 필요하다면 신의성실의 의무가 필요하지 않을 수도 있다. 하지만 당신의 돈을 맡아 최고의 기준으로 관리해주기를 바란다면 신의성실의 의무를 가진 사람을 선택하는 것이 좋다.

- **어떤 면허를 갖고 있습니까?** 이에 대해 답을 얻은 다음에는 BrokerCheck(www.brokercheck.org) 혹은 재무설계사 위원회(www.cfp.net)에서 쉽게 신상을 확인하고, 재무설계사의 과거 징계 여부나 면허증이 현재 유효한지 확인할 수 있다. 미국 금융산업규제국(www.finra.org)과 미국 증권거래위원회(www.sec.gov)에 가면 당신의 설계사가 규제 조치를 받은 적이 있는지, 그가 당신이 거주하는 주의 증권 부서에 등록돼 있는지, 과거 신고 당한 이력이 있는지 등을 확인할 수 있다. 만약 설계사가 보험 상품이나 종신연금 등을 판매한다면 주 정부의 보험 관련 부서에서 확인해보라.

스스로 연구하라

블룸버그, 크레인Crain, 모닝스타, 뉴욕타임스, 월스트리트저널 등의 신뢰할 만한 매체에서 투자 기회를 읽어내는 것과는 별도로 당신은 금융감독 기관을 통해 투자에 대해 배울 수 있다. 투자에 대해 깊이 배우려면 증권 거래위원회SEC가 좋은 출발점이다. 또한 미국 증권거래위원회 투자자 교육 사이트(www.investor.gov)에서는 지혜로운 투자 방법, 전통적 사기 및 신종 사기를 간파할 수 있는 위험 신호, 사기꾼이 당신의 돈을 훔치는 최신 수법 등에 대한 정보를 얻을 수 있다. 당신이 이미 투자자이거나 앞으로 투자자가 되려 한다면 이들 사이트를 즐겨찾기에 넣어두고 자주 방문하기를 권한다.

증권거래위원회는 투자자 교육사이트(www.investor.gov) 외에도 투자기회의 합법성 확인을 돕는 웹사이트를 여러 개 운영한다. 금융산업규제기구FINRA, Financial Industry Regulatory Authority는 브로커-딜러를 위한 표준을 수립하는 독립 기관이다. 홈페이지(www.finra.org)에는 투자자를 위한 다양한 자료가 있는데, 그중에는 브로커-딜러에 대한 불만 제기 방법도 있다. 북미증권감독협회NASAA, North American Securities Administrators Association도 홈페이지(www.nasaa.org)에서 유용한 자료를 제공한다.

당신이 사기를 당했다고 생각되면 미국 연방거래위원회 홈페이지(www.ftc.gov)를 방문하거나 877-FTC-HELP로 전화를 걸어 FTC에 연락하라.

세상에는 너무나 많은 금융 상품과 투자 상품이 있고, 모든 상품에 대한 사기 사례를 이 책에서 다루기는 불가능하다. 대표적인 사기에 대한 개요와 그런 사기로부터 자신을 지키는 법 그리고 투자에 대한 교훈 몇 가지를 제시했다. 다음 6장에서는 금융과 사기 문제를 다루면서, 사기꾼들이 소기업을 표적으로 삼아 열심히 일하는 이들의 돈을 갈취하는 대표적인 수법과 그들이 당신의 재정을 파괴하는 동시에 악용하는 수법 등을 살펴보겠다.

6장

소기업 강탈 사기 수법

소비자 개인에 비해 소기업은 사기당할 위험이 훨씬 크다. 그 이유는 사기꾼들이 일반 소비자를 상대하는 사기 전략과 동시에 소기업의 데이터와 금융 계좌를 전문적으로 공략하는 접근법도 구사하기 때문이다. 그 결과 일반 소기업의 사기 피해액은 일반 소비자 피해액의 네 배가 넘는다. 개인은 일인당 사기 피해액이 1,038달러 정도인데 비해 사업체당 사기 피해액은 평균 4천 달러 이상이며, 총액은 70억 달러에 이른다. 6장에서는 소기업을 표적으로 삼은 사기를 간파하고, 이를 방지하는 방법을 소개한다.

캐런[Karen]은 40년 가까이 뉴욕의 출판업계에서 일하다가 최근 플로리다주 해안가의 작은 도시 베니스[Venice]로 이사했다. 60세인 그녀는 베니스에서 만난 다른 이들처럼 하루 종일 골프나 치고 싶지는 않았다. 그녀는 자신의 전문 영역에서 계속 일하고 싶었고, 사라소타[Sarasota] 외곽의 이 해변 마을에서 작은 사업체를 설립하기는 꽤 쉬워 보였다.

그녀는 우선 플로리다주의 사업체 등록기관인 선비즈[Sunbiz]에 등록하면서 사업체 등록 수수료 75달러를 냈다. 별도로 구입해야 받을 수 있는 인쇄된 사업체 등록증은 주문하지 않기로 했다. 등록 후 1주가 지나 캐런은 공식 문서로 보이는 우편물을 받았다. 발송자 주소에 플로리다주 공식 인장이 찍힌 우편물에는 인쇄된 사업체 등록증을 구입해야 한다고 하면서 무려 67.25달러를 내라고 적혀 있었다. 현명하게도 그녀는 그 편지에 아주 작은 글씨로 "우리는 정부기관은 아닙니다."라고 쓰인 문구를 봤다. 민간 영리회사인 'FL 등록증 서비스FL Certificate Services'라는 회사는 아무 가치도 없는 종이 한 장에 불과한 사업자 등록증을 구입해야 한다고 그녀를 속이려는 것이었다. 이틀 후 또 다른 회사에서 보낸 비슷한 편지를 받았고, 이것 역시 공문처럼 보였다. 후자의 경우 등록증 비용으로 78달러를 보내라고 적혀 있었다.

또 캐런은 임금 및 채용 관련 법규가 자세히 적혀 있고, "이 문서를 직원들이 볼 수 있도록 게시하지 않을 경우 체포될 수 있다."는 경고가 적힌 노무 규정 포스터에 대한 35달러짜리 청구서를 받았다. 그러나 실상은 직원 없이 혼자 재택 근무하는 단독 사업자는 이런 포스터를 게시할 필요가 없을 뿐 아니라, 포스터를 게시할 의무가 있더라도 인터넷에서 무료로 내려받아 출력하면 되는 것이었다. 그녀는 이런 게시물에 관해 알고 있었기 때문에 속지 않을 수 있었다. 그러나 많은 소기업 대표는 이런 사기에 매년 속아 넘어간다.

가짜 청구서

연방법은 '청구서, 송장 또는 미수금 명세서'로 보이지만 실상은 '상품이나 서비스에 대한 주문을 수신자에게 권유'하는 우편물을 금지하고 있다.

단, 다음 문구가 명확하고 가독성 있게 인쇄된 경우에는 허용된다.

> 이것은 상품이나 서비스에 대한 주문을 권유하는 내용으로 청구서, 송장 또는 미수금 명세서가 아니다. 당신은 이 제안을 수락하지 않는 한 이 제안에 대해 돈을 지불할 의무가 전혀 없다.

대다수의 주에는 우편으로 가짜 청구서를 보내는 것을 금지하는 소비자 보호법이 있다. 예컨대 미네소타주 법은 주문하지 않은 상품이나 서비스, 또는 시행되지 않은 서비스에 대해 '어떤 명세서나 송장, 혹은 명세서나 송장으로 간주될 만한 문서'로 돈을 내라고 요구하는 행위를 금지한다.

그러나 사기꾼들은 이런 법에는 아랑곳하지 않는다. 그들은 소기업 경영주들이 여러 업무를 동시에 진행하고, 다수의 거래처와 서비스 제공자를 상대하느라 바쁘다는 점을 잘 안다. 사기꾼들은 많은 업무로 분주한 사장들을 속이기 위해 회사에서 주문하지도 않았고, 수령하지도 않았으며, 원하지도 않은 서비스나 물품에 대해 청구서를 발송한다. 그들 중 일부는 당돌하게 경영주에게 전화를 걸어 받지도 않은 서비스나 물품에 대해 대금 지급을 요구하고, 추심기관을 보내겠다는 으름장을 놓기도 한다. 새빨간 거짓말이지만 그럼에도 이런 말을 들으면 덜컥 겁먹기 마련이다.

사기꾼이 돈을 갈취하는 또 다른 방법은 당신이 주문하지 않은 물품을 보내고 나서 대금을 청구하는 것이다. 이것 역시 불법이다. 당신이 요구하지 않았는데 물건을 보냈다면 대금 지급 의무는 없다. 심지어 반송 의무도 없다. 요청하지 않은 상품이 배달되면 수취 거부를 하든지, 아니면 수령 후 가지든 버리든 당신 마음대로 하면 된다. 법에서는 그런 물품을 조건 없는 선물이라고 정의한다. 만약 당신이 실제로 주문하지 않은 배송물 안에 송장이 들어 있다면 그것은 불법이다. 그런 경우에는 당신은 물건을 반송하거나 청구대로 돈을 지불해야 한다.

가짜 청구서에 대한 대금 지급을 피하는 방법

- 대금 지급 전에 모든 송장을 실제로 완료된 작업 또는 수령한 물품과 대조하는 체계를 전산으로든 수작업으로든 세워라. 원장이나 회계 프로그램으로 지불 내역을 기록해두면 가짜 청구금을 지불하거나 동일 청구 건에 대해 중복 송금하는 가능성을 크게 줄일 수 있다.
- 기존 거래처에서 온 것처럼 보이는 청구서상의 송장 계좌번호를 꼼꼼히 살펴보라. 만약 청구서의 계좌번호가 거래처 계좌번호와 다르다면 가짜일 가능성이 있다.
- 당신 사업의 평상시 범위에서 벗어난 상품이나 서비스에 대한 지불 요청을 믿지 마라.
- 청구서에 전화번호나 연락처가 적혀 있지 않은 송장을 살펴보라. 사기꾼들은 상대가 연락해서 물어보는 경우를 피하기 위해 서류에 연락 정보를 생략하기도 한다. 물론 정상적인 회사도 전화번호를 생략하는 경우가 있다.
- 회사에 직원이 있다면 실제 주문 담당자에게 주문 내역을 확인하라.

주소록 등재 사기

소기업 대표는 업계 주소록이나 소비자 광고용 주소록에 회사를 등재하라는 요청을 받곤 한다. 캐런은 회사 등록 이후 저자와 편집자, 전문 컨설턴트 및 비즈니스 리더들을 위한 주소록에 유료로 이름을 올리라는 전화 연락이 넘쳐났다고 한다. 해당 주소록에 이름을 올리면 회사 광고가 되고, 잠재 고객들이 그녀를 찾는 데 도움이 된다는 판매 권유와는 달리 실제로 그런 주소록을 들여다보거나 사용하는 사람은 거의 없을 것이다.

이런 사기성 회사는 당신을 12개월에서 24개월에 이르는 장기 계약에 묶어두려 한다. 그들은 비용 총액을 선불로 요구하거나 당신의 은행 계좌나 신용카드로 반복 지불이 되도록 요구하는 경우가 많다. 이런 계약은 연간 1,000달러 이상의 꽤 큰 금액을 요구하기도 한다. 사기꾼들은 응답 및 지불 기한을 정하는데, 가령 5~7일 내에 당신이 연락하지 않으면 돈을 요구하는 전화를 걸기 시작할 것이다. 이런 사기는 3개월 이내에 취소가 가능하다고 주장하지만 서면 통지 및 해외 주소로의 우편 발송 등 취소 절차를 까다롭게 만들어 놓아 해당 조건을 충족시키기가 거의 불가능하다. 사기꾼들은 지불 요구에 응하지 않으면 소송을 걸겠다고 위협하는 식으로 거칠게 나오기도 한다. 이런 일이 발생하면 굳게 버텨라. 그들은 불법 행위를 저지르고 있다.

정부는 이런 주소록 사기를 매우 엄중하게 다루지만, 이런 사기 행위가 너무 많아 정부가 손을 쓰기도 전에 많은 사람이 해를 입는다. 여기 다른 사례를 소개한다.

2013년 미국 연방거래위원회(이하 FTC)는 슬로바키아에 적을 둔 컨스트럭트 데이터 퍼블리셔Construct Data Publishers(사업 브랜드명은 페어가이드Fair Guide), 그리고 볼프강 발보다Wolfgang Valvoda와 수전 앤호른Susanne Anhorn을 온라인 주소록에 등재한다는 명목으로 수백만 달러를 미국 회사로부터 사취한 혐의로 기소했다. 그들은 국제전시이벤트협회International Association of Exhibitions and Events의 거듭된 경고에도 아랑곳없이 이런 일을 계속했다.

컨스트럭트 데이터사는 2008년에 오스트리아 정부가 회사를 기만적 활동으로 기소하자 오스트리아에서 슬로바키아로 본거지를 옮기면서 유럽연합 내의 기업을 상대로 한 영업 행위 중지에 합의했다. 이후 이들은 미국으로 옮겨갔다. FTC의 기소에 따르면 페어가이드와 그 일당은 산업 전시회에 참가한 소매업자, 지역 협회, 1인 기업 등에 우편물을 보내, 무료 발행되는 '전시 참가 업체 주소록'에 실릴 회사 정보가 정확한지 확인할 의무가 있다고 말했다. 해당 확인 서류는 각 회사가 페어가이드와 거래한 실적이 있으므로 내용의 정확성을 기하기 위한 일상적인 정보 확인 절차에 불과하다는 뉘앙스를 풍겼다.

그 서류에 주소록 정보를 '확인했음'을 서명한 이들은 자기도 모르는 사이에 연간 1,717달러를 페어가이드에 지불하는 계약서에 서명한 것이었다. 이 사용료 지불을 거부한 회사는 슬로바키아 은행 계좌로 송금하라는 청구서를 주기적으로 받았다. 지불을 거절하면 가짜 청구서가 계속 날아들면서 연체료가 추가됐다. 어떤 회사는 성가신 전화와 편지를 끊기 위해 돈을 지불하기도 했다고 말했다.

2016년 9월 FTC의 소송에 따라 연방 법원이 페어가이드와 두 명의 임원을 사업체 주소록 사업에서 축출하면서 사기 행각은 끝이 났다. 그러나 2017년 3월에 가서야 FTC는 피해 보상금 일부를 받아내 이 사기로 돈을 잃은 회사와 비영리 단체에 총 535,000달러에 달하는 수표 974장을 우편으로 발송했다. 이 금액이 상당한 액수라고 생각할지 몰라도 실제 피해액의 24% 정도인 평균 549달러만 회수된 것이었다.

주소록 사기로부터 자신을 지키는 방법

- 요청하지 않은 모든 주소록 관련 제안을 의심하라.
- 계약 내용을 꼼꼼히 읽어보고, 완전히 이해한 다음에 서명하라.
- 주소록 사업체와 거래를 시작하기 전에 온라인에서 해당 업체를 알아보고, 이런 회사에 대한 신고를 받는 기관에도 확인해서 해당 사업체에 문제가 있었는지 살펴보라.
- 해당 사업체에 대한 정보를 찾기 어렵다면 사기를 식별하는 요령으로 편지에 쓰인 표현이나 용어를 온라인에서 검색해보라.

- 만약 제안에 실제 송장이 들어있다면 청구 금액 지불 전에 실제로 당신이 요청한 것인지 확인하라.
- 정보 요청이 정상이라는 확신 없이는 당신 회사에 대한 정보를 제공하거나 확인해주지 마라.
- 당신이 허락하거나 요청하지 않은 서비스에 대해 대금을 지급하라는 압박을 단호히 거절하라. 만약 상대가 괴롭힌다면 지역의 법 집행기관이나 주 또는 연방 소비자 보호기관에 신고하라.
- 만약 당신의 비즈니스를 합법적인 온라인 또는 인쇄물 주소록에 올리고 싶다면 최선의 대안을 찾아보고, 리뷰와 피드백을 살펴보라. 또한 정상적인 회사인지 확실하게 알아보라.

사무용품 사기

사무용품 사기 역사는 꽤 오래됐는데, 그 이유는 사무용품을 주문하는 사람과 대금을 지불하는 사람이 각각 별개의 부서에서 일하는 다른 사람들이기 때문이다. 사기꾼들은 바로 이런 특징을 악용한다.

이런 사기는 다양한 종류가 있지만 대체로는 전화를 걸어 기존 공급처라고 하거나 기존 공급처를 대신해 공인 딜러가 연락한다고 말한다. 상대방은 당신이 사용하는 사무용품에 관한 정보를 요청한다. 예컨대 프린터 토너, 복사지, 소규모 사무실을 위한 기계, 커피 등의 종류와 구매 담당자 이름을 묻는다. 사기꾼은 이 정보를 얻어낸 후 고객이 요청하지 않은 사무용품을 발송하면서 엄청난 금액을 청구한다. 이들이 보내는 물품은 대체로 질이 낮거나 불량품이다.

2016년에 FTC는 사무용품 납품 회사 두 곳을 적발했다. 그들은 비영리단체와 소기업을 상대로, 주문하지도 않은 고가의 사무용품과 청소용품 대금을 지불하도록 속였다. 이 사건에 대해 메릴랜드와 캘리포니아주는 두 사기 회사의 자산을 동결했고, 2017년에는 FTC가 이 두 회사를 폐쇄시켰다. "피고들은 소기업, 구호단체, 교회 등을 속여 그들이 주문하지 않은 고가의 사무용품 대금을 지불하도록 했습니다."라고 FTC 산하 소비자 보호국의 제시카 리치Jessica Rich 국장은 말했다. "이런 행위는 수치스러울 뿐 아니라 불법입니다."

FTC에 따르면 두 회사는 고객들이 청구서에 대해 따지거나 이의를 제기하면 추심 부서로 회부하겠다고 으름장을 놓았다. 자신에게 지불 의무가 있다고 착각한 소비자들이 지불한 금액 중에는 법적으로 지불해야 하는 금액보다 수천 달러 이상을 추가 지불한 경우도 있었고, 그렇게 지불한 고객에게는 주문하지 않은 상품과 청구서가 더 많이 들어오곤 했다.

FTC의 고소 내용에 따르면 이들 텔레마케터는 기존에 거래가 있었다고 거짓으로 주장하면서 구매자들에게 무료 샘플이나 카탈로그를 제공한다고 말했다. 그 전화 연락이 사실은 판매 영업이라는 사실을 밝히지 않았다. 이런 사기가 먹힌 이유는 청구서를 처리하는 사람이 주문을 처리하는 사람과 달랐고, 사기를 당한 회사에 상호 확인 절차가 없었기 때문이다.

사무용품 사기를 막는 법

- **정보 규칙을 세워라**: 전화를 받을 때 사무용품이나 기자재에 관한 정보를 아무에게도 이야기하지 말라고 전 직원에게 지시한다.

전화 상대에게 회사의 구매 담당자 이름을 알리지 마라. 그 대신 전화를 건 상대방 이름, 전화번호, 회사명을 받아 적고 담당자에게 전달하겠다고 말하고 전화를 끊는다.

- **전화 설문 조사에 응하지 마라**: 사기꾼들이 흔히 사용하는 수법은 전화로 '사무용품에 관한 설문조사'를 한다고 말하는 식이다. 사무기기와 사무용품에 관한 전화 설문조사에 참여해 달라는 전화를 받는다면 바로 끊어라.

- **주문하지 않은 상품에 대해 대금을 지급하지 마라**: 사기꾼들은 당신이 주문하지 않은 상품을 발송하고 나서 2주 정도 후에 청구서를 보내는 경우가 많다. 수령한 물품을 이미 창고에 수납했기 때문에 회사가 대금 지급 의무가 있다고 생각하게 만드는 작전을 펴는 것이다. 정상적인 주문이라고 생각해 해당 상품을 이미 사용했을 수도 있다. 당신은 주문하지 않은 물품에 대해서는 법적으로 대금 지급 의무가 없다. 대금 지급을 하지 않아도 되고 반송하지 않아도 괜찮다.

- **강하게 버텨라**: 못살게 굴고, 협박하고, 괴롭히더라도 굴하지 마라. 한번 대금을 지급하면 사기꾼들은 끝없이 찾아올 것이다.

- **권력기관에 신고하라**: FTC에 신고하라. 관련 홈페이지(www.ftc.gov/complaint)에서 신고가 가능하다.

올바른 사람을 채용하라

나는 젊은 시절 대기업 직원 행세를 한 적이 있다. 그런 경험으로 의해 사람을 겉모습으로 판단해서는 안 된다는 점을 잘 알고 있다. 소기업 대표들은 자질을 갖춘 직원을 확보하기도 벅찬데, 속이려고 작정하고 들어오는 사람을 채용하면 어쩌나 하는 우려까지 있다.

기본적인 안전 장치는 신원 조사^{background check}다. 현금을 다루거나 계좌 정보 열람 및 구매 실무를 맡거나, 민감한 고객이나 의뢰인 정보 및 재무 자료를 취급할 직원의 경우 신원 조사가 매우 중요하다. 신원 조사에는 비용이 들기 때문에 모든 직원에 대해 실행하려면 상당히 큰 예산이 필요하다. 민감한 정보나 현금을 취급하는 직원이 아니라면 추천인이나 과거 근무지를 통한 확인 정도로 안전한 채용이 가능하다.

단, 신원 조사를 할 경우 특정 법규를 준수해야 한다. 고용주는 신원 조사를 하기 전에 구직자의 서면 동의를 받아야 한다. 구직자 또한 신원 조사 보고서를 열람할 권리가 있으며 부정적인 내용에 대해 이의를 제기할 수 있다. 최고의 신원 조사 회사는 규정준수 시스템을 제공하므로 회사가 법규를 위반하지 않도록 한다.

신원 조사에는 여러 종류가 있다. 범죄 기록, 신용 상태, 근무 이력, 운전 면허, 약물 검사 및 학적 확인 등 그 범위도 다양하다. 소셜미디어 검색을 제공하는 회사도 있지만 소셜미디어 확인을 통해 법적으로 물어봐서는 안 되는 구직자 정보(인종, 성적 취향, 정치적 성향, 가족 구조 등)를 드러낼 수 있으므로 약간 껄끄러운 면이 있다.

적임자를 채용했다면 6장에서 언급한 일반적인 사기 수법과 대응 방안에 대해 시간을 들여 가르쳐라. 6장에서 다룬 방지 요령을 활용하면 직원들이 사기당하지 않도록 돕는 적절한 절차를 개발할 수 있을 것이다.

기업 금융 사기

소기업 사업주는 창업, 장비 구입, 사무실 혹은 점포 개설 등을 위해 추가 자본이 필요할 경우가 있다. 지난 몇 년간 금리가 올라 은행의 대출 수익성이 높아지면서 소기업 대출이 약간은 쉬워졌고, 합법적인 자금 조달 방법은 다양하지만 여전히 괜찮은 대출을 받기는 어렵고 비용이 많이 든다. 그것이 사업 자금 대출 사기가 여전히 문제되는 이유다.

사업 대출 사기의 단서

- **선불을 요구한다:** 합법적인 대부업체나 대부 중개업체는 대출을 위해 결코 선불을 요구하지 않는다. 만약 신청 과정에서 어떤 종류든 수수료를 내라고 요구한다면 그곳을 떠나라.

- **사무실 주소가 없다:** 합법적인 대부업체는 사서함이나 이메일 주소 외에 반드시 사무실 주소가 있어야 정상이다. 만약 대부업체나 중개업체가 사무실 주소를 대지 못한다면 그곳을 떠나라. 이것은 그들이 외국에 적을 둔 사기꾼이라는 표시다.

- **현금 서비스를 제공한다:** 그 자리에서 바로 현금을 제공하겠다고 하는 대부업체와는 결코 거래하지 마라. 당신의 신용 이력을 확인하지 않는 대출(이를 '스타트업 대출'이라고도 부른다)은 고리대금업 수준의 높은 이자율이 따르고, 준수하기가 거의 불가능한 계약 조건이 붙는 경우가 많다. 이는 거의 범죄 조직에게 돈을 빌리는 것과 같다. 하지만 예외도 있다. 자영업자 대상 신용 대출MCA, merchant cash advance은 신속하게 대출을 받는 합법적인 방법이다. 이것은 합법적인 금융기관이 당신의 일별 신용카드 매출

일부에 수수료를 더한 금액을 받고 약간의 자금을 빌려주는 것이다. 그 결과 이런 합법적 대출 이자는 일반 사업 자금 대출보다 더 높을 수 있다. 그러나 계절의 영향을 많이 받거나 신용등급이 아주 높지 않은 사업체에는 적합할 수 있다. 해당 대부업체가 합법적인 곳인지 중소기업청을 통해 확인하고, 계약 조건을 이해하고, 당신에게 부과되는 의무를 수행할 수 있는지 확실히 검토하라.

- **대출 승인을 보장한다**: 정직하고 명성 있는 대부업체라면 신청하기도 전에 대출 승인을 보장한다고 광고하지는 않을 것이다. 그런 약속을 하는 업체와는 결코 거래하지 마라.

기술 지원 사기

이런 사기는 범죄자들이 기술 지원을 한다고 속이고, 당신 회사에 전화를 걸어 당신 컴퓨터에 문제가 있으니 원격으로 접속해 수리해야 한다고 말한다. 가장 흔한 시나리오에서 사기꾼들은 회사 이메일 계정이 해킹을 당해 불법적인 이메일이 계속 당신 명의로 발송되고 있다고 말한다. 사기꾼들이 문제를 해결하도록 허용하지 않으면 큰 벌금이 부과될 수 있고, 심하면 감옥에 갈 수도 있다고 주장한다. 여러 번 말한 대로 당신에게 당장 어떤 행동을 취하라는 요구는 사기일 가능성이 높다. 사기꾼이 일단 당신 컴퓨터에 원격으로 접속하면 개인정보와 금융정보 등의 민감한 내용을 훔쳐갈 수 있다.

당신 컴퓨터에 바이러스가 있다고 경고하는 팝업창도 사기다. 당신의 컴퓨터나 바이러스 혹은 기술 지원에 대해 언급하는 알림 내용은 절대 클릭하지 마라! 소프트웨어를 내려받아야 한다고 하는 팝업도 마찬가지다. 알림 창을 닫으려고 팝업 내의 X 단추조차 눌러서는 안 된다. 그것은 사기꾼들이 당신 컴퓨터에 바이러스를 심으려는 또 다른 수법이기 때문이다. 바로 컴퓨터 창을 닫아라.

기술 지원 사기를 물리치는 방법

- 요청하지 않았는데 걸려오는 전화나 자신의 기기에 뜨는 모든 팝업 메시지를 의심해야 한다는 점을 직원들에게 확실하게 가르쳐라.
- 당신이 계약한 합법적인 컴퓨터 지원팀임을 확인하기 전에는 직원들이 컴퓨터나 다른 기기의 사용 권한을 제3자에게 넘기지 못하게 하라. 만약 당신 회사가 사용하는 통신 업체나 컴퓨터 제조사의 기술 지원 담당이라고 하면서 컴퓨터에 문제가 있다고 말하는 전화는 바로 끊도록 직원들에게 지시하라. 애플이나 마이크로소프트 같은 회사는 기술적 문제에 대해 요청하지도 않았는데 개인이나 회사에 전화를 걸지 않는다. 어떤 경우든 당신이 먼저 요청해서 통화가 이뤄져야 한다.

소기업 데이터를 보호하는 네 가지 방법

당신이 가진 정보는 소기업 사업주로서 성공하기 위해 매우 중요하다. 이를 보호하는 활동을 결코 소홀히 해서는 안 된다.

1. 백업 시스템 자동화

회사의 데이터를 보호하기 위해 자동 백업 시스템을 사용하라. 회사 컴퓨터나 서버 정보 백업을 위해 내장 또는 외장 하드 드라이브를 사용해도 된다. 이들은 대형 전자제품 매장이나 기술 매장, 혹은 온라인에서 100달러 이하에 구입할 수 있다. 추가로 백업 시스템을 제3자나 사업장 외부에 외주를 주는 방안을 고려해보라. 그렇게 함으로써 당신의 데이터가 파괴되더라도 다른 곳으로부터 복구가 가능하다. 클라우드 백업 서비스도 하나의 대안이다. 드롭박스Dropbox와 카보나이트Carbonite 같은 회사는 데이터를 클라우드에 복사, 백업하고 저장한다.

2. 서버 가상화

서버를 가상화하면 하나의 물리적 서버 기기에서 여러 개의 가상 서버 환경(예: 이메일, 데이터베이스, 웹서버 등)을 돌릴 수 있다. 기본적으로 하나의 서버가 여러 서버의 작업을 수행한다. 가상화는 비용 절감 효과뿐 아니라 재해 발생 시 복구를 단순화한다.

3. 어플라이언스 기반 방화벽

당신의 컴퓨터 데이터는 컴퓨터 바이러스, 악성코드, 랜섬웨어 및 가상 침입virtual break-ins 등의 잠재적 위협을 받는다. 하드웨어 방화벽firewall은 소프트웨어를 보호할 수는 있지만 그것이 설치돼 작동하기 시작할 즈음이면 당신 네트워크상에 이미 위협 요소가 침투해 있을 수 있다. 인터넷과 당신의 비즈니스 데이터 사이에 안전한 어플라이언스 기반 방화벽을 반드시 설치해 침입자와 위협 요소가 당신의 네트워크에 접근하지 못하게 막아라.

4. 필터

바이러스 검사 소프트웨어와 스팸 필터는 데이터 출입을 지켜주는 또 하나의 보호막이다. 콘텐츠 필터는 유해 웹사이트 접속을 막아 컴퓨터를 악성코드의 위협에서 보호한다.

W-2 피싱 사기

목요일 오후, 벳시Betsy는 급여 작업을 마무리하는 동시에 책상에서 점심을 먹으면서 주말 일정을 생각하고, 딸의 대입수능시험SAT에 대해 걱정하고 있었다. 이는 평소와 다름없는 근무일의 모습이었다. 그녀는 여러 생각을 하며 동시에 여러 작업을 하고 있었기에 그녀의 상관이 이메일을 보내 회사 전 직원의 W-2 양식[1]을 보내달라고 했을 때 즉시 요청에 응했다. 당시는 3월이었고 세금 보고 기간이 눈앞이었다. 벳시는 해당 파일을 이메일로 보냈고, 그 일을 따로 염두에 두지 않았다. 약 두 시간 후 그녀의 상관은 그의 은행 계좌로 송금을 요청하면서 계좌번호를 알려줬다. 어서 퇴근하고 싶은 생각에 그녀는 별 생각 없이 신속하게 송금 업무를 마쳤다.

다음날 아침 출근하자 그녀의 상관과 그의 동료가 그녀를 기다리고 있었다. 밤마다 사업용 계좌를 확인하는 과정에서 자금이 도난당한 사실이 확인되었던 것이다. 이 이야기의 결말은 짐작하고도 남을 것이다. 벳시는 상관이 보낸 것처럼 보이지만 사실은 인터넷 범죄자들이 보낸 사기 이

---

1 미국 국세청의 급여 및 세금 신고서 — 옮긴이

메일에 응답한 것이었다. 이제 범인들은 회사에 소속된 150명 직원의 이름, 사회보장번호, 주소, 급여 정보를 손에 넣었다. 사기꾼들은 이 정보를 이용해 가짜 세금 환급 신청을 하거나 이 정보를 다크 웹에서 팔 수 있었다(다크 웹에 대해서는 2장에서 언급한 바 있다). 뿐만 아니라 그녀는 범인의 은행 계좌로 송금을 했다. 그 돈은 해당 계좌에서 이미 인출된 상태였다. 해당 은행은 도난 사건에 대해 약간의 보전을 할 수는 있지만 직원 정보의 누출은 되돌릴 수 없었다.

미국 국세청에 의하면 W-2 피싱 사기는 가장 위험한 세금 사기에 속한다. 인터넷 범죄자들은 회사의 COO나 CFO 혹은 학교 교직원, 병원이나 구호단체의 임직원이 누구인지 먼저 파악한다. 이런 정보는 인터넷에 공개된 경우가 많아 구하기 쉽다. 그 다음에는 비즈니스 이메일 손상BEC, business email compromise 혹은 비즈니스 이메일 사칭BES, business email spoofing[2] 이라는 수법으로 급여 담당 직원과 같은 핵심 인력에게 메시지를 보내 W-2 양식 사본을 요청한다. 정상적인 이메일로 보이기 때문에 직원들은 해당 요청에 의문을 품거나 상관에게 재확인하지 않고 요구에 응하곤 한다.

이 글을 쓰는 시점에서 가장 최근인 2016년에는 200명 이상의 직원들이 이런 사기 피해를 입었다. 대기업과 소기업, 학교, 병원, 구호단체 등에 속한 수십만 명 직원들의 신원 정보가 노출됐다. 회사 규모에 상관없이 직원 수가 불과 몇 명뿐이라도 이 피싱 사기에 대해 교육하고, 민감한 정보나 돈과 관련된 이메일 요청에 대해서는 확인 절차를 밟도록 하라.

---

2 발신자 주소를 위조하는 것을 말함 — 옮긴이

벳시의 회사는 사기 사건을 겪은 뒤 민감한 직원 정보를 요청할 때는 반드시 직접 서면으로 요청하고, 이메일을 사용하지 못하게 하는 체계를 곧바로 정착시켰다.

만약 회사나 조직이 W-2 자료를 달라는 의심스러운 이메일을 받는다면 즉시 국세청에 신고하라. 이메일 제목에 'W2 Scam'이라고 쓰고, 해당 이메일 전체를 담당자 이메일로(phishing@irs.gov)로 전달하라. 만약 회사가 이미 그런 W-2 피싱 사기에 당했다면 피해를 발견한 즉시 국세청에 신고하라.

랜섬웨어 사기

이미 많은 기업이 랜섬웨어 사기 피해를 입었다. 랜섬웨어는 컴퓨터 시스템에 침입해 모든 파일을 암호화해 열어볼 수도, 사용할 수도 없게 만드는 바이러스다. 사기꾼은 곧이어 메시지를 보내 "당신이 인터넷상의 불법 콘텐츠에 접근했기 때문에 돈을 지불해야 한다."고 하면서 링크를 첨부한다. 간혹 메시지 내용이 "지불 기한은 72시간이다. 이 시간 안에 돈을 지불하지 않으면 당신의 모든 파일이 영원히 암호화돼 복구가 불가능해질 것이다."라고 보내는 경우도 있다. 만약 당신이 그들이 보낸 링크를 누를 경우 더 많은 바이러스에 감염될 가능성이 매우 높다. 소매업, 병원, 서비스 업체 등 모두 랜섬웨어 공격으로 시스템이 엉망이 되는 끔찍한 경험을 겪었다.

미국 법무부는 랜섬웨어 사기 대책으로 다음과 같은 권고 사항을 발표했다.

- **직원들을 교육하라:** 랜섬웨어의 위협과 그 작동 방식에 대해 직원들을 이해시켜라. 100% 확실한 경우가 아니라면 아무 링크나 누르면 안 된다는 점을 명확히 알게 하라. 수상한 이메일이나 스팸 메일로 의심되는 이메일은 열어보지도 말고 즉시 삭제하라.

- **강력한 스팸 필터를 사용하라:** 필터를 사용함으로써 피싱 이메일이 회사의 컴퓨터 시스템 사용자 메일에 수신되는 것을 막을 수 있다. 미국 법무부에 따르면 메일서버등록제SPF, Sender Policy Framework, 도메인 기반 이메일 인증DMARC, Domain-based Message Authentication, Reporting, and Conformance, 도메인키 인증 메일DKIM, DomainKeys Identified Mail 등이 이메일 사칭 방지에 도움이 된다고 한다.

- **방화벽을 효과적으로 사용하라:** 알려진 악성 IP 주소에 대한 접근을 막기 위해 방화벽을 구성하라.

- **소프트웨어를 최신 버전으로 업데이트하라:** 운영체계, 소프트웨어 및 펌웨어 등의 정기적인 업데이트를 통해 악성 바이러스가 이메일이나 기타 경로를 통해 회사 컴퓨터에 침입하는 것을 방지할 수 있다.

- **백신 프로그램을 사용하라:** 백신 프로그램과 악성코드 방지 프로그램이 정기적으로 컴퓨터를 검사하고, 위협 요소를 발견 즉시 제거하도록 설정하라.

신용카드 및 은행 계좌 사기

신용카드와 은행 사기는 개인뿐 아니라 사업체로서도 심각한 문제다. 당신의 사업용 신용카드와 계좌를 안전하게 보호하는 요령을 소개한다.

- **서로 구분해서 사용하라**: 은행 서비스는 개인용과 사업용을 항상 구분하고, 은행 계좌, 신용카드, 직불카드 및 수표 등을 별도로 사용해야 한다. 이렇게 하면 사기꾼이 당신의 돈을 모두 훔쳐가지 못한다. 또한 당신 사업에 연관된 지출을 파악하는 데도 도움이 되며, 세금 신고에도 도움이 된다.
- **신용카드를 이기적으로 관리하라**: 사업용 신용카드나 개인 신용카드를 결코 직원들에게 내어주지 마라. 마찬가지로 확실하고 지속적인 사업 관계에 있는 상대가 아니라면 신용카드 번호를 알려주지 마라.
- **일괄 지불 선택지**one-stop pay option**를 이용하라**: 수표를 쓰지 말고 거래처나 은행의 결제 기능을 사용하거나 온라인으로 결제하는 방법을 추천한다. 종이 거래내역서가 필요하다면 안전한 곳에 보관하라. 직접 은행 계좌를 통한 대금 지급 방법은 일관된 지급 기록을 남기고 정리할 수 있어서 기장과 자금 관리가 훨씬 쉬워지며, 사기당할 위험을 줄일 수 있다.
- **통지 기능을 사용하라**: 일정 금액(예: 1달러) 이상의 거래에 대해서는 문자 통지를 받도록 설정할 수 있다.
- **확인하라**: 의심스럽거나 낯선 거래를 적발하기 위해 매일 계좌 상태를 확인하라.

기업을 노리는 사기꾼들은 그렇지 않아도 힘든 창업가들과 소기업 경영주의 삶을 더욱 어렵게 한다. 대기업 입장에서도 사기는 골칫거리여서 비용과 재정적 피해뿐 아니라 생산성을 감소시키고, 평판을 훼손하며, 고객의 신뢰를 잃게 만든다. 정부 관공서처럼 어느 정도 영향력 있는 기관의 임원 행세를 하면서 사기를 치는 경우는 어떨까? 그런 사기도 회사 재정에 피해를 입힌다. 7장에서 관련 문제를 다룬다.

정부 및 공공기관을 사칭한 사기

정부 관공서나 법 집행기관 등 권력기관을 사칭하는 사기는 악랄하다. 왜 냐하면 대체로 우리는 법을 준수하고 권위를 신뢰하도록 교육받았기 때 문이다. 사기꾼들은 이런 신념을 악용한다. 7장에서는 공공기관을 사칭 하는 일반적 사기 유형과 수법, 주의할 단서 및 당신이 표적이 됐다고 판 단될 경우의 대처법을 다룬다.

재판정에서의 무질서: 배심원 사기

마사^{Martha}의 자녀들은 장성해서 집을 떠났기에 플로리다 주민인 그녀는 남는 시간을 활용해 남미에서 구호 활동을 했다. 그녀가 해외 여행을 마 치고 귀국한 지 얼마 되지 않았을 때였다. 그녀의 자동응답기에 메시지가 남겨져 있었는데, 그녀의 지역 관할 경찰서의 경사라고 하면서 중요하게 나눌 이야기가 있다고 했다. "저는 그러려니 하고 전화를 걸었지요." 마 사는 해당 경사를 연결해 달라고 했고, 곧 그의 자동응답기로 연결됐다. 자동응답기 메시지의 음성은 마사에게 메시지를 남긴 목소리와 동일했고, 그래서 자신의 휴대전화 번호를 남겨놓았다.

얼마 후 담당 경사라는 사람이 전화를 걸어 말하기를 그녀가 배심원 출석 요구를 받았는데 출석하지 않았다고 했다. "그가 제 이름과 주소, 생년월일을 언급해서 진짜라고 생각했어요." 마사는 자신이 출석 요구서를 받은 적이 없고, 언제부터 배심원 출석 요구에 응하지 않았다고 해당 카운티에서 체포 영장을 발급하기 시작했느냐고 물었다. 그는 이것이 플로리다주에 새로 생긴 법률이라고 말했다.

많은 주에서 출석하지 않는 배심원에게 단호한 조치를 내리기 시작했다. 2003년에 매사추세츠주는 배심원 의무를 이행하지 않은 48,000명 가까운 사람들에게 일인당 2천 달러의 벌금을 부과했다. 2012년에는 플로리다주의 한 판사가 배심원으로 나오지 않은 35명에게 법정 모독을 이유로 출두 명령을 내렸다. 2018년에 애리조나주에서는 배심원으로 출석하지 않았다는 이유로 30명에게 500달러의 벌금을 부과했다.

마사는 만약 영장이 발부됐다면 변호사와 상담해야겠다고 말했다. 그러자 그쪽에서 "벌금보다 변호사 비용이 클 텐데요."라고 말했다면서 당시를 회고했다. 상대방은 배심원으로 출석하지 않은 벌금은 1,000달러이고, 경찰서에서 지불하거나 전화로 지불할 수 있다고 했다. 그리고 경찰서에 간다면 체포당할 위험을 감수해야 한다고 말했다.

"그의 말이 위협적으로 들리지는 않았어요." 마사는 말했다. "제가 진짜 경찰서에서 진짜 경사들과 얘기했던 경험을 기억해보면 이 사람은 무척 친절한 말투였어요." 친절한 사람이 표적을 편안하게 해 전화기에 오래 붙어있게 하는 것은 배심원 사기의 전형적인 모습이다. 전화를 공격적으로 하면 표적이 경계심을 가질 수 있기 때문이다.

'경사'를 사칭한 사람은 마사에게 윈딕시Winn-Dixie 마트로 가서 500달러 짜리 상품권 두 장을 구입하라고 했다. "전화를 끊지 마세요."라고 지시 하며, 그녀가 상품권을 구입하자 상품권 뒷면에 기재된 번호를 불러달라 고 했고, 그녀는 지시를 따랐다.

그는 계속해서 마사가 사는 지역의 실제 경찰서 주소를 알려주면서 그 곳으로 가라고 말했다. 경찰서에 가서 그의 상관에게 상품권을 전달하라 고 말했다. 마사가 경찰서로 운전해 가던 도중 "상관이 급한 일로 외출했 으므로 경찰서에 가지 말고 상품권을 우편으로 보내는 게 낫겠다."고 말 했다. 애당초 사기꾼은 마사가 경찰서에 가기를 원하지 않았음은 물론이 다. 처음에 경찰서에 가라고 말한 것은 그럴듯하게 하려는 속임수였다. 가짜 경사는 그가 지시한 주소로 상품권을 보내라고 했고, 그녀는 그대로 했다. 마사는 상품권 뒤의 번호를 이미 사기꾼에게 전달했기에 1,000달 러는 이미 사라진 뒤였다.

전화 통화 후 마사는 제 정신을 차리고 벌어진 상황을 되짚어 보았다. "당했다는 생각이 들자 화가 나고 두려웠어요. 이 사람이 제 삶을 침범한 셈이잖아요. 제 이름, 주소, 생년월일을 아마도 인터넷에서 찾아 알고 있 었어요. 그제서야 저는 보안관에게 연락을 했어요."

보안관실에서는 마사가 사기꾼에게 당했다고 확인해줬다. 법원은 배 심원으로 나오지 않은 사람에게 연락하지 않으며, 마트에서 파는 상품권 으로 벌금을 내도록 하지 않는다. 시청은 결코 그런 식으로 일하지 않는 다. 그러나 그녀는 사기꾼의 교활한 수법에 걸려 속아 넘어갔다.

배심원 사기는 몇 년 전부터 있었다. 몇 명이나 이런 사기에 걸렸는지 에 대한 통계 자료는 구하기 어렵지만, FBI에 의하면 최근 수 년간 신고 사례가 증가했다고 한다. 대담하고 단순하다는 특징 때문에 이 사기가 더 잘 통하는 듯하다. 피해자들은 체포될 수 있다는 갑작스러운 위협에 당황한 나머지 상황을 모면하려고 순순히 정보를 알려주는 것일 수도 있다.

사기꾼들은 '출석하지 않은' 배심원 사기로 돈만 훔치는 것이 아니다. 때로는 당신의 신원을 노리기도 한다. 이 경우 사기꾼은 법원을 사칭하면서 배심원으로 출석하지 않았기 때문에 체포 영장이 발부됐다고 겁을 준다. 사기꾼은 신원 확인을 위해 당신의 정보를 요구하는데, 사회보장번호, 생년월일, 때로는 어머니의 결혼 전 이름과 은행정보 등 당신의 신원과 당신의 돈을 훔치는 데 필요한 모든 정보를 요구한다.

그러나 이미 말했듯이 법원은 당신이 배심원으로 출석하지 않았더라도 원칙적으로 전화를 걸지도 않고, 개인정보를 묻지도 않는다. 법원은 우편 고지가 원칙이다. 더 많은 주에서 출석하지 않는 배심원에 대해 조치를 취하고 있으므로 출석하지 않을 경우 법원의 고지문을 받을 수도 있다. 이것은 우편이나 택배로 업무가 이뤄지고, 드물게는 송달원이 직접 전달할 수도 있다. 불출석에 대해 우편으로 벌금 고지를 받는다면 반드시 법원이나 카운티 서기에게 직접 전화를 걸어 받은 우편물이 진짜인지 확인하라.

가짜 돈: 정부 지원금 사기

시드 커치하이머Sid Kirchheimer는 국세를 항상 기한 내에 납부했기 때문에 정부 지원금 3,200달러를 받을 자격이 있다고 말하는 전화를 받고 우습다고 생각했다. 시드는 의심을 했고 이것이 사기임을 알아챘다. 그 전화는 오후 7시에 왔는데 연방기관의 근무 시간이 한참 지난 때였고, 세금을 기한 내에 납부한다고 해서 정부가 보상금을 주지 않는다는 사실을 알고 있었다. 이런 사기에서 전화를 거는 사람은 재무부나 '연방 정부 지원금 부서' 혹은 '정부 지원금 협회' 등의 가짜 기관명을 둘러댄다.

그러나 지원금 사기는 전화 통화로 시작하지 않는다. 사기꾼은 소셜미디어를 통해 거액의 정부 지원금을 얻을 수 있으니 신청하라고 부추긴다. 대표적인 정부 지원금 사기는 IFC^{International Finance Corporation, 국제 금융 공사} 기금을 들먹인다. IFC는 실제로 존재하는 기관이지만 IFC 기금이란 건 없고, 다 거짓말이다.

이 사기 수법은 다음과 같다. 당신이 표적일 경우 페이스북 등의 소셜미디어를 통해 메시지를 받는데, 그 내용은 IFC 기금은 특별히 '공공 요금 지불, 주택 구입, 자영업 개업, 학자금 지불, 고령 혹은 은퇴한 부모의 봉양 및 자녀 양육 등'의 이유로 지원이 필요한 이들을 위해 존재한다는 이야기다. 사기꾼들은 종종 페이스북 친구 행세를 하면서 자기가 IFC 지원금을 신청해서 많게는 15,000달러에 이르는 큰 돈을 받았다고 말한다. 이 굉장한 기회를 잘 잡으면 정부 지원금을 받을 수 있다고 하면서 당신도 신청하라고 권한다. IFC에서 일하는 정부 직원에게 연락해 지원금 신청에 도움을 받으라는 말도 한다. 물론 이 직원도 사기꾼 패거리의 일원이다.

사기의 다음 단계로 넘어가면 인스턴트 메시지로 서식을 보내 작성하라고 요구한다. 관련 서식에 당신의 이름, 이메일 주소, 전화번호, 주소, 직업, 직장 정보, 사회보장번호, 월 수입 및 연봉, 필요한 지원금 액수, 신청 사유(지원금 사용처) 등을 입력하라고 한다. 보내준 서류는 정부 인장 같은 것도 찍혀 있어서 진짜라는 인상을 준다.

양식을 작성해 가짜 대리인에게 보내면 지원금에 대한 추가 정보를 얻을 수 있는데, 진짜 같은 인상을 주도록 신청 번호, 서류 일련번호 등의 세부 사항까지 있지만 다 거짓이다. 가짜 직원은 하루 후, 때로는 그보다 더 일찍 당신에게 연락해 정보가 확인돼 지원금을 받을 자격이 된다고 알려준다. 그러나 지원금을 받으려면 먼저 '정부 처리 수수료'를 내야 한다고 설명한다. 이 수수료는 지원금 액수에 따라 달라지는데, 지원금이 클수록 수수료도 커진다. 이 가짜 수수료는 수백 달러에서 수천 달러에 이른다.

지원금을 언제 받는지 직원에게 묻기라도 하면 가짜 담당자는 욕설과 협박을 하거나 "당신은 지원금을 받을 준비가 안 된 것 같으니 우리는 다음 신청자에게 기회를 넘기겠습니다. 신청해 주셔서 감사하고 비록 지원금을 받으실 수는 없었지만 자격을 취득하신 것을 축하드립니다."라며 사기꾼이 연락을 끊을 가능성도 크다.

만약 정부 지원금과 관련한 페이스북 메시지를 받는다면 즉시 페이스북에 사기 신고를 하고, FBI의 인터넷 범죄 신고 센터IC3, Internet Crime Complaint Center 홈페이지(www.ic3.gov)에 신고하라. 만약 그 메시지를 보낸 사람이 페이스북 친구라면 그의 페이스북 계정이 해킹당했다고 알려줘라.

자신을 보호하는 방법은 무엇일까? 정부는 페이스북이나 기타 소셜미디어 메시지를 통해 지원금 신청을 요청하지도 않고 지원금 지급 시 수수료를 요구하지도 않는다는 점을 기억하라. 또한 소셜미디어를 통해서는 음식, 임대료, 전기나 수도 요금 등에 대한 공공 지원을 받지 못한다.

또 다른 지원금 사기 수법 중에는 정부 공무원을 사칭하면서 전화, 이메일, 우편 등으로 접근해 신청하지도 않은 지원금의 수령 자격이 주어졌다고 알려주는 경우가 있다. 일반적으로 사기꾼들은 대본에 따라 공통된 언어와 표현을 사용하는데, 그것이 당신을 속이려 한다는 단서가 된다. 다음과 같은 이야기를 듣는다면 경계심을 가져라.

- "수천 명의 신청자 중에서 당신이 선정되셨습니다." 신청한 기억이 없다면 그건 신청한 적이 없기 때문일 것이다.
- "세금을 제때 내고 범죄 기록이 없기 때문에 당신은 정부 지원금 수령 대상이 되셨습니다." 아쉽게도 당신이 좋은 시민이라고 해서 정부가 당신에게 보상하지는 않는다.
- "이 정부 지원금에 관한 정보는 다른 곳에서는 받으실 수 없습니다." 그건 그런 지원금이 아예 존재하지 않기 때문이다.
- "이 지원금을 받으시려면 신용카드 번호만 말씀하시면 됩니다." 그렇게 한다면 사기꾼이 당신의 신용카드를 마음대로 사용할 것이다.

진짜 정부 지원금에 관한 중요한 다섯 가지 규칙

1. 모든 정부 보조금 신청과 이에 관한 정보는 미 국고보조금 홈페이지(www.grants.gov)에서 무료로 확인할 수 있다. 사실 정부 지원금에 관한 공식 정보 센터로는 이곳이 유일하다.
2. 지원금을 제공하는 지방 및 전국 비영리단체, 비정부기관 및 여러 기관과 재단 등에 관한 정보는 공공 도서관이나 인터넷에서 무료로 확인할 수 있다.

3. 정부는 지원금 신청에 대해 결코 수수료를 청구하지 않는다.

4. 모든 정부 지원금은 공익 목적의 특정 프로젝트를 위한 것이며, 개인적 목적이나 공공 요금 지불 또는 개인 물품 구입을 위한 자금이 아니다.

5. 지원금 신청을 하라고, 또는 지원금 수수료를 내라고 정부가 당신에게 연락하지 않는다. 정부 지원금에는 수수료가 붙지 않는다.

정부 대학 장학금 사기에 대해 스스로 공부하라

대학 장학금 사기의 경우 정부의 금융 지원금으로 학자금을 마련할 수 있다고 착각하게 하면서, 장학금 관련 정보는 유료이므로 돈을 내야한다고 말한다.

이런 사기 중 일부는 지원자의 '무료 세미나' 참석을 조건으로 내세우지만, 실제로는 인터넷이나 공공 도서관에서 무료로 확인 가능한 장학금 정보를 비싼 값에 팔기 위한 판매 수법에 불과하다. 또 다른 사기의 경우, 인터넷 구독 서비스 형태로 매월 회비를 내야만 장학금 수령 후보자 명단에 올라간다고 한다. 그러나 규정대로 회비를 환불받기는 거의 불가능하다.

재정 지원 자격을 확인하는 유일한 정부 장학금 신청 제도는 연방 정부의 대학 학자금 재정 보조 무료 신청FAFSA, Free Application of Federal Student Aid 뿐이며 공식 홈페이지(https://fafsa.ed.gov)에서 확인할 수 있다. 신청 제도 이름에서 분명히 나타나듯이 신청 시 비용은 일절 들지 않는다.

만약 재정 지원이나 장학금에 관한 무료 세미나에 참석한다면 다음 사항에 유의하라.

- **그런 세미나에서 수표를 끊지 마라**: 교육 세미나에서는 압박 판매 기술을 사용해 필요하지도 않고, 많은 경우 인터넷에서 무료로 얻을 수 있는 서비스에 돈을 쓰게 만든다. 정신을 바짝 차리고 당신이 스스로 찾을 수 있는 정보에 돈을 쓰게 하는 속임수에 넘어가지 마라.

- **상대방이 누구인지 확인하라**: 필요하지 않을 수도 있는 서비스를 신청하기 전에 진학 상담사나 대학의 금융 지원 상담사에게 당신이 받은 요구에 대해 물어봐라. 인터넷에서 장학금 세미나 회사를 찾아보고, 소비자 신고 내역이 등록된 소비자 단체 사이트를 검색해 소비자 평가를 읽으라(업체가 내세우는 사용자 추천 글은 피하라).

- **사용자 추천 글을 믿지 마라**: 업체 홈페이지에 게재된 사용자 추천 글은 돈을 받고 쓴 가짜일 수 있다. 성공 사례를 실제 인물과 확인해보라. 소비자 평가는 완벽하지는 않지만 업체 평판에 대한 단서를 얻을 수 있다.

- **질문을 하고 답변을 요구하라**: 장학금 서비스 신청 전에 무엇을 얻게 되는지 파악하라. 서비스 비용은 얼마인지, 지속 기간과 혜택을 물어라. 만약 상대방이 자세하고 정확한 답변을 문서로 제공하지 못한다면 "됐어요."라고 말하고 떠나라.

꿈같은 당첨금: 주 정부 복권과 추첨 사기

주 정부 복권 사기는 미국 전역에서 끊임없는 골칫거리다. 한 조사에 의하면 뉴저지에서 가장 자주 복권에 당첨된 20명 중 절반 정도가 공인 복권 판매자거나 복권 판매소 주인의 가족이었다. 이는 믿기 어려운 높은 확률로 이기거나, 당첨된 복권을 고객에게서 속여 취하거나, 당첨자들의 복권을 할인해서 구입했다는 의미다.

미시건주에서는 2년 동안 상금이 거의 360만 달러에 달하는 당첨 복권을 37명의 복권 판매소 주인이 제출했다. 한 판매자는 단 1년 동안 107건의 당첨을 거머쥐면서 346,312달러의 상금을 챙겼다. 또 6명의 판매소 주인은 50만 달러가 넘는 복권 상금을 세금 보고 시 누락했다. 이런 사기는 납세자에게 피해를 끼친다. 복권 가격과 상금에서 발생하는 세금은 교육 및 복지 기금으로 사용되기 때문이다.

좀 더 최근 사례에서는 FBI와 연방예금보험공사FDIC, Federal Deposit Insurance Corporation 명의로 메가밀리언 복권Mega Million jackpot[1] 1등 당첨에 관한 편지를 표적이 된 사람에게 보낸 경우가 있다. 그럴듯해 보이는 이 편지는 수신자가 복권에 당첨됐지만 당첨금 수령을 위해 취급 수수료를 특정 계좌에 입금하라는 내용이다. 이를 선입금 수수료advance fee라고 하는데 이것은 사기다. 편지는 고급 용지에 FBI와 FDIC 공식 인장이 새겨져 있어서 진짜처럼 보인다. 그러나 이걸 기억하라. FBI나 FDIC는 결코 복권 당첨자에게 편지를 보내지 않으며, 복권 당첨금을 받기 위해서는 수수료가 전혀 들지 않는다.

---

1 파워볼과 함께 미국의 대표 복권 중 하나 — 옮긴이

이 사기 수법의 또 다른 유형은 정부 공무원이라고 자신을 소개하는 사람이 전화를 걸어 정부가 후원하는 복권에 당첨됐다고 알려주는 것이다. 사기꾼은 자신을 '전국 소비자 보호원National Consumer Protection Agency' 혹은 '전국 복권단체National Sweepstakes Bureau' 소속이라고 소개하는데 둘 다 존재하지 않는 가짜 기관이다. 연방거래위원회라는 실존 기관이라고 밝히는 경우도 있지만 이 전화 역시 가짜다. 정부기관은 그런 일을 하지 않는다. 만약 당신이 복권을 구입한다면 당신이 직접 상금을 받으러 가야 한다.

복권 사기꾼이 흔히 하는 말은 다음과 같다.

- 상금을 받기 전에 세금이나 수수료를 내야 한다고 말하는데 이는 사실이 아니다. 상금에 대한 세금은 당신이 돈을 받은 후에 낸다.
- 상금을 당신에게 안전하게 보내려면 런던 로이즈Lloyds of London 보험사 혹은 다른 유명 보험 회사의 대리인에게 송금을 해야 한다고 안내하는데 역시 사실이 아니다. 정부가 운영하는 복권의 거액 당첨금 수표라고 해도 안전을 위해 당신이 보험 회사에 돈을 낼 필요가 없다.

주 정부 복권 사기의 또 다른 유형은 실제로 복권을 구입하고 당첨된 사람을 속인다. 한 예로 편의점이나 주유소 같이 복권을 판매하는 소매업자는 구입한 복권의 당첨 여부를 확인하려고 찾아온 고객을 속인다. 부정직한 판매업자는 실제 당첨 액수보다 훨씬 낮은 금액으로 당첨됐다고 말하면서 차액을 자기들이 챙긴다. 혹은 아예 당첨 사실을 숨기고 당첨금

전액을 착복한다. 신고된 사기 사례 가운데 노스캐롤라이나주 롤리^{Raleigh}의 한 상점 직원은 매대 아래에서 복권을 스캔하고 나서 손님에게 당첨이 안 됐다고 말해 손님을 속인 죄로 체포됐다. 그 점원은 당첨금 1천 달러를 챙겼다. 그러나 손님이 실제로는 수사 요원이었고, 직원은 체포돼 24개월의 보호감호형을 선고받았다.

점원이 당첨된 스크래치형 즉석 복권을 손님 손에서 낚아챈 다음 찢어버리고 다시 돌려주지 않은 사례도 있다. 뉴욕시의 한 편의점에서 직원은 한 노인의 1,400만 달러에 당첨된 로또 복권을 돌려주지 않았다. 노인이 몇 차례 편의점에 방문하고 경찰에 신고하고 나서야 자신의 당첨금을 받을 수 있었다.

이런 범죄를 줄이기 위해 몇몇 주의 복권 담당관들은 여러 가게에 스캐너를 설치해 고객이 직접 복권 당첨을 확인할 수 있게 했다. 만약 당신이 가진 복권이 당첨됐거나 당첨 여부를 확인하고 싶다면 다음과 같이 하라.

- 복권 구입 직후 뒷면에 서명을 해서 소유권을 표시하라.
- 만약 당첨금이 주에서 보장하는 소매점 수령 금액 상한선 아래라면 가급적 신뢰하는 친척이나 친구와 함께 가서 복권을 확인하고 당첨금을 받아라(이 금액은 주마다 다를 수 있다). 만약 당첨금 액수가 그보다 크다면 복권 담당관에게 연락해서 수령하는 것이 바람직하다.
- 만약 스크래치형 즉석 복권에 당첨됐다면 해당 복권이 당첨됐음을 점원이 가시적으로 인정할 때까지는 점원에게 복권을 건네지 마라.

- 가능하다면 당신이 복권을 직접 스캔하거나 주 복권 위원회 웹 사이트에서 당첨 번호를 직접 확인하라.

만약 복권에 당첨됐다면 세금을 내야 한다. 그러나 당첨금을 먼저 받고 나서 그 다음 4월 15일[2]에 내면 된다.

정부를 가장한 사기를 퇴치하는 6가지 현명한 전략

1. **결코 돈을 송금하지 마라**: 사기꾼들은 은행 계좌로 돈을 송금하도록 압박하거나 선불 카드에 돈을 입금한 후 자기들에게 보내라고 요구하는 경우가 많다. 그 지시에 따르지 마라.

2. **지원금이나 복권 당첨금을 받기 위해 수수료를 지불하지 마라**: 만약 지원금이나 복권 당첨금을 받기 위해 수수료를 내야 한다면 그것은 사기다.

3. **모르는 사람에게 전화로 금융정보를 알려주지 마라**: 모르는 사람에게 전화로 개인정보나 계좌번호, 그 외 신원을 알 수 있는 자료를 제공하거나 확인해주지 않는다.

4. **돈을 요구하거나 상금에 당첨됐다거나 돈이 지급됐다는 모든 연락 내용은 검증을 거쳐라**: 사기꾼들은 공식적으로 들리는 명칭, 전화번호, 편지지, 로고, 서류 등을 사용해 진짜라고 납득시키려고 한다.

5. **신분증을 확인하라**: 누군가가 정부, 지역 공공기관, 수도 및 전력

---

2 미국 세금 보고 기한 — 옮긴이

회사 등에서 나왔다고 주장할 경우 신분증을 직접 보여달라고 하거나 전화로 신분증 번호를 요구하라. 그리고 해당 기관에 전화를 걸어 알려준 정보를 확인하고, 이 사람이 내게 연락하는 것이 맞는지도 확인하라.

6. **사기를 신고하라**: 만약 정부를 사칭한 전화나 편지를 받았다면 연방거래위원회 사기 신고 사이트(www.ftc.gov/complaint)에 신고하라. 이때 다음 사항을 포함시켜라.

- 전화 통화한 날짜와 시각
- 편지의 스캔 사본
- 사칭한 정부 기관명
- 통화 내용, 당신이 빚졌거나 당첨됐다고 한 돈의 액수, 요청받은 지급 방법
- 상대방 전화번호, 사기꾼들이 진짜 전화번호인 것처럼 도용하기도 하지만, 법 집행기관 수사관들은 상대방을 추적할 때 해당 전화번호를 활용할 수도 있다.
- 통화에 대한 기타 상세 내용

아무래도 정부가 국민을 위해 일한다고 생각하기 마련이기 때문에 이런 사기에 속기는 쉽다. 바로 이런 이유로 자신과 다른 사람을 보호할 수 있도록 공식적이라는 인상을 풍기는 사기의 단서를 알아차리는 것이 매우 중요하다.

디지털 정보를 지켜라
Preserve Your Digital Presence

8장

사이버 공격을 막는 법

지난 12개월 사이에 당신의 개인정보 일부가 새어나가 3장에서 언급한 신원 도용 위험에 노출됐을 가능성이 높다. 어떻게 그것이 가능할까? 우리가 신원 도용이나 다른 사기꾼에게 당할 위험을 높이는 사이버 공격의 위협이 커지고 있다. 디지털 보안 회사인 젬알토Gemalto에 의하면 2017년 상반기 동안 918건의 데이터 누출 사고가 일어나 19억 건에 달하는 데이터 기록이 피해를 입었다. 이는 2016년 상반기에 비해 164% 증가한 것이다. 918건의 사고 중 상위 대형 누출 사고 22건으로 인해 1백만 건 이상의 기록이 피해를 입었다. 신용평가회사 에퀴팩스Equifax는 2017년에 일어난 한 차례의 데이터 공격으로 미국인 1억 4천 3백만 명의 정보가 유출됐다고 인정했다. 사이버 공격이 어떻게 일어나는지 그리고 이를 막아내는 방법에 대해 차근차근 알아보자.

2010년, 컴퓨터 전문가인 FBI 특수요원 로버트 캐머런Robert Cameron은 정부 업무와는 무관한 컴퓨터 훈련 강의를 기다리던 중 강사가 제공한 컴퓨터로 지역 뉴스를 확인하려던 참이었다. 그 컴퓨터는 느려지면서 이상한 증상을 보였다. 팝업이 여러 개 뜨면서 '백신' 소프트웨어에 돈을 지불하라는 메시지가 나왔다. 다음 날 지역 뉴스사 중 한 곳이 독자들에게 사과하면서, 정상인 줄 알았던 광고가 사이트 방문자 컴퓨터에 바이러스를 퍼뜨렸다고 설명했다. "웹사이트에서 뭘 입력하거나 클릭하지 않아도 공격이 진행됐어요. 사용자가 이를 막을 방법은 없었습니다."라고 캐머런은 말했다. "팝업이 계속 뜨는 바람에 컴퓨터에서 아무것도 할 수 없더군요. 링크를 클릭해서 소프트웨어를 구입할 수밖에 없도록 만들어 놓았어요." 캐머런과 다른 FBI 요원들은 이 해킹 범죄를 수사해 이 정교한 공격의 배후 인물로 라트비아인 해커를 찾아냈다.

페테리스 사후로프스Peteris Sahurovs와 그 일당은 2010년 초에 '레볼테크 마케팅RevolTech Marketing'이라는 가짜 광고 회사를 설립했다. 그들은 지역 신문사에 연락해 자기 '고객'인 유명 미국 호텔 체인점 광고를 싣고 싶다고 했다. 그러나 해당 호텔 체인점은 이 사기에 대해 전혀 아는 바가 없음이 밝혀졌다. 레볼테크는 호텔 광고를 만들어 광고를 클릭하면 정상적으로 보이는 사이트로 연결되게 했다. 해커들은 해당 광고가 적절히 받아들여질 때까지 조용히 기다리다가 광고를 바꿔치기해서 악성코드에 감염된 웹사이트로 연결되게 만들었다.

사용자가 광고를 클릭하지 않아도 악성코드가 사용자 컴퓨터에 설치됐다. 일단 컴퓨터가 감염되고 나면 약 50달러 가격의 가짜 백신 소프트웨어를 구입해야만 악성코드로부터 풀려날 수 있었다. FBI와 라트비아 정부 경찰이 협력해서 사후로프스를 추적해 체포했으나 그는 범죄인 인도 청문회 이전에 도망쳤다. 결국 5년 후인 2018년 2월에 다시 체포돼 전신 사기wire fraud 음모죄를 인정하고 33개월 징역형을 받았다.

사이버 범죄 피해 규모는 2021년에 6조 달러에 이를 것으로 예상되지만, 이 책이 출판된 시점이면 피해액이 예상 금액을 넘어섰을 수도 있다. 오늘날 해킹의 관심사는 돈을 훔치는 데에 있지만, 시간이 갈수록 기술의 남용은 더욱 과격하고 위험해질 것이다. 앞으로 테러범들은 기술을 도구 삼아 사람들의 생명을 위협할 것으로 나는 예상한다. 오늘날은 10미터 떨어진 곳에서 다른 사람의 인공심장박동기를 끄거나 자동차 기능 조종이 가능하다. 그러나 가까운 미래에는 이런 일이 500km나 5,000km 떨어진 곳에서도 가능할 것이다. 언젠가는 소셜미디어 웹사이트에 꼭 장점만 있지 않다는 사실을 더 많은 사람이 깨달을 것이다. 만약 20억 명의 심리를 조종할 수 있다면 실제 피해의 위험은 방심할 수 없을 정도로 엄청나다. 우리는 소셜미디어에 너무 많은 정보를 내어주고 있다. 소름 끼치는 이야기지만 이런 점을 알아야 우리는 더욱 조심하면서 사용할 수 있을 것이다.

결국은 해커가 빈틈을 만드는 것이 아니다. 집안 물건을 훔치려는 도둑은 이미 열려 있는 문을 찾는다. 해킹이 일어나는 이유는 대체로 기업과 개인이 디지털 출입구를 열고 나서 다시 잠그지 않아서다. 그러나 우리 모두는 기술 남용에 맞서기 위해 기술을 사용할 수 있다. 보안 유출 사고를 줄이고 막기 위해 우리 각자가 즉시 바로잡을 부분이 많다고 나는 믿는다. 각 사람이 스마트폰, 태블릿, 데스크톱, 노트북 등을 사용하면서 내가 방어적 컴퓨팅defensive computing이라고 부르는 습관을 들여야 한다. 또한 해킹을 당했을 경우 어떻게 할지 대책을 세워야 한다.

악성코드: 지능형 지속 공격

만약 '지능형 지속 공격advanced persistent threat'이 액션 영화에 나오는 용어로 들린다면 아주 잘못 짚은 것은 아니다. 악성코드malware로도 부르는 이 용어는 나쁜 의도로 만든 광범위한 종류의 소프트웨어를 일컫는 것으로, 현재 전 세계 수천만 대의 컴퓨터에서 작동 중이다. 악성코드의 역사는 40년이 넘었고, 세력은 날로 강해지고 있다. 캐머런과 동료 FBI 요원들이 상대했던 것이 바로 이놈이다.

컴퓨터 과학자이자 디지털 포렌식 전문가인 심슨 가핑클Simson Garfinkel은 소위 강력한 비밀번호라고 하는 방어책(이에 관해서는 9장에서 더 자세히 설명하겠다)은 조금 전에 설명한 정교한 해킹 상황에서는 무력하다고 말한다. 게다가 해킹은 더욱 교묘해질 수 있다. "우리는 인공지능형 해킹을 더 자주 보게 될 것입니다. 그건 인공지능이 인간 행세를 하면서 사람들에게 불합리한 일을 하도록 설득하는 것이지요."라고 예측한다.

악성코드에 대한 가장 일반적인 방어책은 자신의 디지털 기기에 백신 소프트웨어를 설치하는 것이다. 그러나 "백신은 이미 알려진 위협에만 효과가 있다. 오늘날 새롭고 널리 알려지지 않은 위협이 점증하고 있다."라고 가핑클은 말한다. 그는 또한 백신 소프트웨어가 특정 프로그램의 실행을 막을 경우, 사용자가 백신 소프트웨어의 기능을 건너뛰고 실행시키기 때문에 백신 프로그램을 설치한 목적을 무색하게 만든다.

가핑클 연구원은 악성코드가 며칠, 몇 주, 심지어 몇 달까지도 발견되지 않고 잠복하도록 정교하게 프로그램될 수 있다고 말한다. 백신 소프트웨어가 악성코드를 물리치지 못하는 경우가 많으므로 때로는 수작업으로 이뤄지는 전통적인 방어책을 써야 한다. 즉 이메일 발신자와 첨부 파일이 정상이라는 확신이 없다면 이메일 내의 수상한 링크는 클릭하지 않고, 첨부 파일을 열어보지 않는 방법을 말한다.

스마트폰 사용자의 경우 사용하는 기종에 따라 대응 방식이 약간 다르다. 만약 안드로이드 폰을 사용한다면 구글 플레이Google Play 외의 웹사이트에서는 앱을 내려받아 설치하지 말라고 전문가들은 당부한다. 또한 첨부 파일을 스마트폰에서 바로 열지 말고, 먼저 구글 드라이브에 저장 후 구글 문서로 변환해 구글 인터페이스상에서 확인하라고 한다.

아이폰도 악성코드의 공격을 받을 수 있지만 그런 경우는 매우 드물다. 가펑클 연구원은 애플 기기가 윈도우 기기보다 악성코드에 대해 훨씬 안전하다고 본다. "대다수 사람들에게 안전한 컴퓨팅 환경을 갖추는 가장 손쉬운 방법은 애플 아이패드나 구글 크롬북만 사용하는 것입니다. 이 두 기기는 애플과 구글에 의해 잘 관리되고 있습니다. 악성 해킹과 악성코드에 맞서는 데는 당신의 노력보다 이 두 회사가 훨씬 더 뛰어납니다."라고 말한다.

해커가 악성코드로 당신의 컴퓨터를 파괴하는 방법은 다양하다. 스파이웨어 프로그램을 자녀의 인터넷 사용을 감시하는 용도로 쓰는 경우처럼 무해한 활용 방식도 있지만, 다음과 같은 프로그램이 악당의 손에 들어가면 파괴와 사기에 사용될 수 있다. 당신의 브라우저 세팅을 열어 기본 세팅으로 재설정하는 것만으로도 여러 악성코드를 제거할 수 있지만, 때로는 컴퓨터에 잠복한 악성코드를 검출하고 삭제하기 위해 백신 소프트웨어가 필요하다. 다음은 당신이 알고 있어야 하는 악성코드 관련 용어다.

악성코드의 대표 악당 12가지(Dirty Dozen)

1. **악성 브라우저 헬퍼 오브젝트**BHO, browser helper object: BHO는 내려받기를 통해 침입하는데, 당신이 모르는 사이에 이뤄지기도 한다. 말하자면 이런 식이다. 브라우저를 열면 BHO가 배경에서 작동을 개시한다. 불행하게도 BHO는 당신이 방문한 웹사이트에 대한 정보를 수집하고, 원치 않는 상품이나 서비스 광고를 클릭하도록 유도하기도 한다. BHO가 항상 악성인 것은 아니지만 당신을 스팸, 원치 않는 툴 바 부가기능, 확장 프로그램, 팝업 광고 등에 노출시킬 수 있다.

2. **브라우저 탈취**hijack: 이 악성코드는 웹 브라우저 세팅을 변경해 의도치 않은 엉뚱한 사이트로 연결한다. 이런 일은 가짜 보안 웹사이트에서 당신의 승인 없이 몰래 설치된 소프트웨어를 통해 이뤄지곤 한다. 간혹 당신의 기기가 위험하다는 경고 팝업창을 본 경우가 있었을 것이다. 사실은 그 팝업창 내의 링크 자체가 위험하다. 그걸 클릭하면 당신의 기기가 탈취를 당한다. 브라우저 탈취를 당하면 브라우저 검색 엔진이나 홈페이지 기본 설정이 바뀔 수도 있다. 예컨대 구글이나 빙Bing 대신에 악성 검색 엔진으로 리셋돼 인터넷 사용 속도를 늦추거나 다수의 팝업 광고를 띄울 수 있다. 이런 악의적인 방법으로 광고 수익을 내는 것이 브라우저 탈취의 목적이다.

3. **랜섬웨어**ransomware: 랜섬웨어는 내려받은 파일이나 네트워크상의 취약점을 이용해 피해자의 컴퓨터에 침입하고, 컴퓨터 내 파일을 암호화하는 악성 소프트웨어다. 암호를 푸는 열쇠를 모르면

피해자는 파일을 열 수가 없다. 물론 사이버 범죄자들은 돈을 받으면 해독 열쇠를 기꺼이 제공할 수도 있다. 그건 갈취에 해당하며 당연히 불법이다. 그들은 개인용 컴퓨터든 회사, 병원, 학교, 심지어 법 집행기관 등을 가리지 않고 공격한다.

4. **키로거**^{keylogger}: 키스트로크 로거^{keystroke logger}라고도 부르는 키로거는 어느 키를 누르는지를 포함해 컴퓨터 사용자의 활동을 실시간으로 기록한다. 키로거는 합법적으로 활용될 수도 있다. 예컨대 IT 기술자들은 컴퓨터와 기업 네트워크상의 기술 문제 해결에 키로거를 사용한다. 부모는 자녀의 컴퓨터 사용 내역 확인을 위해 키로거를 사용할 수 있다. 그러나 사이버 범죄자들은 이를 이용해 민감한 정보를 훔친다. 이런 프로그램은 정상으로 보이는 악성 URL이나 내려받기를 통해 무심결에 침투할 수 있다. 키로거가 일단 컴퓨터를 장악하면 비밀번호를 알아내고, 화면을 캡처하고, 방문한 URL을 기록하고, 인스턴트 메시지 내용을 가로채며, 이메일을 복사할 수 있다. 이어 수집한 정보를 멀리 떨어진 악당에게 자동 전송한다. 악성 키로거는 숨김 폴더나 디렉토리에 숨어있는 경우가 많아 찾아내기가 어렵다. 키로거 시스템 퇴치를 위한 키로거 방지 프로그램이 개발됐으므로 이를 제대로 사용하면 효과를 볼 수 있다.

5. **백도어**^{backdoor}: 컴퓨터에 문제가 생겼을 때 원격 기술 지원을 받은 적이 있을 것이다. 이것은 백도어라고 부르는 인터넷 출입문를 통해 이뤄진다. 해커들도 은밀한 출입문으로 컴퓨터 시스템에 무단 침입할 수 있다. 사이버 범죄자들은 자유로운 원격 접속

이 가능하도록 컴퓨터에 백도어 시스템을 설치한다. 2013년 로이터Reuters 통신 보도에 의하면 에드워드 스노든Edward Snowden이 미국 국가안보국NSA의 자료 20만 건을 언론 매체에 흘렸다. 이를 통해 NSA가 수십 년간 암호화 시스템 개발사를 비롯한 여러 회사에 압력을 넣어 제품에 백도어를 설치해 정부 스파이가 해킹할 수 있도록 만들었다는 사실이 알려졌다.

6. **루트킷**rootkit: 루트킷이란 악의적이고 은밀한 컴퓨터 소프트웨어의 모음으로써, 허가받지 않은 사람이나 범죄자들이 컴퓨터나 소프트웨어 영역에 접근할 수 있게 한다. 루트킷은 당신이 신뢰하는 소프트웨어를 설치할 때 함께 설치되는 경우가 많다. 루트킷은 기기 내에서 숨겨진 영역에 자리잡는다. 간혹 컴퓨터 제조사가 원격 진단과 수리를 목적으로 루트킷을 설치한 사례도 있다. 그러나 악성 사용자들은 그런 루트킷이 가진 취약점을 노린다. 해커들은 주인 모르게 루트킷으로 해당 기기를 조종할 수 있다.

7. **트로이 목마**Trojan Horse: 이 용어는 그리스 신화에서 말 형상의 대형 목상을 선물로 생각해 성 안에 들인 이야기에서 나왔다. 목상 안에 숨어있던 군인들은 날이 저문 후에 나와 성문을 열고 동료 군인들을 불러들여 결국 도시를 함락시켰다. 컴퓨터에서 트로이 목마는 루트킷과 같은 경로로 당신의 기기에 침투한다. 트로이 목마가 설치되면 해커가 사용자 컴퓨터를 조종할 수 있다.

8. **인터넷 웜**internet Worm: 이 악성코드는 스스로를 복제하면서 아직 감염되지 않은 컴퓨터로 확산된다. 네트워크 이전에는 웜이 디

스크나 USB 드라이브 등의 저장 매체를 통해 컴퓨터를 감염시켰다. 개인용 기기 사용을 권장하는 회사에서 근무할 경우 자신의 노트북이나 태블릿을 사무실에 가져와 회사 네트워크에 접속할 때 감염될 수도 있다.

9. **트로이 다이얼러**^{Trojan Dialer}: 다이얼러는 자동으로 전화를 거는 소프트웨어 시스템이다. 악성 다이얼러는 당신이 어떤 웹사이트, 특히 게임, 포르노, 파일 공유 사이트 등을 방문했을 때 당신도 모르게 컴퓨터에 설치될 수 있다. 음원을 불법 다운로드할 경우에도 모르는 사이에 설치될 수 있으므로 불법 음원 다운로드에 대해 경계심이 낮은 어린 자녀가 있다면 조심해야 한다. 이들 악성 다이얼러는 평소의 인터넷 연결 대신에 900 유료 전화나 국제 전화^{IDD}로 연결을 돌릴 수 있다. 그 결과 인터넷 연결 통화료가 엄청나게 청구될 수 있다.

10. **애드웨어**^{adware}: 애드웨어는 눈에 잘 띄기 때문에 본 적이 있을 것이다. 이들 광고는 주로 성가신 팝업창 형태로 나타나는데, 제어하거나 제거하기가 어렵다. 애드웨어는 사용자 인터넷 활동을 추적하고, 어떤 종류의 광고가 사용자에게 호소력이 있는지 파악한다. 이 때문에 컴퓨터가 느려지기도 한다. 웹페이지 표시 시간이 더 오래 걸리고 컴퓨터의 기타 기능이 느려진다.

11. **스파이웨어**^{spyware}: 스파이웨어는 예외도 있지만 대체로 악성이다. 앞서 언급한 대로 부모가 자녀의 온라인 활동 감독을 위해 합법적으로 자녀의 컴퓨터에 스파이웨어를 설치할 수 있다. 고용주도 직원들이 근무 시간 중에 딴 짓을 하거나 업무 중에 봐서

는 안 되는 웹사이트를 방문하지 못하도록 스파이웨어를 설치할 수 있다. 그러나 불법적인 스파이웨어는 컴퓨터 사용자의 온라인 활동을 추적해 개인정보를 획득하고 훔치는 목적으로 사용된다. 많은 악성 소프트웨어와 마찬가지로 스파이웨어는 컴퓨터 속도를 저하시킨다.

12. **봇넷**botnet: 봇넷은 네트워크를 통해 작동하는 일종의 로봇으로, 사기라는 맥락에서는 악성 로봇이다. 사이버 범죄자가 악성코드를 만들고 운영할 때 봇넷을 사용하면 감염된 여러 시스템을 동시에 관리할 수 있다. 아무리 영리한 사이버 범죄자라도 자신이 감염시킨 모든 컴퓨터에 수동으로 로그인할 수는 없으므로 봇넷을 이용해 작업을 자동화한다.

악성코드의 피해자가 되지 않으려면

- **공용 컴퓨터를 사용하지 마라**: 호텔, 공항, 도서관, 비즈니스 센터에 있는 공용 컴퓨터로 웹 메일 계정에 접속하지 마라. 공용 컴퓨터의 악성코드 감염 여부를 확인할 방법이 없기 때문이다. 만약 감염됐다면 당신의 이메일 계정이 위험에 노출될 수 있다.

- **공용 와이파이를 피하라**: 암호화 키가 필요 없는 공용 무선 액세스 포인트는 사용이 쉬워 보이지만, 무선 전송되는 데이터가 안전하지 않다는 사실을 기억하라. 가펑클은 「MIT 테크놀로지 리뷰 MIT Technology Review」에서 "이것은 액세스 포인트를 사용하는 다른 사람이 사용자 이름과 비밀번호를 '도청sniffing'할 수 있음을 의미한다. 자신을 보호하는 유일한 방법은 사용하는 웹사이트와 전

자 메일 서버가 로그인뿐 아니라 모든 것에 SSL^Secure Sockets Layer을 사용하는지 확인하는 것이다."라고 했다. 비밀번호를 도청하는 개방형 와이파이 액세스 포인트는 '중간자^man-in-the-middle' 공격을 사용한다. 중간자 공격이란 당신의 컴퓨터에서 내보낸 정보를 먼저 제3의 웹사이트로 전송하고, 필요한 정보를 얻은 다음에 원래 의도했던 웹사이트로 전달하는 암호 통신 도청수법인데, 겉으로는 통신 채널에 문제가 없는 것처럼 보인다. 가펑클 연구원은 "중간자 공격은 와이파이에서는 특히 더 쉽지만 인터넷 어디서든 일어날 수 있다."고 썼다. SSL 지원 웹사이트의 인증서가 정상인지 확인하라고 그는 조언한다. 위조된 인증서는 브라우저에 SSL(https:)로 올바른 사이트에 연결됐다고 알린다. 사람들은 대부분 인증서 불일치 오류도 무시한다.

- **다른 식으로 생각하라:** 신문과 잡지, 온라인 쇼핑몰 등의 많은 웹사이트는 접속을 위한 계정 설정 시 이메일 주소와 비밀번호가 필요하다. 이때 해당 이메일 계정의 비밀번호와 동일한 비밀번호를 사용해서는 안 된다. 그렇지 않으면 웹사이트 소유자와 웹사이트를 해킹한 사람이 당신의 이메일 계정을 탈취할 수 있다.

- **인증하라:** 어떤 웹사이트는 비밀번호에 덧붙여, 혹은 비밀번호 대신에 휴대폰이나 일종의 호텔방 문을 여는 전자 카드 같은 휴대용 보안 토큰으로 보안을 강화한 체계를 갖추고 있다. 이런 보안 토큰은 사용자의 기기 접속을 위해 비밀번호 같은 숫자를 발생시킨다. 이 보안 토큰은 범용 직렬 버스^USB 토큰, 암호화 토큰, 하드웨어 토큰, 인증 토큰, 전자 열쇠^key fob 등으로 불린다.

이 체계는 비밀번호를 단독 사용할 때보다 강력한 보안을 제공하지만, 아쉽게도 정교한 해커에 의해 여전히 뚫릴 수 있다.

- **단 하나만 유지하지 마라:** 이메일 제공 업체에서 계정을 여러 개 만들어 유지 관리하면 이메일이 해킹돼도 어느 정도의 보완이 가능하다.

- **전통 방식도 사용하라:** 클라우드나 노트북 및 기타 장치에만 데이터를 보관해서는 안 된다. 중요한 정보를 출력해 가정용 금고에 보관하라. 외장 하드 드라이브에 사본을 백업하라. 이렇게 하면 어떤 이유로든 온라인 접속이 불가능한 경우, 주요 정보를 다른 형태로 확보할 수 있다. 랜섬웨어 공격에 대비해 컴퓨터 파일을 정기적으로 백업하고 오프라인으로 저장해 정보 손실을 최소화하라.

- **최신 상태를 유지하라:** 알려진 취약점에 대한 안전한 보호를 위해 소프트웨어를 최신 상태로 유지하라.

- **안전을 유지하라:** 보안 소프트웨어 또는 바이러스 백신으로 컴퓨터 침입을 방지하라. 최신 시스템에 관한 사용자 평가나 기술 리뷰를 읽고, 백신 소프트웨어의 최신 동향과 장단점을 파악하라. 주문형 악성코드 검사를 제공하고, 악성코드에 대한 저위험, 고위험 등급을 표시하고, 악성 URL 차단 등의 기능을 제공하는 시스템을 찾아라.

- **낯선 것을 조심하라:** 신뢰할 만한 소프트웨어만 내려받고, 낯선 이메일의 첨부 파일이나 링크를 누르지 마라.

어나니머스(Anonymous)가 처음 등장한 것은 2003년이었다. 이들은 개인이 아니라 알려진 위계나 공식 회원 제도조차 없는 분산된 인터넷 해커들의 집단이다. 이런 모호한 특성에도 불구하고, 어나니머스는 역사상 가장 유명하고, 또한 가장 파악이 어려운 해커라고 할 수 있다. 멤버들은 웃는 표정의 가이 포크스(Guy Fawkes) 마스크를 착용하곤 하는데, 이 마스크는 대중 시위나 기타 행사에서 자신들을 나타내는 수단이다. 가이 포크스는 1605년 화약 음모 사건(Gunpowder Plot)에 가담한 영국 병사로, 그의 일당은 로마 가톨릭 신자들에 대한 탄압에 항의하기 위해 의회의 공식 개회에 즈음해 웨스트민스터 궁을 폭파하려 했다.

어나니머스는 전 세계의 주요 표적을 공격했다고 알려졌다. 표적 중에는 아마존, 페이팔, 소니, 소위 다크 웹의 일부분, 오스트레일리아, 인도, 시리아, 미국 등의 국가 정부, 도널드 트럼프, ISIS 웹사이트 및 그 외 수십 명의 피해자들이 포함된다. 2011년 어느 일요일 오후, 어나니머스는 샌프란시스코 베이 에어리어 도시철도(BART, Bay Area Rapid Transit)의 웹사이트(www.bart.gov)를 공격했다. 이는 오클랜드 철도역에서 오스카 그랜트(Oscar Grant)라는 사람이 비무장 상태에서 BART 경찰의 총격을 받은 사건에 대한 항의 시위를 방해하기 위해 BART가 휴대전화 서비스를 차단한 것에 대한 공격이었다. 2012년에는 지금은 없어진 홍콩의 온라인 파일 공유 서비스인 메가업로드(Megaupload)를 FBI가 저작권법을 이유로 폐쇄한 이후 어나니머스는 이에 대한 보복으로 미국 레코딩 산업 협회(RIAA)와 미국 영화 협회(MPAA) 웹사이트를 폐쇄했다.

이메일이 도착하지 않았습니다: 이메일 해킹

미국 전역에서 강연을 하면 많은 사람이 자기 이메일 계정이 해킹당해 주소록에 있는 사람들에게 가짜 메시지가 발송됐다는 이야기를 하곤 한다. 또 지인이 강도를 당해 급하게 송금을 부탁한다는 내용의 이메일을 받는 경우도 자주 있다. 사건이 일어났다는 장소가 외국인데, 마침 이메일을 해킹당한 장본인이 실제로 외국 출장 중이라면 사기에 걸리기가 매우 쉽다. 이메일이 해킹당해 스팸 메일을 내보내는 용도로 사용됐다는 이야기를 해주는 이들도 있다. "안녕, 내가 이 영양제(또는 소독제나 기타 등등)를 사용해봤는데 너무 좋아. 한 번 확인해 봐!"라는 내용의 이메일을 당신도 받아봤을 것이다. 수신 이메일에 있는 링크를 누르면 사용자 컴퓨터를 감염시킬 수 있는 악성 URL이나 당신이 원하지 않는 광고가 나오는 사이트로 연결될 것이다. 나는 이런 종류의 이메일을 최소 한 달에 두 건 정도 받는다.

이메일 해킹을 방지하는 방법

이메일이 해킹되는 방법은 다양하다. 이메일 서비스 제공업체가 해킹당했을 수도 있고, 당신의 이메일 주소와 비밀번호가 사용되는 시스템이 해킹당했을 수도 있다. 악성코드 때문이거나 공용 와이파이 사용 중 사기꾼에 의해 도청(스니핑)당한 것일 수도 있다. 만약 당신의 이메일 계정이 해킹당했다면 다음과 같이 대처하라.

- **진단하고 감지하라**: 연방거래위원회는 유명한 보안 소프트웨어나 백신 프로그램을 업데이트하거나 설치해서 검사할 것을 권한다. 앞서 말한 것처럼 백신 소프트웨어는 알려진 악성코드를 찾아내고 삭제 혹은 차단할 수 있다.
- **비밀번호를 바꿔라**: 해커가 당신 계정에 로그인한 후 주소록에 있는 사람들 앞으로 당신 명의의 스팸 메일을 대량 발송하고 끝냈다면 차라리 운이 좋은 편이다. 즉시 비밀번호를 변경하고, 다른 계정에서 유사한 비밀번호를 사용하는 경우에도 변경하라. 만약

계정이 잠겼다면 우선 '비밀번호 분실' 링크를 이용해 보안 질문에 답하라. 재접속이 어렵다면 전화나 다른 이메일 계정, 혹은 온라인 채팅을 통해 인터넷 서비스 회사에 문의하라.

- **2단계 인증**two-factor authentication**을 사용하라**: 아마존, 애플, 페이스북, 구글, 마이크로소프트, 트위터 등에는 2단계 인증을 활성화하는 옵션이 있다. 많은 은행과 기타 기관도 마찬가지다. 2단계 인증은 비밀번호와 함께 휴대전화 번호 등의 추가 인증 수단을 요구한다. 온라인 계정에 로그인하면 일반적으로 4~7자리의 코드가 휴대폰이나 이메일에 문자로 전송된다. 새로운 장치에서 계정에 로그인하려면 해당 코드를 입력해야만 가능하다.

- **나눠 정복하라**: 아직 하지 않았다면 온라인 구매, 온라인 뱅킹, 온라인 요금 지불 등에만 사용할 별도의 이메일 계정을 만들어라. 지메일, 핫메일, 야후 계정 등에서 무료로 만들 수 있다.

- **사본을 보관하라**: 이메일 주소록을 인쇄해 안전한 곳에 보관해두면 해킹이 일어나더라도 자료를 보호할 수 있다.

쿠키를 버려라

상점이나 기관에서 데이터 유출이 발생해 당신의 정보가 안전하지 않을 수 있다는 통지를 받으면 이를 무시하지 마라. 당신의 정보가 해킹당했다면 그 다음 해에 신원 도용이 일어날 확률은 일반 사용자에 비해 4배나 높다. 그런 이유로 개인정보보호 옹호자와 보안 전문가들은 여러 회사가 수집하는 방대한 양의 개인 데이터에 대해 우려한다. 의회는 웹 사용자가 데이터 수집을 거부할 수 있는 '추적 금지(Do Not Track)'법안을 고려 중이다. 그때까지는 인터넷을 포함한 당신의 활동을 비공개로 유지해야한다. 추적을 제한하려면 브라우저의 개인정보 보호 설정을 사용하면 된다. 그러면 웹사이트가 사용자의 활동을 추적하는 쿠키를 설치하지 못한다. 자세한 내용은 브라우저의 '도움말' 메뉴를 참조하라.

자동차 해킹

찰리 밀러Charlie Miller와 크리스 밸라섹Chris Valasek은 이른바 자동차 전문 해커다. 2015년에 그들은 「와이어드Wired」의 앤디 그린버그Andy Greenberg 기자가 운전 중인 지프차를 해킹해 신문 헤드라인을 장식했다. 그린버그는 그들이 자신의 차를 해킹할 것을 알고 있었다. 자동차 해킹에 대한 체험 기사를 쓰려고 일부러 당했다. 다만 언제 어떤 식으로 해킹당할지는 몰랐다. 그는 예기치 못한 사건이 연거푸 일어난 체험담에서 "내가 계기판을 조작하지도 않았는데 지프 체로키Jeep Cherokee의 환기구에서 차가운 에어컨 바람이 최고 세기로 뿜어져 나왔다... 이어 라디오가 힙합 전문 지역 방송국에 맞춰지더니 스키로Skee-lo(미국의 인기 래퍼) 음악이 최고 음량으로 나왔다. 나는 음량을 줄이려고 다이얼을 돌리고, 오디오 스위치를 끄려고 했지만 아무 소용이 없었다. 그 다음에는 앞 창문 와이퍼가 작동하더니 세척액이 뿌려져 시야를 가렸다."라고 당시 상황을 설명했다.

현재까지의 자동차 해킹은 운전자에게 짓궂은 장난을 하는 수준에 불과하다. 그리고 아직은 그리 흔하지 않다. 그러나 더 많은 자동차가 자율 주행을 하고 네트워크에 연결될수록 자동차 해킹 문제가 더욱 커지리라 전망된다. 당신의 디지털 라이프는 이제 자동차까지 연결될 것이고, 자동차도 해킹될 수 있다. 최근 약 20년 동안 자동차에는 엔진, 브레이크, 스티어링 등의 여러 기능을 조종하는 컴퓨터가 장착됐다. 신형 자동차에는 진단과 내비게이션 시스템뿐 아니라 무선 네트워크에 연결된 엔터테인먼트 시스템까지 갖춰져 탑승자에게 스트리밍 음악과 영상 그리고 인터넷을 제공한다. 움직이는 컴퓨터 또는 '커넥티드 디바이스connected devices'가 된 자동차는 해커들이 사용자 데이터(행선지와 이동 목적)를 손에 넣는 수단이 될 수도 있으며, 밀러와 밸라섹의 예처럼 해커가 자동차를 조종할 수도 있다. 자동차 해킹은 데이터와 함께 사용자와 탑승자를 신체적 위험에 빠뜨릴 수 있다. 만약 테러리스트나 악당들이 여러 대의 자동차를 해킹해 폭력적인 활동에 사용하면 사회 전체가 위험에 빠질 수도 있다.

자동차 제조사들은 신차에 자율 주행을 포함한 다양한 자율 기능을 추가하고 있으며, 정부나 지방 자치단체와 협력해 무선 대중교통 네트워크에 자동차를 연결시키려는 중이다. 이런 추세와 함께 자동차의 해킹 위험도 커지고 있다. 자동차 해킹을 근절하고, 이와 연관된 잠재 위험에 대해 시민들의 경각심을 일깨우기 위해 2016년 3월에 FBI, 교통부, 고속도로 교통안전국National Highway Traffic Safety Administration이 공동으로 자동차 해킹의 잠재적 위험을 경고하는 공공 서비스 담화문을 발표했다.

자동차 제조사와 입법 관계자들은 이런 우려를 고려해 사이버 공격의 가능성에 대해 보안을 한층 더 강화한 자동차를 만들려고 노력 중이다. 한편 PSA는 소비자들에게 차량 보안의 필요성에 대해 뚜렷한 경고를 내보낸다. PSA는 소비자가 자기 차량의 사이버 보안을 위해 다음 단계를 따르도록 권장한다.

- 자동차 소프트웨어를 최신 상태로 유지하고, 차량 소프트웨어의 수동 패치가 필요하다는 리콜 안내에 따르라.
- 차량 소프트웨어를 무단으로 변경하지 마라.
- 타사 장치를 자동차 네트워크에 연결하는 데 주의하라.
- 낯선 사람이 차량에 물리적으로 접근하는 경우를 주의하라.
- 차량에 사이버 공격이 의심되는 경우 FBI에 알려라.

주차장에서의 위험

당신의 디지털 라이프는 쇼핑몰 주차장에서도 해킹당할 수 있다. 사기꾼들은 가짜 주차 범칙금 티켓을 발부하고, 무단 주차 사진이 게시됐다고 하면서 운전자가 '공식' 웹사이트에 접속하게 만든다. 신형 휴대용 디지털 프린터는 거의 진짜 같은 범칙금 티켓을 출력할 수 있다. 사용자가 웹사이트에 접속하면 모르는 사이에 컴퓨터가 악성 바이러스에 감염되는 사기 사례도 있다. 또 다른 사례에서는 웹사이트에서 직접 범칙금 납부를 할 수 있으니 신용카드로 범칙금을 내라고 안내한다. 범칙금 티켓이 가짜임을 알아보는 요령은 다음과 같다.

- **무단 주차를 안 한 경우:** 당신이 정상적으로 주차를 했는지 다시 한번 확인하라. 지정된 장소에 제대로 주차했다면 범칙금 티켓은 가짜일 가능성이 높다.
- **여행객 바가지 씌우기:** 해당 지역의 주차 규칙에 익숙하지 않은 외지인은 자기가 잘못했다고 속기 쉽다는 이유로 사기꾼의 표적이 되곤 한다. 만약 외지에서 왔는데 주차 범칙금 티켓이 자동차 앞 유리창에 끼워져 있다면 의심을

품고 카운티 서기 사무실에 전화를 걸어 해당 티켓이 진짜인지 확인하라.

- **웹 주소가 닷컴인 경우:** 웹사이트가 .gov로 끝나는지, .com으로 끝나는지 확인하라. 지방 정부, 주 정부, 연방 정부 기관의 웹 주소는 .gov로 끝나므로 만약 .com 또는 .net으로 끝난다면 사기일 가능성이 있다. 나는 .org로 끝나는 경우도 의심한다.

- **보안 연결이 아니다:** 정부 기관도 온라인 범칙금 납부가 가능한 경우가 있다. 웹사이트의 납부 페이지의 주소가 'https'로 시작한다면 보안된 사이트임을 나타내는 것이다. 만약 https로 시작하지 않는다면 즉시 사용을 중단하라.

- **확인을 요청하라:** 지역 정부 교통과에 연락해 해당 범칙금 티켓이 진짜인지 확인하라.

- **사진을 찍어라:** 일부 소비자들은 주차 위치에 대해 의구심이 있을 경우 자신의 차량과 주차한 주변 표지판을 스마트폰으로 촬영하곤 한다. 이때 인근 주소를 알 수 있는 표지판이 있다면 그것도 사진에 포함시켜라. 발부된 티켓이 진짜이지만 범칙금 발부에 대해 수긍하지 못할 경우에 이런 사진이 있으면 자신의 주장을 뒷받침하는 데 유용하다. 만약 티켓이 가짜라면 아무 염려할 것 없다.

여행 중의 해킹 위험

당신이 휴가 중이라고 해서 해커와 사기꾼들도 휴식을 취하지는 않는다. 세계화의 현실 덕분에 우리는 다양한 문화의 다양한 사람을 만난다. 그중에는 사기꾼도 있다. 내가 비행 조종사로 가장하고 전 세계를 돌아다니며 여행 경비 충당을 위해 부도 수표를 쓰곤 했지만, 한 순간이라도 내가 사기꾼이기를 멈춘 적은 거의 없다. 당신이 식물원을 구경하면서 긴장을 풀고 해변에서 편히 쉬는 동안에도 경계심을 늦춰서는 안 된다. 그러지 않으면 휴가만 망치는 것이 아니라 더 큰 손해를 볼 수 있다. 소매치기와 길거리의 사기꾼만 조심한다고 되지 않는다. 파리의 거리에서 이스탄불의 시장에 이르기까지 해커들이 숨어있다. 여행 중에 해커의 위험을 피하는 요령을 소개한다.

- **꼭 필요한 물건 외에는 소지하지 마라**: 여행 중에 노트북이 반드시 필요한가? 사업상의 출장이라면 평소 사용하는 노트북 대신 출장 전용 노트북을 사용하라고 권하고 싶다. 전문가들은 시중에서 구할 수 있는 운영체계 중 구글 크롬북이 가장 보안성이 높다고 평가한다. 시스템 업데이트, 검증된 부팅, 시스템 드라이브 암호화 등의 기능은 당신의 정보를 악성 공격으로부터 지켜준다. 물론 완벽하게 안전한 것은 없으며 크롬 운영체계 중에도 해커가 암호화된 데이터에 접속할 수 있게 하는 버그가 있다. 이동 중에 이메일이나 인스턴트 메시징을 사용하려면 노트북보다 보안성이 높고 해킹에 덜 취약한 아이폰이나 아이패드를 추천한다.
- **완전히 꺼라**: 장비 사용 후에는 그냥 덮거나 수면 모드로 하지 말고, 로그오프를 해 전원을 꺼라. 이렇게 함으로써 호텔 방에 몰래 들어와 취약한 기기를 훔쳐보는 사기꾼들에게서 당신의 데이터를 지킬 수 있다. 호텔 방에 안전 금고가 비치돼 있지 않다면 호텔에 금고를 요청해 외출할 때 안전하게 보관하라.
- **사생활 보호 기능을 사용하라**: 여행을 떠나기 전에 소셜미디어의 개인정보 보호 기능을 켜 둬라. 페이스북과 트위터 계정의 개인정보 설정을 확인하고, 비밀번호를 바꾸려고 하거나 승인되지 않은 컴퓨터에서 계정 접속을 할 경우 문자메시지나 이메일로 알림이 오도록 설정하라. 만약 집에 있을 때에나 여행 중에 그런

경고 통지를 받는다면 즉시 비밀번호를 변경하라.

- **신용카드 복제기를 조심하라**: 도둑들은 스키머^{skimmer}라고도 하는 악성 카드 리더기를 이용해 신용카드 정보를 훔쳐간다. 이런 카드 복제기는 현금지급기나 주유소 주유기에 설치되곤 한다. 특히 여행 중의 안전을 위해 은행 내부에 설치된 현금지급기만 사용하고, 주유소에서는 주유기에서 결제하지 말고 주유소 사무실에서 결제하라. 직불카드는 사용하지 마라. 직불카드와 달리 신용카드가 복제돼 사용될 경우 신용카드 회사는 당신에게 책임을 묻지 않으며, 은행이 조사하는 동안 1개월 이상 기다려야 하는 일도 없다.

- **안전하다고 확인되기 전에는 일단 의심하라**: 집이나 직장 이외의 장소, 즉 공항, 호텔, 레스토랑, 쇼핑몰, 점포 그리고 공공 도서관 등에서 제공되는 모든 무선 인터넷 연결은 개인정보를 훔치기 위한 것이라고 생각하라. 공공 무선 인터넷은 로그인이 필요 없고 민감한 정보를 노출시키지 않는 일반적인 웹 브라우징 용도로만 사용하라. 특히 해외에서라면 더욱 그렇다.

- **최신 정보를 확인하라**: 나는 언제나 미국 국무부의 '국제 여행' 페이지를 통해 방문 대상국에서 일어나는 사기 사건과 주의 사항 그리고 자신을 보호하는 방법 등의 최신 정보를 확인한다. 당신도 확인하기를 권한다. 미국 영사관에 연락해 최신 정보와 주의 사항을 확인할 수도 있다.

- **충전할 때에도 주의하라**: 기기를 충전할 때 반드시 자신의 충전기를 사용해 직접 벽이나 어댑터에 연결해 충전하라. 사이버 사기

꾼은 호텔 및 기타 공공 도킹 스테이션에 악성코드를 설치하고 그러한 방식으로 컴퓨터에 접근할 수 있다. 당신 소유가 아닌 USB 드라이브나 기타 휴대용 저장 매체를 당신의 컴퓨터에 연결하지 마라.

- **공용 컴퓨터는 사용하지 마라**: 사기꾼은 도서관, 호텔, 회사 등에 설치된 공용 컴퓨터에 악성코드를 설치할 수 있다. 만약 그런 컴퓨터를 사용해야 한다면 로그인이 필요하거나 금융 관련 정보를 입력하는 업무에는 사용하지 말고, 일반적인 검색 용도로만 사용하라.

- **여행 시에는 별도의 비밀번호를 사용하라**: 여행을 떠나기 전에 휴대용 기기 앱의 로그인 자격 증명과 비밀번호를 변경하라. 가급적 2단계 인증을 사용하라.

해킹에 가장 취약한 여행지

가장 위험한 장소가 어디일까? 알고 나면 놀랄 것이다. 미국도 위험하다. 비밀번호 관리 앱을 만드는 키퍼 시큐리티(Keeper Security)사에 따르면 휴대 기기에서의 파일과 데이터 해킹 사고는 매년 약 5백만 건에 달한다. 노튼(Norton) 백신 제품을 만드는 시만텍(Symantec)사의 연구에 의하면 미국 내에서 가장 위험한 도시는 시애틀, 보스턴, 워싱턴 DC, 샌프란시스코 그리고 노스캐롤라이나의 롤리 등이다. 미국의 인구 수, 휴대 기기의 광범위한 활용, 어디에나 있는 공공 와이파이 등에도 불구하고 미국 인구의 1.5% 정도만이 해킹 피해를 입는다. 따라서 미국은 여행 중 해킹 피해 순위로 보면 세계 중위권에 속한다.

인구 대비 해킹 건수로는 영국이 가장 위험하며, 그다음으로 스페인, 프랑스, 폴란드, 캐나다, 이탈리아, 포르투갈, 네덜란드, 그리스 순이다. 한편 중국, 인도, 브라질, 러시아 등은 미국이나 영국보다 모바일 해킹의 빈도가 덜하다. 일본, 독

미래를 해킹하다

희망적인 소식이 있다면 정직하고 헌신적인 이들이 사이버 공격보다 몇 걸음 앞서가는 방법을 연구하고 있다는 것이다. 그러나 우리는 경계심을 늦추지 말아야 한다. 9장에서는 내가 매우 중요하게 여기는 주제인 비밀번호에 대한 반론으로 이 점을 강조하려 한다. 적어도 단기적으로는 비밀번호를 계속 사용할 수밖에 없음을 이해한다. 또한 비밀번호는 계속 진화되고 확대되며 변화될 것이다. 사이버 공간에서의 안전 유지 방법을 당신에게 알려주는 것이 내가 할 수 있는 최선이지만, 궁극적으로 자신의 보안에 대해 능동적으로 대처하는 것은 당신 책임이다. 그러므로 계속 이 책을 읽어 나가라.

9장

비밀번호는 어린애 장난이다
: 비밀번호를 버려야 하는 이유

웹사이트나 온라인 계정 접속을 하기 위해 숫자, 알파벳, 특수 기호가 섞인 암호를 하루에 몇 번이나 입력하는가? 사용자 아이디와 비밀번호로 로그인을 하는 횟수는 나도 셀 수 없이 많다. 우리는 비밀번호가 안전을 지켜준다고 생각하지만 그건 환상에 불과하다. 비밀번호는 해킹으로부터 지켜주지 못할 뿐 아니라 온라인상의 개인정보도 보호해 주지 못한다. 나는 비밀번호 자체를 폐기해야 한다고 생각한다. 비밀번호는 이미 구식이며 보호는커녕 소비자 불편만 가중시킬 뿐이다.

오늘날 우리를 둘러싼 기술인 아이폰, 온라인 뱅킹과 쇼핑, 구글, 스마트 TV 등은 1960년대에는 존재하지도 않았다. 그러나 여전히 사용되는 가장 흔한 보안 기술인 사용자 아이디와 비밀번호는 1963년에 만들어졌다. 비밀번호는 애당초 고도의 보안 요구를 충족하려고 만든 것이 아니며, 여러 명이 공유하는 컴퓨터에서 개개인의 사용 시간 확보를 위해 만들어졌다. 이것을 시분할 시스템time-sharing이라고 부른다. 비밀번호는 문서, 인터넷 검색 내용, 대화 내용 등에 대한 접속을 개인화해 공유 컴퓨터의 개인적 사용을 실질적으로 가능하게 했다.

인터넷 시대의 개막과 더불어 비밀번호는 소비자에게 일상이 됐다. 사용자 아이디와 비밀번호로 개인정보에 접속하고, 웹사이트에 입장하는 절차가 널리 보급됐지만 아쉽게도 이것은 애당초 우리를 보호하기 위한 것도 아니었고 현재도 보호하지 못한다. 비밀번호 사용이 보편화되면서 취약점 또한 걷잡을 수 없이 커졌다. 컴퓨터 비밀번호를 발명한 페르난도 코르바토Fernando Corbato는 이제 92세가 됐는데 그는 비밀번호가 "월드와이드웹 시대의 악몽이 됐다."고 말한 바 있다. 2005년부터 2009년까지 미국 국토안보국 장관을 지낸 마이클 체르토프Michael Chertoff는 2016년 CNBC 방송에서 그와 같은 견해를 피력했다. "우리는 주요 데이터 해킹 사건에 대한 면밀한 조사를 통해 공통된 특징을 밝혀냈습니다. 신문의 헤드라인을 장식한 모든 주요 침투 사건의 공격 경로는 일반적인 비밀번호였습니다. 그 이유는 간단합니다. 비밀번호가 사이버 보안에서 가장 약한 연결고리라서 그렇습니다."

나는 그 의견에 동의하며, 또한 비밀번호 폐기가 다음 수순이라는 그의 생각에도 찬성한다. 체르토프는 "비밀번호의 대체 방안 마련을 국가적 최우선과제로 삼아야 합니다. 정부는 더욱 강력한 해결책을 산업과 국가기관이 채택하도록 독려함으로써 비밀번호를 통한 해킹을 종식시킬 수 있습니다."고 말한다.

비밀번호가 무용지물인 이유

비밀번호가 데이터 해킹에 그토록 취약하고 사이버 범죄에 대한 방어책으로 불충분한 이유가 뭘까? 고정된 비밀번호, 즉 시간이 지나도 바뀌지 않고 계속 같은 비밀번호를 여러 다른 서비스 제공자와 계정에 일관되게 사용하는 것이 한 가지 이유다. 대형 데이터베이스가 한번 해킹을 당했는데 그 여파가 다른 회사와 플랫폼에 미치는 경우를 자주 보게 되는 이유는 동일 비밀번호 사용이라는 취약성 때문이다.

가령 당신이 은행 계좌에서 송금하려 한다고 하자. 당신은 자신이 요청할 때에만 은행이 송금해주기를 기대하며, 사기꾼이 송금 요청을 할 때에는 거부할 것이라 기대한다. 그러나 당신이 비밀번호 같은 고정된 확인 수단만으로 신원을 증명한다면 정말 당신인지 아니면 온라인상의 '사악한 쌍둥이'인지를 은행이 어떻게 분간할 수 있을까? 만약 해커가 피싱, 악성코드, 데이터 해킹 등으로 당신의 비밀번호를 확보했다면 그들은 당신의 금고 열쇠를 손에 넣은 셈이다. 당신의 개인 건강 데이터도 마찬가지다. 개인의 사적인 기록을 보려면 병원에 자신의 신원을 증명해야 한다. 그러나 고정된 비밀번호로는 사용자가 정말로 당신인지 보장할 수 없다.

더 길고 복잡한 비밀번호를 만들고 자주 바꾸면 안전하다는 이야기를 귀가 따갑게 듣지만, 그 방법도 소용없기는 마찬가지다. "길이와 복잡성은 안전을 높이지 못하지만 여러 기관이 그렇게 이야기하는 이유는 자기들이 보안에 신경 쓴다는 티를 내기 위해서죠."라고 디지털 포렌식 전문가 심슨 가핑클은 말한다. 2008년에 시작된 학문적 연구에 의하면 비밀번호가 길다고 보안성이 크게 증가하지는 않는다고 한다. 비밀번호를 변경하는 경우에도 자주 사용하는 비밀번호 안에서 바꾸는 것에 지나지 않는 경우가 일반적이다.

대체로 사이버 범죄자들은 비밀번호를 알아맞히려 하기보다 훔치는 편을 택한다. 그들은 큰 조직의 데이터를 한꺼번에 훔치거나, 공용 와이파이를 감시하면서 훔치거나, 이메일과 악성코드를 통한 피싱 공격을 이용하거나(182페이지 참조), 비밀번호 해독 소프트웨어를 사용하곤 한다. 우리는 흔히 어머니의 결혼 전 이름이나 애완동물 이름, 어린 시절의 주소처럼 검색을 통해 알아낼 수 있는 정보를 비밀번호에 사용하지 말라는 조언을 듣는다. 그러나 기호, 알파벳, 숫자 등을 무작위로 섞은 비밀번호를 사용한다고 해서 더 안전한 것도 아니다. 비밀번호가 길고 복잡하든 짧고 단순하든, 훔치는 경우는 똑같다. 뿐만 아니라 길고 복잡한 비밀번호를 외우기가 어렵다고 종이에 적어두면 그것 또한 보안을 위협하는 행위다. 비밀번호 관리 앱을 사용하는 것도 불편하다.

낮은 비밀번호 단계에 머무르지 마라

다음에 설명하듯 비밀번호에는 다섯 단계가 있는데 사람들은 대체로 1단계에 머물러 있다.

1단계: 고정된, 즉 모든 웹사이트에서 똑같이 사용하고, 거의 바꾸지 않는 '범용' 사용자 아이디와 비밀번호를 사용한다. 사람들 대다수가 이 수준이다.

2단계: 고정된 사용자 아이디와 비밀번호와 함께 다단계(multi-factor), 또는 2단계(two-factor) 인증을 사용한다. 이 방법은 단 하나의 비밀번호 대신 두 개의 정보를 요구한다. 해당 웹사이트에서만 통하는 개인의 비밀 정보를 요구하는 지식 기반 인증 방식도 있고, 웹사이트나 기기에 접속할 때마다 달라지는 일회용 비밀번호를 사용하는 방식도 있다. 일부 사용자들은 이 수준으로 올라갔다.

3단계: 완전히 동적이며 계속 바뀌는 비밀번호 방식이다. 즉 비밀번호가 자주 바뀌거나 웹사이트에 로그인할 때마다 바뀐다.

4단계: 정부 발급 신분증을 스캔해 원격 사용자 인증을 하는 방식이다. 이 신분증에는 개인정보가 저장돼 있지 않다. 기계가 신분증을 스캔하면 즉시 암호가 데이터 관리국으로 보내져 그 사람의 신원을 확인한다. 신분증상의 사진과 사용자 얼굴을 대조하는 단계가 추가되기도 한다.

> **5단계:** 정부 발급 신분증을 통한 개인 검증 증명(IPV, In-Person Verification)
> 이다. 이 방식에서는 개인이 원본 신원 증명(서명 및 사진 포함)과 주소 증명을
> 제출해 자신의 신원을 증명해야 한다. IPV는 스카이프 같은 기술을 통해 온라인
> 으로 진행할 수도 있다.

데이터 누출과 비밀번호 도난

이제는 비밀번호를 바꿔야할 때다. 또한 신원 증명의 1단계 수준을 벗어
나야 한다. 그러나 더 높은 수준의 디지털 보호 방식의 도입에 대해 기관
과 단체 그리고 기업은 언제나 너무 더딘 반응을 보였다. 점증하는 문제
에 대한 우리의 대응이 얼마나 느린지는 디지털 데이터 누출 사고의 역사
가 말해준다.

2005년에는 136건의 데이터 누출 사고가 발생했다. 물론 그 전에도 데
이터 누출 사고는 있었지만 대형 데이터 누출 사고 대다수는 그 이후에
발생했다. 범죄자들이 손에 넣을 수 있는 데이터 양이 늘어나면서 누출
사고 또한 증가했다. 2017년도 데이터 누출 연례 보고에 따르면 미국의
2017년도 데이터 누출 사고 건수는 1,579건에 달해 기록을 갱신했고, 피
해자가 수억 명에 달했다. 그 이전의 최고 기록인 2016년도 사건 발생 건
수에 비해 44.7%나 증가한 숫자다.

이제는 주요 기업이 자신과 고객을 보호하지 못하고, 사이버 범죄자들
의 계획 범죄에 당해 돈과 개인정보를 탈취당했다는 뉴스를 들어도 더 이
상 놀랍지 않다. 이런 누출 사고의 사후 조사 결과 반복된 양상을 발견했
는데, 그것은 도난당한 비밀번호와 고정된 로그인 인증 방식이 문제였다

는 점이다.

2017년 말, 다크 웹에서 누출된 신원 기록을 조사하는 전문 기업 4iQ 사 소속팀은 암호화되지 않은 로그인 인증 데이터가 무려 14억 건이나 포함된 데이터베이스 파일을 발견했다. 이는 그때까지 찾아낸 데이터베이스 중 규모가 가장 컸다. 넷플릭스, 링크드인^{LinkedIn}, 라스트에프엠^{Last.fm}을 포함한 여러 곳에서 모은 41기가바이트 규모의 파일에는 어설픈 해커도 손쉽게 악용할 수 있는 고정 정보가 고스란히 담겨있었다. 알파벳순으로 정리된 데이터를 보면 여러 계정에서 비밀번호는 자주 변경되지 않음을 확인할 수 있었다. 또한 걱정스럽게도 그중 다수는 여전히 사용 중이었다.

이 사건은 그 전의 최대 인증 정보 누출 사건의 두 배 규모였다. 익명의 해커들이 다크 웹에서 당신의 고정 인증 정보를 마음대로 배포하고 있다고 생각하면 개인 보안에 대해 안일했던 이들조차 경각심을 가질 만하다. 이런 유형의 데이터 누출이 누구 책임인지와는 별개로 이제는 문제의 근원인 고정 인증 방식^{static credentials}을 영원히 끝낼 때가 됐다.

수치의 전당: 구찌퍼

세계에서 가장 악명 높은 해커이자 암호 도둑인 루마니아의 마르셀 레헬 라자르(Marcel Lehel Lazar)는 전직 택시 운전사다. 라자르는 구찌와 루시퍼를 조합한 구찌퍼(Guccifer)라는 별명으로 해커 활동을 하며 여러 소셜미디어에 침투하고, 이메일 계정을 탈취한 혐의를 인정했다. 2012년부터 2014년까지 라자르는 루마니아의 유명 인사와 공무원, 콜린 파웰 전 국무장관과 조지 W. 부시 대통령을 비롯한 미국 관료들의 암호를 훔쳐 지메일, 페이스북, AOL 등의 소셜미디어와 이메일 계정을 해킹한 혐의를 받았다. 라자르는 이메일 및 소셜미디어 계정에 무단 접속한 후 피해자의 개인 이메일 내용, 의료 및 금융 정보와 개인 사진 등을 공개적으로 배포했다. 라자르는 계정에 침입한 후 피해자를 사칭하기까지 했다. 그는 힐러리 클린턴이 미 국무장관 재임 기간 중 개인 이메일 주소를 사용했음을 처음 밝혔고, 부시 대통령의 그림을 누출하기도 했다. 그는 보호된 컴퓨터에 무단 접근하고, 신원 도용에 대한 특별 가중 범죄로 제임스 C. 카체리스 (James C. Cacheris) 판사에게 52개월의 징역형에 이어 3년간의 감독 조건부 석방 판결을 받았다.

고정된 비밀번호를 대체할 바람직한 대안이 있는가?

고정 인증 방식의 고질적 약점을 보완하기 위해 우선 기업은 직원과 소비자 보호를 위한 추가 인증 방식을 채택했다. 예컨대 앞장에서 언급한 2단계 인증 방식은 비밀번호와 함께 개인식별번호를 요구한다. 실질적으로 거의 모든 대형 온라인 서비스는 어떤 형태로든 2단계 인증 방식을 요구한다. 그런 기술의 명백한 사례로, 현금인출기에서 돈을 인출할 때 현금카드와 네 자리 비밀번호가 접속을 위한 두 요소에 해당한다. 이제 많은 회사에서는 비밀번호와 함께 문자메시지나 이메일로 발송한 네 자리 혹은 여섯 자리 암호를 요구한다.

더 나아가면 '다단계 인증 방식MFA, multi-factor authentication'이라고 부르는 방식이 있다. 2단계 인증에 덧붙여 하드웨어 토큰이나 생체 인증 정보를 요구할 수 있다. 이런 방식 중 대부분은 제품 프레임워크 안에서 비밀번호를 요구하고 있으므로 고정식 인증 방식의 문제는 여전히 남아있다.

일회용 비밀번호로 문자메시지(SMS)를 사용하지 못하는 이유는 무엇인가?

보안 수준을 높여도 계정 해킹은 계속된다. 예를 들어 2016년에 블랙 라이브즈 매터Black Lives Matter[1] 운동가인 디레이 맥케슨DeRay Mckesson의 트위터 계정이 해킹당했는데, 해커는 이 계정을 통해 도널드 트럼프를 지지하는 메시지를 널리 퍼뜨렸다. 물론 맥케슨이 동의하지 않는 내용이었다. 해커가 사용한 수법은 무엇이었을까?

우선 그들은 맥케슨이 이용하는 통신회사인 버라이즌에 전화를 걸어 맥케슨을 사칭했다. 해커들은 사회보장번호 마지막 네 자리 같은 고정된 비밀 질문에 올바로 답함으로써 통신사 직원을 속였다. 관련 정보는 온라인 검색과 사회공학적 수법(개인정보를 스스로 공개하도록 유도하는 심리 조작)을 통해 얻어낸 것이었다. 확인 단계를 통과한 후 해커들은 맥케슨의 통신 SIM 카드 대신에 자신들의 SIM 카드를 등록시켜 문자메시지가 자기들의 전화기로 전송되게 했다. 이 방법으로 얻고자 하는 비밀번호를 손쉽게 가로채 맥케슨의 개인 트위터 계정에 접속할 수 있었다.

점차 늘어나는 이런 부류의 사이버 범죄는 SIM 스와프swap라고 부른다. 미국 국립표준기술연구소National Institute of Standards and Technology는 이런 시나리오를 방지하기 위해 일회용 비밀번호 사용을 더 이상 권하지 않는다. 이 방식은 고정 비밀번호만 사용하는 것보다는 안전하지만 여전히 만족할 수준의 보안을 제공하지 못한다.

---

1 아프리카계 미국인을 향한 폭력과 제도적 인종주의에 반대하는 사회 운동. '흑인의 목숨도 소중하다'는 뜻으로, 2012년 흑인 소년 트레이본 마틴(Trayvon Martin)을 죽인 백인 방범 요원 조지 짐머만(George Zimmerman)이 이듬해 무죄 평결을 받고 풀려나면서 시작된 흑인 민권 운동을 말한다. 이는 흑인에 대한 과도한 공권력 사용에 항의할 때 사용되는 시위 구호이기도 하다. — 옮긴이

비밀번호 관리 앱을 계속 사용하지 못하는 이유는 무엇인가?

비밀번호 저장소^{vault}라고도 하는 비밀번호 관리 앱의 개념은 간단하다. 개인이 사용하는 비밀번호를 한 곳에 모아 일종의 '디지털 문지기 ^{gatekeeper}'에게 민감한 정보를 맡기는 것이다. 이 기능을 이용하면 단 하나의 비밀번호로 여러 웹사이트와 온라인 서비스에 접속할 수 있다. 모든 비밀번호를 일괄 관리한다는 생각은 편리함 측면에서는 매력적인 반면, 취약점이 한 곳에 집중된다는 문제가 있다. 2017년에 비밀번호 관리 앱인 원로그인^{OneLogin}이 해킹당했는데, 이는 개발사에서 2년 사이에 두 번째로 당한 사건이었다. 비밀번호 통합 관리 앱 라스트패스^{LastPass}도 유사한 도난 사고를 겪었다. 비밀번호 저장소 앱 사용 시 당신의 모든 비밀번호를 해킹으로부터 보호하는 방법은 무엇인가? 결국 또 다른 비밀번호다. 18세기 철학자 토머스 리드^{Thomas Reid}가 말한 "쇠사슬의 세기는 다른 부분이 아무리 강하더라도 가장 약한 고리에 의해 결정된다."는 표현대로 비밀번호가 문제다.

생체인증을 사용하지 못하는 이유는 무엇인가?

사람들이 생체인증^{biometrics}을 사용하면 안 되는지 물어볼 때마다 1달러씩 받을 수 있으면 좋겠다. 사용자 경험이 중요한 오늘날의 기술 환경에서는 생체인증 보안이 급속히 보급되고 있다. 손가락이나 목소리만으로 휴대용 기기를 열고, 금융정보에 접속하고, 건강정보를 추적할 수 있다.

생체인증은 지문, 음성, 홍채의 문양 등 사람의 고유한 신체 특성을 디지털 신호로 변환하는 기술이 핵심이다. 이를 아날로그—디지털^{A-to-D, analog-to-digital} 변환이라고 한다.

예컨대 휴대폰으로 음성 메모를 녹음할 때는 아날로그 음성을 사용한다. 휴대폰의 A-to-D 변환 기능이 당신의 목소리 음파를 비트와 바이트로 바꾼다. 녹음 내용을 재생할 때는 당신의 아날로그 음성의 디지털 버전을 듣는 것이다.

마찬가지 원리가 지문 인식과 얼굴 인식에 사용된다. 물리적 아날로그 신호는 이에 대응되는 디지털 신호로 변환된다. 말하자면 지문을 스캔한 뒤 ABC123 등의 '디지털 서명'으로 바꾸는 셈이다. 이 디지털 정보를 당신의 생체인증 정보와 대조해 일치하면 당신은 인증된다. 여기에 감춰진 문제점이 보이는가? 접속을 위해 'ABC123'이라는 고정된 비밀번호를 사용하는 것이나 내 지문에 근거한 디지털 서명인 'ABC123'을 사용하는 것이나 다를 바 없다. 생체인증 정보는 결국 당신에 대한 고정 정보이며, 악성코드가 이를 탈취한다면 재사용될 수 있다.

다시 말해 악성코드가 생체인증 정보를 도청해 빼간다면 당신의 실제 지문이 사용되지 않아도 접속에 사용될 수 있다. 재생 방지 장치가 없다면 생체인증 정보는 일반 비밀번호와 다를 바 없고, 단지 겉으로만 절대 안전하다는 인상을 줄 뿐이다.

물론 훨씬 간편하며 사용자가 외우지 않아도 된다는 장점이 있다. 또한 지문 정보를 전화기 너머로 사기꾼에게 건넬 수 없다는 면에서도 안전한 편이다. 그러나 이 기능이 사용자 기기 안에 저장된다는 점 때문에 보안을 둘러싼 전쟁터에서 운영상의 핵심 문제는 여전히 존재한다. 따라서 생체 데이터가 임의로 재생되지 못하도록 보호해야만 한다. 생체인증의 매력은 특정인에게 결속된다는 점에 있지만 이런 사실 역시 잠재적 피해를 증대시킨다. 생체인증에 장애가 발생할 경우 비밀번호 재설정 등의 손쉬운 해결책을 사용하기 어렵기 때문이다.

이런 위협은 전 세계에 만연해 있다. 인도의 고유식별청^{Unique Identi}
fication Authority of India은 전 국민의 고유 식별 정보를 저장하는 세계 최대의
생체인증 시스템 아드하르^{Aadhaar} 프로젝트를 진행했다. 그러나 여타 서
버와 마찬가지로 이 시스템도 해킹 위협에 취약했으며, 아드하르는 시작
부터 데이터 누출 사고에 시달렸다. 시스템 해킹으로 누출된 십억 명 이
상의 개인정보가 온라인에서 일정 금액에 거래되는 상황이다. 이런 끔찍
한 통계를 보면 더욱 조심해야 한다는 경각심을 느낀다. 어쨌거나 생체인
증에 관한 근본 문제는 남아있다. 즉 정보가 일단 도난당하면 자신의 인
증 정보를 바꾸거나 향후의 공격을 막기 위해 취할 수단이 별로 없다.

인증을 위한 정부 데이터베이스가 없는 이유는 무엇인가?

미국에는 전 국민을 대상으로 한 연방 정부 차원의 인증 및 신원 증명 체
계가 없다. 그나마 가장 근접한 것은 여권 시스템이지만, 미국 인구의
42%인 1억 3천 7백만 명만이 여권을 소지하고 있다. 그 외에는 주별 시
스템이 있는데, 주로 교통국에서 운전면허를 발행하거나 주민 확인을 위
한 주 신분증이 대표적이다. 교통 위반으로 경찰에게 걸리면 운전면허를
제시하라고 하지 사용자 아이디와 비밀번호를 대라고 하지 않는다. 그러
나 모든 주가 동일한 수준의 보안을 유지하는 것은 아니어서 일관성이 없
는 것이 현실이다. 미국 시민 자유연합^{ACLU, American Civil Liberties Union}을 포
함해 많은 시민과 단체는 국가 차원의 신분증이 사생활을 침해할 것이라
믿기 때문에 이에 대한 전반적 합의 도출은 멀기만 하다.

어떤 나라에서는 은행에서 스마트카드와 함께 카드 리더기를 발급해

은행에 있는 컴퓨터나 그 외 장소에서 접속 가능하게 했다. 카드와 리더기는 보안 스마트카드 정보를 은행으로 송신해 사용자를 인증하도록 돼 있다. 이 과정은 비용이 많이 들고 소비자가 카드와 리더기를 항상 어디에나 들고 다녀야 한다. 그럼에도 컴퓨터의 악성코드 문제를 해결하지는 못한다. 만약 시스템 구성에 문제가 있는 경우 악성코드는 스마트카드의 정보를 감청하고 재생할 수 있다. 이런 문제의 해결은 무척 어렵기 때문에 온라인 범죄자들은 쉽게 피해자들의 신원을 훔쳐 그들을 사칭할 수 있다.

트루소나의 자문을 맡은 이유

수년 전, 나는 비밀번호를 없애는 일을 하는 회사의 자문을 맡아달라는 요청을 받았고, 짐작대로 나는 기꺼이 도왔다. '트루true'와 '페르소나 persona'를 합성한 이름의 트루소나Trusona사는 인터넷에서 익명성의 가면을 벗기고, 모든 계정의 진정한 소유자가 자신을 정확하게 식별할 수 있도록 하는 일을 한다. 나는 이것이 비밀번호 문제에 대한 해결책이라고 믿는다.

트루소나는 기업을 도와 소비자들이 비밀번호와 영원히 결별할 수 있게 한다. 이 기술을 사용하면 모바일 앱을 보유한 회사는 고정 비밀번호를 만들어 기억하고 갱신하는 과정 없이 사용자를 인증할 수 있다. 그들은 사용자의 모바일 기기(전화번호가 아님)와 사용자 계정을 연결해 진짜 소유자가 올바로 인증되게 한다. 물리적 '토큰token'과 6자리 개인식별번호가 있으면 휴대용 기기의 앱에 접속할 수 있고, 그런 다음 사용자 신분증을 읽어 들여야 한다. 그러면 소프트웨어가 이를 식별하고, 사본이나 가짜 신분증은 인증을 거부한다.

게다가 이 솔루션은 비밀번호보다 사용이 간편하며 단순하다. 사진을 찍을 수 있으면 사용할 수 있는 기술이다. 그 정도로 단순하다.

트루소나는 #노패스워드^NoPasswords 혁명의 개척자이며, 나는 강의에서 이 기술의 비전을 자주 언급한다. 나는 더 많은 크고 작은 회사가 이 혁명에 동참해주길 바란다. 이 기술은 악당들의 돈줄을 말리는 데 크게 기여할 것이다. 누구나 트루소나에 가입해 스마트폰 앱으로 제공되는 간편한 기술을 사용해볼 수 있다. 또한 2단계 인증을 사용하는 웹사이트(예: 페이스북)에서 이를 사용할 수도 있다. 한편 비밀번호 보안 최적화를 위해 다음에 소개하는 요령을 사용할 수도 있다.

비밀번호 보안에 대한 단기적 대안

2017년 5월, 미국 상무부 소속으로 혁신을 추진하는 비규제 연방 기관인 국립표준기술연구소^NIST는 비밀번호 지침을 개편했다. NIST의 지침은 연방 기관을 대상으로 했지만, 사기업과 국민들도 비밀번호에 대한 내용에 주목해야 한다. 다음은 전문가들이 알려주는 비밀번호 보안 수칙으로, 비밀번호를 대체할 기술이 개발되기까지는 귀담아들을 내용이다.

- **자주 바꾸지 마라**: 비밀번호를 자주 바꾸는 것이 오히려 비밀번호 보안에 좋지 않은데, 사람들이 자주 사용하는 비밀번호를 돌려 쓰는 경향이 있기 때문이다. 인간의 본능은 쉽게 바뀌지 않는다. 또한 변경한 비밀번호를 잊기도 할뿐더러 자주 바꾸든 안 바꾸든 도난당하기 쉽다는 점에서는 마찬가지다. 물론 기기를 도난

당했다면 비밀번호를 바꿔야 한다.

- **간단하게 하라**: 연구에 의하면 기호와 대문자, 소문자 등을 복잡하게 섞도록 요구하는 비밀번호 규칙은 오히려 보안성이 떨어지는 비밀번호를 만드는 결과를 낳는다고 한다.

- **걸러내라**: NIST는 비밀번호 생성 규칙에서 의미 있는 기준은 흔한 비밀번호나 도난당한 비밀번호는 피하라는 것이다. 이미 알려진 도난당한 비밀번호 목록을 참조해 피해야 할 비밀번호를 걸러내라. 이를 위해 참고할 만한 웹사이트로 보안업체 엔조익(Enzoic.com)과 패스워드 랜덤(Passwordrandom.com) 등이 있다.

- **재사용하지 마라**: 같은 비밀번호를 여러 웹사이트에서 재사용하지 마라. 비밀번호 재사용은 특히 이메일, 뱅킹, 소셜미디어 계정에서 더욱 위험하다. 과거에 사용했던 비밀번호는 수 년간 사용하지 않았더라도 재사용하지 마라. 도난당한 비밀번호로 여러 다른 웹사이트에 접속하는 사례가 있다.

- **너무 친숙한 내용을 피하라**: 비밀번호나 보안 질문에 대한 답변으로, 사랑하는 사람(혹은 애완동물)의 이름, 결혼 전 이름, 고향, 생일, 결혼기념일, 그 외 온라인 검색으로 쉽게 알아낼 수 있는 정보 등은 사용하지 마라.

- **기억시키지 마라**: 공용 컴퓨터에서는 '비밀번호 기억하기' 옵션을 선택하지 마라. 다음 사용자가 당신의 계정에 쉽게 접속할 수 있게 된다.

- **흔한 비밀번호는 피하라**: '123456', 'qwerty', 'password'처럼 너무 흔하고 취약한 비밀번호를 사용해서는 안 된다. 비밀번호 해킹

은 대부분 비밀번호를 추측하는 것이 아니라 범죄 조직이 훔친 비밀번호로 진행하지만, 당신의 정보를 훔치려는 개별 해커가 비밀번호를 추측해 침투하기도 한다. 그런 해커를 위해 비밀번호를 너무 쉽게 만들면 안 된다. 그런 맥락에서 70YrS@n%styll&LUVN^Lfe!? 같은 복잡한 비밀번호를 사용해보라. 이런 비밀번호도 "70 years and still loving life!(나이가 70이지만 인생이 즐겁다!)" 같이 개인적으로 선택한 문구를 바탕으로 한다면 쉽게 외울 수도 있다.

- **당신의 휴대폰을 영리하게 다뤄라**: 셋 중 한 명은 스마트폰을 비밀번호로 보호하지 않는다고 한다. 당신이 그런 사람이 되어서는 안 된다. 당신의 생일이나 태어난 해처럼 뻔한 숫자는 사용하지 마라. 1234, 0000, 2580(위에서 아래로 이어진 숫자), 영어 자판에서 'love'에 해당하는 5683처럼 흔한 비밀번호도 피하라.

- **커닝 페이퍼**cheat sheet**를 만들어라**: 비밀번호를 따로 적어두는 것은 좋지만, 개인 컴퓨터나 스마트폰 안에 저장하지는 마라. 만약 그랬다가 장비가 악성코드에 감염되기라도 하면 큰일 난다. 종이 쪽지에 적어 안전한 곳에 보관하는 편이 낫다. 이상적으로는 실제 비밀번호보다 비밀번호가 기억나게 도와주는 힌트를 적으면 좋다.

무대책 비용

나는 이 책 집필 중에 70세 생일을 맞았다. 살면서 배운 교훈이 있다면 변화에는 시간이 걸리며, 좋은 변화의 경우도 그렇다는 점이다. 또한 변화하려면 의지가 필요하다. 만약 기업이 비밀번호를 버리고 다른 대안을 찾으라는 경고를 무시하면 어떤 일이 생길지 생각만으로 겁이 난다. 우리는 즉시 행동을 취해야 한다. 대책 없이 가만히 있으면 너무나 큰 비용을 치를 것이다. 사이버 범죄자들이 사용자 아이디와 비밀번호가 저장된 데이터베이스를 훔치는 것은 사용자 신원 정보를 얻기 위해서다. 신원 정보와 계정 접속용 정보는 다크 웹에서 팔 수 있는 장물이다. 그들은 이런 정보를 팔아 현금이나 비트코인 같은 암호 화폐로 바꾼다. 신원을 팔아 획득한 돈은 주로 불법 용도로 사용되며, 결국 단순히 돈을 훔치는 수준보다 더 심각한 범죄로 이어진다.

우리가 아무것도 하지 않고 현상 유지만 한다면 악당에게 승리를 안겨 주는 셈이다. 위대한 정치가 에드먼드 버크Edmund Burke의 명언으로 알려진 대로 '악이 승리하는 유일한 조건은 선량한 이들이 아무것도 하지 않는 것'이다.

집과 가족을 지켜라
Safeguard Your Home and Hearth

10장

계속 걸려오는 전화
: 자동 피싱과 스팸 전화

누군가가 전화를 걸어 유창한 말솜씨로 소비자를 속이는 사례는 매일 일어난다. 아마 당신도 이런 전화를 휴대폰이나 집전화로 거의 매일 받을지도 모른다. 수백만의 사람들이 이런 일을 겪는다. 성가신 텔레마케팅, 청구 독촉, 불법 자동녹음전화robocall 등은 최근 급격히 늘어났다. 통신회사 퍼스트 오리온First Orion에 따르면 오늘날 휴대폰 통화의 절반가량은 사기성 전화다. 2017년에 미 연방거래위원회는 자동녹음전화에 대한 불평 신고를 450만 건이나 접수했는데, 이는 2013년에 신고된 건수 218만 건의 두 배 이상이다. 이런 자동녹음전화의 발신자 중 상당 수는 사기꾼으로, 이들이 자동녹음전화에 지출하는 금액은 연간 4억 3천 8백만 달러에 이른다. 2019년 5월, 연방거래위원회는 수십억 건의 불법 자동녹음전화를 건 사업체 네 군데와 합의했고, 그 싸움은 계속되고 있다. 합의 내용에 따라 네 개 사업체는 전화 발신을 금지당하고 과징금을 물어야 했다. 이런 전화 사업이 벌어들이는 돈은 연간 백억 달러 이상으로, 물어야 하는 과징금의 20배 이상이다. 이런 높은 수익성 때문에 전화 건수가 폭증하고 있다.

2018년 4월 뉴욕주 법무장관 에릭 슈나이더만^{Eric Schneiderman}은 중국계 성을 가진 사람들을 노린 사기 행각에 대해 소비자 경보를 발령했다. 전화 발신자는 중국 영사관을 사칭하면서 돈을 요구하는데, 이를 거절하면 나쁜 결과가 있을 것이라고 하거나 중국 입국 시 체포될 거라고 위협한다. 뉴욕 경찰국에 따르면 중국계 이민자 21명이 이 사기로 250만 달러를 잃었다. 이것은 매일 일어나는 수많은 전화 사기 중 하나일 뿐이다. 내용과 표적은 다양하지만 이런 가짜 전화의 영업 방식과 요구사항의 몇 가지 공통점을 파악하면 곧바로 전화를 끊을 수 있다. 전화 사기꾼은 국세청, 마이크로소프트, 경찰서, 소방서, 구호단체, 중국 혹은 다른 나라 영사관 또는 공적인 인상을 주는 기관명을 사칭하면서 당신의 관심과 신뢰를 얻으려 한다.

전화 내용과 표적은 달라도 당신의 관심을 끌고 신뢰를 얻어, 결국 당신의 개인정보와 돈을 가로채려는 것이 이들 수법의 공통점이다.

이들이 가짜임을 확실하게 알려면 어떻게 해야할까?

사기꾼임을 간파하는 방법

- 국세청은 국세 체납액에 대해 먼저 우편으로 여러 차례 통지하기 전에는 '결코' 전화하지 않는다(3장 참조).
- 마이크로소프트나 애플에서 일방적인 전화가 걸려와 바이러스가 있다고 경고한다면 이는 사기일 가능성이 크다.
- 지역 경찰서나 소방서를 위해 이뤄진다는 모금 활동은 대체로 가짜다. 지역 경찰이나 소방대원을 응원하고 싶다면 직접 경찰

서나 소방서에 전화해서 기부 방법을 물어보면 된다.

- 외국 영사관에서는 수수료나 과태료를 지불하라고 요구하는 전화나 이메일을 보내지 않는다.

- 부담적정보험법Affordable Care Act[1] 시행을 위해 정부가 설립한 건강보험거래소Health Insurance Marketplace는 보험 상품 판매를 위해 자동녹음전화를 사용하지 않는다. 건강보험거래소를 사칭한 자동녹음전화는 개인정보를 캐내기 위한 피싱 사기다. 연방거래위원회에 의하면 "녹음된 판매 전화가 걸려왔는데 당신이 그런 전화에 대해 서면 동의를 한 적이 없다면 걸려온 전화는 불법이다. 이때 안내원과의 통화를 위해 또는 통화 목록에서 당신의 전화번호를 삭제하기 위해 번호 '1'을 누르지도 말고, 어떤 개인정보도 제공하지 마라. 당신이 그들의 요구에 응할 경우 오히려 더 많은 전화가 걸려올 것이다. 당신이 거주하는 주의 건강 보험 관련 정보를 원하면 정부의 건강보험사이트(www.healthcare.gov)를 방문하라. 만약 그런 전화를 받는다면 연방거래위원회에 신고하라.

개인정보 및 금융 정보를 달라고 하거나 심지어 협박조로 요구하는 전화는 사기라고 보면 된다. 그런 전화를 대하는 최선의 방법은 아예 받지 않는 것이다. 모르는 전화번호라면 받지 마라. 사기꾼들은 전화번호를 속일 수 있으므로 당신이 알고 있는 전화번호가 맞는지 확인하라. 비슷한

---

1 일명 오바마케어(Obama Care). 민영보험에만 의존하던 미국의 의료보험시스템을 바꾸고 전 국민을 건강보험에 의무적으로 가입시키는 것이 주요 핵심 내용이다. - 옮긴이

정도로는 안 된다. 정말 중요한 전화라면 상대방이 음성 메시지를 남길 것이다.

전화를 받았는데 사기성 전화라면 바로 끊어라. 전화 발송 목록에서 제거를 원하면 8번이나 다른 번호를 누르라는 메시지가 나와도 아무 번호도 누르지 마라. 눌러봤자 발송 목록에서 제거되지 않는다. 전화를 받으면 자동 메시지가 재생되거나 콜센터로 연결돼 상대방은 당신의 개인정보와 금융정보를 캐물을 것이다. 일방적으로 전화를 걸어온 상대가 사람이더라도 끊어라. 낯선 목소리라도 끊어라. 상대에게 당신의 정보를 결코 줘서는 안 된다.

당신이 거래했던 정상적인 회사가 건 전화도 불법일 수 있다. 전화 연락 중단을 요청했음에도 계속 전화를 건다면 그것은 불법이다. 당신이 거래했던 회사에서 걸려오는 전화가 성가시다면 그 사실을 이야기하라. 회사는 전화 연락을 중단할 의무가 있으며, 이에 응하지 않는다면 법을 어기는 것이다.

사례 연구

사기꾼 중에는 합법적인 기업을 사칭하면서 명의 도용을 위해 사용자 개인정보를 빼내려는 이들이 있다. 샤나 딕스Shanna Dix와 그녀의 친구는 통신회사 버라이즌에 휴대폰 교체 신청을 하면서 그런 일을 겪었다. 신청 과정에는 신규 휴대폰 설정을 위한 고객 지원 통화 연결이 필요했다.

"버라이즌 와이어리스(800-922-0204)로부터 제 휴대폰으로 전화가 걸려왔지요. 전화기 설정을 원하면 1번, 신청 취소를 원하면 2번을 누르라는 녹음된 메시지가 들렸어요."라고 딕스는 자신의 페이스북에 적었다. "저는 이미 설정을 완료했고, 전화가 정상 작동하고 있어서 2번을 눌렀어요."

다음 월요일, 처음과 동일한 800번호에서 연달아 세 번의 전화가 샤나에게 걸려왔다. 그녀는 휴대폰 설정 지원이 필요 없다고 통신사에 말하려고 세 번째 전화를 받았다. "지난 번처럼 녹음된 음성 대신 사람이 받았어요. 지원이 필요 없다고 말하려는데 상대방은 그것 때문에 전화한 것이 아니라고 했어요."라며 당시 상황을 설명했다.

상대방은 버라이즌이 4G LTE망을 업그레이드하는 과정이라고 하면서, 교체한 휴대폰에 몇 가지 코드를 보내야 한다고 했다. 그녀의 휴대폰은 이미 설정이 끝나서 정상 작동 중이었기에 샤나는 잠시 망설였다. 하지만 그녀가 받은 코드와 문자 내용은 통신회사에서 보낸 것 같았고, 처음에 버라이즌에서 보낸 문자메시지와 동일한 전화번호였다.

샤나는 자신이 받은 코드 숫자를 상대가 알아듣도록 또박또박 읽어줬는데, 그건 상대의 영어가 유창하지 않아서였다고 말했다. 상대방은 통화를 계속하면서 그녀가 업그레이드를 받았지만 통화 요금은 그대로 유지된다고 했다. 또한 망 업그레이드 과정에서 통신 장애가 발생할 수 있음을 감안해 다음 청구 시 25% 할인이 적용된다고 했다. 통화를 끝내면서 상대방 남자는 샤나에게 "신의 가호가 있기를!"이라고 인사했다. "기분은 좋았지만 뭔가 이상했어요."라고 샤나는 말했다.

샤나는 즉시 버라이즌에 전화를 걸어 상황을 설명했다. 진짜 버라이즌 담당자는 혹시 방금 단말기 세 대를 구입했는지 물었고, 샤나는 아니라고 했다. 담당자는 사기 처리 부서로 연결해 샤나가 신고할 수 있게 도왔다.

샤나는 "주문 접수 후 발송 전에 문제가 해결돼 다행이지 뭐예요. 제가 전화를 걸지 않았다면 청구 내역을 취소하느라 꽤 힘들었을 거예요."라고 말했다.

이 사건의 전말을 되짚어보자.

사기꾼은 버라이즌 와이어리스 고객 서비스 전화번호를 스푸핑할 수 있었다(스푸핑이란 발신자 번호를 사실과 다른 번호, 이 경우는 버라이즌의 전화번호로 표시하는 것을 말한다). 사기꾼은 샤나의 전화번호와 그녀의 휴대폰 교체 신청 사실을 알고 있었다. 그녀가 받은 코드는 실제로 버라이즌이 보낸 코드였다. 사기꾼은 버라이즌에 코드를 요청한 다음 해당 코드를 샤나의 휴대폰으로 보냈다. 그 시점에서 사기꾼은 샤나의 비밀번호를 바꿔 그녀의 신원을 도용했고, 그녀의 계좌로 접속해 고가의 최신 아이폰 세 대를 주문한 것이었다.

샤나는 앞으로 그런 신원 도용 사기를 막으려면 어떻게 해야 하는지 버라이즌에 물었다. 버라이즌은 자기들은 고객 서비스센터 번호로 고객에게 전화를 걸지 않는다고 했다. 또한 만약 버라이즌이 실제로 고객에게 전화를 거는 경우에는 발신자 표시에 '버라이즌'이라고 뜨지 않고 '알 수 없는 번호Unknown'로 표시된다고 했다. 만약 당신이 버라이즌으로부터 전화를 받을 경우 전화를 끊고 온라인이나 청구서에 표시된 회사 전화번호로 당신이 전화를 걸어 해당 전화가 진짜였는지 확인하는 것이 최선의 방법이다.

스푸핑

우리는 정상으로 보이거나 익숙한 전화번호를 신뢰하는 경향이 있기에 불법 스푸핑은 공권력이 막기 어려운 악랄한 범죄다. 전화를 거는 측에서 발신자 정보caller ID를 바꿔 제대로 된 전화번호처럼 위장하는 것이 스푸핑이다. 인근 지역 번호나 유명 기업과 단체의 전화번호를 도용할 수도 있다. 전화번호만 그럴듯해 보일 뿐 아니라 전화를 거는 사기꾼의 언변도 꽤 설득력 있다. 그들은 당신의 계좌번호, 집 주소, 직장 등을 언급하면서 당신을 잘 알고 있는 듯이 말한다. 만약 그런 전화를 받았는데 녹음된 텔레마케팅 전화라면 전화권유판매 수신거부 등록시스템Do Not Call Registry에 당신의 전화번호가 등록됐는지 여부에 상관없이 서면 동의를 하지 않았다면 이는 불법이다.

스푸핑이 위법이 아닌 경우

샤나가 받은 전화 통화는 위법이었지만, 모든 스푸핑이 위법은 아니고 또 모두 나쁜 것은 아니다. 스푸핑이 합법적인 경우는 어떤 때일까? 의도가 중요하다. 연방통신위원회(FCC)는 발신번호 허위표시 금지법(Truth in Caller ID Act)에 따라 특정인이 속일 의도가 있고, 해를 끼치거나 어떠한 가치를 그릇된 방법으로 편취하려는 의도로 오도하거나 부정확한 발신인 ID 정보를 전송하지 못하도록 금지한다. 그러나 발신자와 수신자를 돕거나 보호하기 위한 의도에서 이뤄지는 스푸핑은 법에서 허용한다.

가령 신문 기자는 정보원이나 정보 제공자가 될 수 있는 사람에게 전화를 걸 때 자신의 전화번호를 감추기 위해 스푸핑을 이용해 비밀을 유지할 수 있다. 가정 폭력 피해자들도 자신의 신원과 위치를 감추기 위해 스푸핑을 이용해 전화를 걸 수 있다. 내가 아는 여성은 전 남편에게 스토킹을 당하고 있었다. 그래서 전 남편의 지인이나 전 남편과 같이 있을 수도 있는 사람에게 전화를 걸 때는 발신자 번호를 감추는 소프트웨어를 이용했다.

또한 기업이나 단체에서 전화를 걸 때 발신자의 직통 번호 대신 기업의 대표 번호나 800 수신자 부담 무료 번호를 표시하는 것도 합법적이다. 예컨대 AARP의 본부가 당신에게 전화를 걸 경우 직원의 개인 번호 대신 대표 번호가 뜰 것이다.

당신의 전화번호가 스푸핑 대상이 될 수도 있다. 당신이 전화를 걸지 않았는데 당신 번호가 발신자 ID로 뜬다는 연락을 받는다면 전화번호가 스푸핑 대상이 되고 있다는 의미다. 그런 경우 당신 전화번호가 스푸핑 당했고, 실제로 당신이 전화를 건 것은 아니라고 알려줘라. 당신 전화번호가 스푸핑 당했음을 알려주는 내용을 자동 응답 메시지에 포함시키는 것도 고려해보라. 사기꾼들은 전화번호를 자주 바꾸곤 하므로 몇 시간만 지나면 당신의 전화번호는 더 이상 사용되지 않을 수도 있다.

통화 차단(Blocking Calls)

자동녹음전화 등의 스팸 전화를 사전에 차단하는 방법은 무엇일까?

불법 자동녹음전화는 상대가 누구든 상관없이 순서대로 전화를 돌리곤 한다. 대체로 이런 전화의 유일한 목적은 상대가 전화를 받는지 확인하기 위함이다. 이런 식으로 사기꾼들은 어느 전화번호가 '유효한지', 즉 자기들이 유혹할 만한 영업 대상이 실제로 있는지 확인한다. 그러면 당신의 전화번호가 영업 대상 목록에 포함돼 다른 자동녹음전화 마케터에게 팔리고, 당신은 더 많은 전화를 받게 된다. 이런 스팸 전화를 차단하는 방법은 다음과 같다.

우선 당신이 할 일은 그런 전화를 차단하도록 전화권유판매 수신거부 등록시스템에 등록하는 것이다. 홈페이지(www.donotcall.gov)를 방문해 당신의 전화번호를 무료로 등록하거나[2], 등록하려는 전화기에서 888-382-1222(TTY(문자전화): 866-290-4236)에 전화를 걸어 등록할 수도 있다. 총 세 개의 전화번호를 등록할 수 있으며, 등록했더라도 구호 단체, 정치 단체, 채권 추심 업체, 여론조사기관 등에서 전화를 받을 수 있다. 최근에 거래했거나 통화에 대해 서면 동의가 있는 기업에서도 전화를 받을 수 있다. 그러나 수신거부 등록시스템은 당신에게 합법적으로 뭔가를 판매하려는 회사에만 효과가 있을 뿐 사기꾼을 걸러내지는 못한다.

사기 전화를 방지하고, 앞으로도 사기 전화를 받을 가능성을 줄이는 최선의 방법은 낯선 발신자 번호는 처음부터 받지 않는 것이다. 이런 전화를 바로 음성사서함으로 연결시켰을 때 메시지를 남기지 않았다면 이는 유효한 전화번호를 탐색하는 연락에 불과했음을 나타낸다.

걸려온 전화번호를 아이폰에서 차단하고 싶다면 전화번호 클릭 후 번호 옆 아이콘(동그라미 안에 i표시)을 누르면 목록이 나오는데 가장 아래에 있는 '이 발신자 차단Block This Caller' 메뉴를 눌러 해당 번호를 차단할 수 있다. 안드로이드 계열 스마트폰에서는 전화번호 클릭 후 '상세Details'를 선택하고 '번호 차단Block Number'을 눌러라. 당연하지만 이 방법의 단점은 이미 걸려온 전화번호에만 적용된다는 점과 각각의 번호를 하나씩 차단하는 번거로운 과정을 거쳐야 한다는 점이다.

휴대폰 기종에 따라 발신자를 알 수 없는 전화를 자동 차단하도록 설

---

2 한국의 전화권유판매 수신거부 등록시스템 웹사이트는 www.donotcall.go.kr이다. ─ 옮긴이

정할 수도 있다. 다수의 안드로이드 기종에서는 알 수 없는 발신자를 일괄 차단할 수 있다. 설정 메뉴에서 전화기 아이콘을 클릭하고 통화 차단으로 가면 발신자가 불분명한 모든 전화를 차단하는 기능이 있다.

아이폰의 경우 설정 메뉴에서 '방해금지 모드^{Do Not Disturb}'를 켜면 '즐겨찾기에 포함된 사람' 혹은 '모든 사람'으로 통화 연결 제한을 선택할 수 있다. 그러면 당신의 연락처에 저장되지 않은 전화번호는 통화가 차단된다. 다른 대안으로 앱 스토어에서 묵음 벨소리^{silent ringtone}을 내려받아 기본 설정으로 해두고, 연락처에 저장된 사람별로 다른 벨소리를 적용하는 방법이 있다. 그러면 연락처에 있는 사람들의 연락에 대해서만 전화벨이 울릴 것이다. 전화벨이 울리기를 원하는 대상은 연락처에 추가해야 한다.

아이폰과 안드로이드폰을 위한 유·무료 앱 중에는 발신자가 불분명한 전화를 차단하는 앱이 있다. 피처폰 중에도 통화 차단 기능이 있지만 스마트폰만큼 발전되지는 못해서 간혹 차단할 수 있는 전화번호 수에 제한이 있기도 하고, 모든 기능을 수동으로 설정해야 한다.

이런 앱에는 단점도 있다. 미확인 번호와 발신자를 알 수 없는 번호를 모두 차단하면 정상 통화까지 차단된다. 예컨대 가족이 연락처에 없는 전화번호, 예컨대 친구, 이웃, 병원 등의 전화번호에서 연락한다면? 또한 의사 같은 전문직 종사자들은 발신자 표시를 제한하는 경우도 있다. 만약 당신이 중요한 전화 통화를 기다리는데 기술적 제약으로 받지 못할 우려가 있다면 해당 기능을 잠시 꺼두는 편이 좋다. 알려진 전화번호 외의 모든 통화를 차단하려면 해당 기능의 장단점을 충분히 고려하라.

통신사 및 기타 업체가 제공하는 서비스

스팸 전화는 무척 성가시므로 휴대전화, 인터넷, 유선 전화를 비롯한 여러 통신사도 원치 않는 통화를 차단하는 서비스를 제공한다. 또한 그런 기능을 가진 앱도 있다. 온라인 검색을 통해 비용과 전문가 리뷰 및 사용자 평가를 알아보라. 다음은 내가 추천하는 서비스다.

거의 모든 유선 전화에서 무료로 사용할 수 있는 기능은 *77이다. *77을 누르면 발신자를 알 수 없는 전화를 차단할 수 있고, *87을 누르면 차단 기능이 해제된다. *77은 발신자 표시를 하지 않는 전화에만 적용되고, 스푸핑은 걸러내지 못한다는 점을 유념하라

여러 통신 서비스 업체는 스팸 혹은 자동 전화로 추정되는 통화를 미리 알려주는 서비스를 제공한다. 이 서비스는 발신자를 'Spam?PotomacMd' 또는 'Scam Likely' 등으로 표시한다. 주요 통신 업체가 제공하는 부가 서비스를 소개한다. 구체적인 내용과 비용은 해당 통신사에 문의하라.

- AT&T는 Call Protect 서비스를 제공한다. 사기성 전화가 걸려오기 전에 차단하고, 스팸 전화로 추정될 경우 경고해 준다.
- 스프린트Sprint는 기존 연락처에 없는 발신자를 확인하는 '프리미엄 발신자 IDPremium Caller ID' 서비스를 제공한다. 스프린트의 프리미엄 발신자 ID 앱은 발신자 종류와 사기 위험도(저, 중, 고)를 표시한다. 이를 보고 전화를 받을지 결정할 수 있다. 또한 향후 해당 번호의 차단 혹은 신고 여부를 결정할 수 있고, 이를 통해 스프린트가 스팸 전화를 걸러내는 데 도움을 줄 수 있다.

- T모바일은 이름 ID^{Name ID}, 스캠 ID^{Scam ID}, 스캠 차단^{Scam Block} 서비스를 제공한다. 스캠 ID는 걸려온 전화가 사기일 가능성을 알려준다. 스캠 차단은 사기성이 높은 모든 통화를 사전에 차단해 준다.
- 버라이즌 와이어리스는 통화 필터^{Call Filter} 서비스를 제공하는데, 걸려오는 전화가 스팸성이 높으면 경고를 띄워주는 스팸 통화 검사 기능과 스팸 전화를 신고해 버라이즌의 스팸 검사 성능을 높여주는 스팸 신고 기능, 그리고 사용자 스스로 스팸 필터를 설정하고 개인화된 차단 목록을 만들어 원치 않는 통화를 자동으로 음성 사서함으로 연결하는 스팸 차단 기능 등이 포함된다.

제3자가 제공하는 앱으로 통화를 차단할 수도 있다. 이들 대부분은 확인된 사기성 발신자 번호를 수집해 통화 연결 전에 차단한다. 통화 차단 앱으로는 Hiya, Mr.Number, Nomorobo, RoboKiller, Truecaller, YouMail 등이 있다.

마지막 한 가지 대안은 구식 유선 전화에 연결하는 통화 차단 장비다. CPR, Digitone, Mcheeta, Sentry, Tel-Lynx 등의 브랜드가 있는데 이들 장비는 대체로 100달러 이하이며, 이미 알려진 스팸 발신자 번호 수천 개를 저장해 두고 이를 차단한다. 사용자가 전화번호를 추가할 수도 있다.

물론 전화 기술은 계속 발전하므로 새로운 휴대전화를 구입하거나 새로운 통신사와 계약할 경우 새로 업데이트된 통화 차단 기술에 대해 문의하고 이를 이해하도록 하라.

스푸핑을 막아라! 불쾌한 전화를 줄이는 방법

정부는 공권력을 동원해 불법 스팸 전화 근절을 위해 노력 중이지만, 발신 센터 중 다수가 지구 건너편에 있어서 단속이 쉽지 않다. 당신 스스로 스팸 전화를 줄이는 방법을 알아보자.

- **스팸 전화 차단 서비스를 이용하라**: 통신사, 제3자 제공 앱, 통화 차단 장비 등을 알아보라.

- **무시하라**: 모르는 전화번호는 받지 마라. 그렇게 하면 당신의 전화번호는 사기꾼들의 전화 목록에서 삭제되거나 후순위로 밀릴 것이다. 물론 끈질기게 계속 전화를 걸 수도 있다.

- **말을 아껴라**: 모르는 번호의 전화를 받았다면 아무 말도 하지 마라. 당신의 음성을 듣고 자동 녹음이 될 수도 있고, 콜센터로 연결돼 실제 영업사원이 당신의 개인정보와 금융정보를 캐물을 수도 있다. 당신이 아무 말도 하지 않으면 대체로 자동녹음전화는 몇 초 후에 끊어지고, 같은 번호에서는 전화가 다시 걸려오지 않을 것이다. 만약 실제 사람이 무단 전화를 걸었다면 상대방이 먼저 말을 하게 하라. 낯선 목소리라면 전화를 끊어라. 당연한 말이지만 절대로 상대방에게 계좌 내역, 사회보장번호, 개인식별번호, 주소, 계좌번호, 은행명이나 은행 식별 번호 등의 정보를 제공해서는 안 된다.
- **확인하라**: 혹시 합법적인 전화 연락일 것 같다면 당신이 갖고 있는 기록, 청구서, 신용카드 뒷면, 주소록, 기업 웹사이트 등에 기재된 번호로 연락하라. 하지만 십중팔구 그 전화는 당신을 속여 뭔가를 뺏으려는 시도였음을 확인하게 될 것이다.
- **어떤 통화를 피해야 하는지 알고 있어라**: 전화 사기의 가장 흔한 형태는 당신의 부채와 신용카드 이자율을 낮추고, 사전 승인된 대출을 제공한다는 내용이다. 또한 관광 상품, 콘도, 주택 보안 시스템, 의약품 등을 무료 혹은 할인 가격으로 제공한다는 내용을 비롯해 더 좋고 더 저렴한 건강 보험에 대한 내용도 있다. 정부나 전기 수도 회사를 사칭하기도 한다. 이런 전화는 바로 끊어라. 정상적인 전화였을 것 같다면 다시 전화를 걸거나 스스로 알아낸 전화번호로 전화를 걸어 확인하면 된다.
- **혹시 오늘이 그날인지 자문해보라**: 연구 결과에 따르면 스팸 전화는

금요일과 화요일에 더 많이 걸려온다고 한다. 그런 날에는 더욱 경계심을 가져라.

- **변화가 필요한 시점이 아닐지 생각해보라**: 스팸 전화의 가장 빈번한 표적이 되는 지역은 애틀랜타, 댈러스, 뉴욕, 로스앤젤레스, 휴스턴, 시카고, 볼티모어, 피닉스, 뉴어크, 샌프란시스코 베이 에어리어다. 만약 당신의 전화번호가 이 지역에 해당한다면 지역번호는 그대로 두고 전화번호만 바꾼다고 스팸 전화의 빈도를 크게 줄이지는 못할 것이다. 통신사에 연락해 스팸 전화의 표적이 덜 되는 지역 번호로 변경을 요청해보라. 지역번호를 제외한 일곱 자리는 그대로 유지할 수 있을지도 모른다.

- **신고하라**: 스팸 전화번호를 연방거래위원외와 전화권유판매 수신거부 등록시스템에 신고하라. 이미 걸려온 전화에 대해서는 어쩔 수 없지만, 해당 번호를 거부 목록에 올리는 것으로 앞으로 도움이 될 수 있다.

- **고소하라**: 1991년에 제정된 '연방 전화 소비자 보호법Telephone Consumer Protection Act'은 불법 자동전화 발신자를 법정에 고발할 권리를 소비자에게 부여했다. 단 상대방이 누구인지 확인할 수 있어야 한다. 자동전화 발신자를 고소하는 것이 일반인에게 과연 실용적인지는 의문이지만 만약 자동녹음전화로 괴롭힘을 당하고, 성가심에서 벗어날 다른 방법이 없다면 고소하는 것도 방법이다.

펜실베니아주 하마빌Harmarville에 사는 폴 데무스Paul DeMuth는 상대방을 고소하는 방법을 쓸 수밖에 없었다. 그는 정상 참작이 될 만한 상황이 있어 학자금 대출 상환을 연체했는데, 채권자인 나비엔트Navient사는 가차없이 그에게 자동녹음전화를 걸어댔다. 데무스가 연락하지 말라고 해당 회사에 요청한 이후에도 자동녹음전화는 지속됐다. 나비엔트가 데무스에게 연락한 내용이 녹음돼 그의 주장을 뒷받침했다. 한 번은 데무스가 자동녹음전화를 받고 실제 직원과 연결해 연락 중단을 요청했지만 나비엔트는 여섯 시간 후에 다시 전화를 걸었다. 그는 재차 연락 중단을 요청했는데, 전화 연락이 괴롭힘 수준에 이르렀기 때문이었다. 그러나 연락은 중단되지 않았다. 중립적인 중재인이 밝혀낸 바로는 나비엔트는 2년간 데무스에게 200건의 무단 자동녹음전화 연락을 취했다. 회사는 데무스에게 학자금 대출로 빌린 15,700달러를 뺀 30만 달러를 지불하라는 명령을 받았다.

한 번 울리는 전화를 조심하라.

한 번 울리는 전화(One-ring calls)는 무슨 전화였는지 확인하기 위해 당신이 전화를 걸도록 만드는 흔한 수법이다. 발신인 지역번호가 268, 284, 809, 876이라면 더욱 조심하라. 이는 분당 통화료가 높은 카리브 국가에서 걸려온 전화다. 한 번 울리는 전화가 걸려오더라도 다시 전화하지 마라.

약탈적인 영업 관행과 사기꾼이 존재하는 한 자동녹음전화도 사라지지 않을 것이다. 전화를 무기 삼아 활동하는 범죄자들을 뛰어넘기 위한 기술 개발 노력은 진행 중이다. 그러나 당신이 원하는 통화만 연결을 허용할 정도로 전화 시스템이 발전되기까지는 원치 않는 통화에 어느 정도 시달릴 수밖에 없다.

11장

부동산 사기의 대담한 수법

집을 빼앗기는 충격은 엄청나다. 그것은 집에 대한 애착이 크고, 많은 사람에게 집은 가장 크고 소중한 자산이기 때문이다. 사기꾼들은 우리가 소유한 주택뿐 아니라 임대 주택, 단기 휴가 주택 및 주택 수리 계획까지도 범행 대상으로 삼는다. 11장에서는 이런 사기 수법을 살펴보고, 당신이 피해를 당하기 전에 사기꾼을 알아보는 방법을 소개한다.

주택 사기의 목표는 당신의 돈과 재산을 빼앗는 것이다. 그러나 그 수법은 주택 시장 동향에 따라 달라진다. 부동산 사기는 특정 시장의 수급 동향의 영향을 받는다는 점에서 가격 변동과 비슷하다. 2005년의 주택 시장 과열 시기에 가장 흔했던 사기 유형은 사기성 브로커에 의한 약탈적 대출predatory loan이었다. 그들은 돈을 빌리라고 유혹하면서 고액의 수수료와 높은 이자율을 적용했다.

주택 시장 버블이 꺼지면 사기꾼들은 수법을 바꾼다. 이런 시기에는 주택 소유자들이 융자금 상환과 세금 납부에 어려움을 겪는다. 사기꾼들은 주택 시장 가격이 주택 담보 대출 금액보다 낮아져 곤란해진 이들을 노려 가짜 재융자refinancing 및 대출 조정 제도 등을 미끼로 던진다. 약탈자들은 융자금을 제때 갚지 못하는 주택 소유자를 물색해 집문서를 사기로 가로챈다. 사기꾼들은 집세를 내지 못해 쫓겨난 이들에게 존재하지도 않는 아파트를 제공한다고 하면서 거액의 보증금을 챙겨 도망간다.

이와 유사한 수법으로 소비자들을 괴롭히는 휴가 주택과 콘도 사기 그리고 주택 수리 사기가 있다. 이들 사기는 경제 상황을 반영해 일어난다. 경기가 좋을 때는 더 많은 사람이 휴가를 가고 콘도를 구입한다. 이런 시기에는 휴가 사기가 증가한다. 마찬가지로 경기가 좋을 때 혹은 자연 재해를 겪고 난 후에 사람들은 집을 수리하곤 하는데, 이런 시기에 수상한 건설업자들이 모습을 드러낸다.

오늘날 주 정부와 연방 정부가 사기 근절을 위해 많은 노력을 기울이고 있지만, 경기가 회복세에 들면서 여러 형태의 주택 및 휴가 사기가 여전히 일어나고 있다. 과연 누구를 믿어야 할지 알기 어려운 상황이다. 당신이 갈피를 잡을 수 있도록 11장에서 도움을 제공하겠다.

수치의 전당: 레너드와 잭 로젠 그리고 걸프 아메리칸 랜드

"넌 그걸 믿니? 그렇다면 내가 가진 플로리다의 늪지대를 네가 사라(If you believe that, I've got some swampland to sell you in Florida)." 많은 속담은 실제로 있었던 일에서 유래했는데, 1920년대에 플로리다주에서 늪지대를 판다는 사기 거래에서 유래한 이 속담도 예외가 아니다. 시간이 흘러 1958년에 레너드와 잭 로젠(Leonard and Jack Rosen) 형제는 걸프 아메리칸 랜드(Gulf American Land Corporation)사를 설립해 플로리다의 땅을 판다고 하면서 뉴욕, 시카고, 디트로이트, 볼티모어의 구매자들과 심지어 외국에 있는 이들에게도 팔았다.

1920년대와 마찬가지로 그들이 판 땅은 건축이 불가능한 늪지대였다(오늘날에는 이런 땅을 습지(wetlands)라고 부르고, 보호 지역으로 지정하기도 한다). 이들 형제는 땅을 보지도 못한 이들에게 우편으로 판매하기도 했다. 플로리다에 지은 집이 마치 해변의 열대 낙원처럼 보이도록 광고를 제작해 사람들을 현혹시켰다. 이들은 종종 구매자들을 전세 비행기에 태워 인근 지역을 구경시키되, 집은 고사하고 기초도 놓을 수 없는 늪지대 근방에는 가까이 가지도 않았다.

1967년에 플로리다 토지 매매 위원회는 걸프 어메리칸 랜드사와 로젠 형제를 기만적이고 오도하는 판촉 및 판매 행위 건으로 고소했다. 이들은 1,300명의 구매자들에게 부분 배수가 되는 습지를 판매해 사기를 쳤다. 이들은 이 땅이 언젠가는 주거지 및 농지로 개발될 것이라고 주장했지만, 실제로는 결코 아무것도 건설할 수 없는 땅이었다. 그들의 사업은 중단됐고, 그 지역의 땅 대부분은 지금도 여전히 비어 있다. 결국 그들은 사기꾼을 위한 수치의 전당에 이름을 올리게 됐다.

광고 사기꾼

인터넷 광고 사기 피해액은 수백만 달러에 이른다. 얼마 전에 레스토랑에 앉았는데 식당 직원이 잠깐 시간을 내달라고 부탁했다. 나는 그가 조언을 구하거나 싸인을 요청하는가 싶어(그런 일이 일어나기도 한다!) "물론이죠"라고 답했다. 대신 그는 수표 한 장을 꺼내 그것이 진짜인지 물어봤다.

우선 나는 수표가 어디서 났는지 물었다. "차를 팔려고 크레이그리스트Craigslist[1]에 1만 달러에 올렸는데 캐나다 사람이 사겠다고 하더군요." 그는 답했다. "그는 1만 3천 달러 수표를 보내면서 3천 달러는 배송비라고 했어요. 수표를 현금화한 후 배송비에 쓰도록 3천 달러를 다시 보내달라고 하더라구요." 얼핏 봐서는 추가 금액을 보낸 것도 납득이 가고, 수표도 정상으로 보였다. 그러나 그것은 사기였다. 은행에 1만 3천 달러 수

---

1 미국의 온라인 직거래 게시판 서비스 — 옮긴이

표를 입금했다면 조만간 그것이 가짜 수표임이 드러났을 것이다. 만약 그 직원이 자동차와 함께 3천 달러를 사기꾼에게 보냈다면 그는 3천 달러 때문에 사기에 걸려든 셈이 되고, 1만 달러짜리 자동차도 잃었을 것이다.

사용에 문제가 없지만 원치 않는 물건이라서 크레이그리스트와 페이스북 마켓플레이스 등의 사이트에 올리는 것은 용돈을 버는 괜찮은 방법이다. 그러나 오늘날의 사기꾼들은 그런 광고 사이트를 뒤져 가짜 수표 사기의 표적이 될 만한 사람을 찾는다. 게다가 이런 사기가 자주 성공한다. 이런 유형의 사기 피해자에 대한 통계는 없지만, 아마 연간 수십만 명 정도일 것이다. 이런 사기 수법은 내가 레스토랑에서 만난 젊은이가 당한 경우와 비슷하다. 사기꾼은 광고를 올린 사람에게 아직 살 수 있는지 물어본다. 가짜 구매자는 판매자에게 수표를 보내면서 판매 가격보다 높게 써서 보내고, 차액 반환을 요청한다. 수표는 너무 감쪽같아서 은행도 속을 정도다. 특히 단골 고객이 입금하려고 들고 오면 더욱 그렇다. 수표 처리 과정에서 가짜임이 밝혀질 것이고, 해당 수표를 입금한 사람이 이미 사용한 금액에 대해 책임을 져야 한다.

임대 사기

"저는 크레이그리스트에서 임대 아파트 정보를 찾아본다는 생각은 해본 적이 없어요." 뉴저지에 살면서 플로리다주 키시미Kissimmee로 이사를 계획 중인 힐러리Hillary는 말했다. "하지만 친구가 너무나 완벽해 보이는 게시물 정보를 보내주는 바람에 알아보게 됐죠." 아파트 크기와 위치, 그리고 가격이 딱 맞았다. 그녀는 광고를 낸 사람에게 문의해서 바로 답변을 받았다. "상대방은 전문가 같았고, 이메일을 몇 차례 주고받았어요." 힐러리는 말했다. 그러나 신청 과정에서 의심이 생겼다. 힐러리가 아파트 입주 허가를 받지도 않고, 심지어 아파트를 보지도 못했는데 보증금과 1개월치 임대료를 입금하라는 것이었다. "나는 그가 집주인이 맞는지 증거를 보여 달라고 정중하게 물어봤는데, 그의 답변은 자기는 기독교인이고 그냥 믿어도 된다고, 약속을 지키겠다고만 하는 것이었어요." 힐러리가 소유권 권리증과 전기 수도료 영수증 사본을 보여 달라고 요청하자 상대는 연락을 끊었다. "그제서야 사기임을 깨달았어요."라고 말했다. 힐러리는 즉시 크레이그리스트에 이 사기 광고를 신고했고, 해당 아파트가 있는 단지에도 알렸다.

부동산 중개인인 토니 파틸로Toni Patillo는 다른 임대 사기 두 건에 대해 말해줬다. 하나는 사기꾼이 빈 집에 침입해 자물쇠를 바꾸고 나서 크레이그리스트와 「로스앤젤레스 타임스」에 임대 광고를 올렸다. 그들은 가짜 임대 계약서를 작성하고, 아무런 의심을 하지 않는 임차인에게 돈을 받았다. 나중에 해당 부동산의 실제 구매자가 그 집을 찾아왔을 때 비로소 사기 행각이 드러났다. 또 다른 경우는 토니의 사무실 직원이 임차하려는 집을 방문해 현 입주자를 만났다. 그는 집주인과 친인척 관계이고, 신청서와 보증금을 대신 수령하도록 위임받았다고 했다.

토니의 직원은 신청서와 보증금에 해당하는 수표를 써서 줬다. 뭔가 꺼림칙한 느낌이 들어 직원은 사무실에 돌아가 해당 부동산에 대해 더 알아봤더니 그 집은 팔려고 내놓은 상태이고, 그가 만나서 보증금으로 수표를 전달한 현 입주자는 월세를 내지 않아 퇴거 명령을 받은 상태임을 알게 됐다. 그 집의 매매를 담당한 중개업자는 임대 광고가 가짜임을 확인해줬고, 돌아가서 수표를 되찾으라고 권했다. 그는 즉시 현 입주자를 찾아가 항의하고 보증금을 되찾을 수 있었다.

이런 유형의 광고는 매우 그럴듯해 보이는데, 그도 그럴 것이 사기꾼은 실제 집주인이 부동산 광고를 내놓을 때 쓰는 용어를 그대로 구사하기 때문이다. 가짜 임대 광고는 실제로는 매매나 임대로 나와있지 않은 부동산 사진을 사용하거나 다른 부동산 광고에서 베껴서 내놓는 경우가 많다. 이런 사기는 너무나 흔하기 때문에 특정 부동산 임대 광고에 관심이 있다면 철저한 확인 과정이 필요하다. 141일 동안 20개 도시에서 크레이그리스트에 올라온 임대 광고를 추적한 대학 공동 연구에 따르면 29,000건의 임대 광고 사기를 찾아냈는데, 그중 2/3가 나이지리아에서 올린 것이었다.

임대 사기를 피하는 최선의 방법을 소개한다.

검색해보라: 미확인된 부동산 물건에 대해 온라인 주소 검색을 해보고, 집주인이나 중개인 이름, 이메일 주소, 전화번호를 검색해본다. 만약 해당 부동산이 임대가 아니라 매매 대상으로 등록돼 있다면 조심하라. 실재하지 않는 주소, 비주거용 부동산이나 사업체에 속한 주소 또한 사기임을 나타내는 단서다. 검색을 통해 해당 사기꾼에게 피해를 입은 사람들이 소셜미디어에 올린 글을 발견하는 경우도 있다.

광고 내용과 일치하는지 확인하라: 가급적 해당 부동산을 직접 방문해서 확인하라. 그 과정에서 동네가 광고의 설명과 일치하는지 살피고, 건물이나 아파트 동의 유지 관리 상태를 확인하라. 아파트가 임대 물건이 맞더라도 기만적인 소유주와 집주인은 건물 상태나 인근 지역의 분위기나 치안에 대해 구체적으로 밝히지 않고 슬쩍 넘어갈 수도 있다. 따라서 직접 눈으로 확인해야 하는 것이다. 근사해 보이는 사진이나 약속만 믿으면 안 된다.

비판적으로 읽어라: 해당 부동산의 설명문을 복사해 혹시 동일 내용이 적힌 다른 물건이 있는지 검색해보라. 집을 설명할 때 진짜 부동산 중개인도 같은 단어와 용어를 사용하곤 하지만, 다른 부동산 목록에서 설명문을 통째로 복사해 붙이는 것은 사기의 가능성을 암시한다. 또한 '사기꾼 문법'에 해당하는 어설픈 영어 실력과 빈번한 철자 오류 등을 눈여겨보라. 특히 다른 곳에서 복사했을 수 있는 유려한 광고 문구에 비해 실제 대화는 어떤지 유심히 살펴보라.

직접 만나라: 광고를 올린 사람이 직접 만날 수는 없다고 하거나 외국 체류 중이어서 임대 개시 이후에 귀국한다고 하면 사기일 가능성이 크다. 직접 가서 만나는 것이 좋다. 이 규칙을 따른다면 사기를 99% 방지할 수 있다고 크레이그리스트는 말한다. 단 정직한 소유주의 거주지와 임대 물건이 서로 다른 곳에 있을 수는 있다. 이런 정상 임대물의 경우 아파트나 집을 보여줄 대리인이 가까이 있어야 한다. 또한 스카이프^{Skype}나 페이스타임 ^{FaceTime}을 이용해 소유주와 얼굴을 보며 통화할 수 있어야 한다. 이와 관련해서는 다음 조언에 이어진다.

전화 통화를 하라: 사기꾼들이 선호하는 소통 수단은 이메일이다. 앞서 임대 사기 사례에서 소개한 힐러리는 고생 끝에 이 사실을 알게 됐다. 그는 집주인이라고 주장하는 사람과 통화할 수 없었

다. 전화번호를 달라고 해서 그 번호에 연관된 신고 내역을 검색해보라. 상대방을 직접 볼 수 있도록 스카이프나 페이스타임을 이용해 영상 통화를 하라.

증빙 자료를 요구하라: 만약 부동산 소유주와 거래한다면 소유권 권리증이나 전기 수도료 영수증 등의 소유권 증빙 자료와 운전 면허 등의 신분증을 보여달라고 요청하라. 힐러리가 이런 정보를 요구하자 사기꾼이 꽁무니를 뺐던 사실을 기억하라. 임대 물건이 위치한 지역의 부동산 감정 평가사 사무실이나 등기소에서 소유권을 교차 확인할 수도 있다. 해당 부동산에 대해 관리자나 중개인과 이야기할 때 그가 집주인 대신 임대계약서에 서명할 수 있도록 위임받은 증빙 자료를 요구하라. 그리고 해당 내용을 집주인과 재차 확인하라. 소유권 증명서는 위조가 가능하므로 소유권 확인만으로 완전한 증거는 되지 못하지만, 정상적인 임대 거래임을 확인하기 위해 밟아야 하는 절차 중 하나다.

임대계약서 서명 전에는 아무 것도 지불하지 마라: 저가 임대, 차압된 주택 임대 또는 렌트투오운 임대 등의 물건 목록을 제공하는 대가로 선불 수수료나 월 회비를 요구하는 임대 회사는 피하라. 그런 회사 대부분은 사기다. 만약 집주인이나 중개인이 해당 물건을 보여주는 대가로 수수료를 요구한다면 그것도 사기다. 해당 주에서 정한 상한선을 넘는 보증금을 요구하는 경우도 사기다. 집주인이 요구할 수 있는 임대 보증금의 상한선을 제한하는 주도 있는데, 대체로 1~2개월 임대료 정도에 해당한다. 당신이 거주하는 주의 법무부나 소비자 보호기관에 임대 보증금 관련 법

규에 대해 문의하라.

신용평가보고서 링크를 누르지 마라: 임차인을 속이는 흔한 방법 중 하나는 신용평가보고서 구입 링크를 눌러 그 서류를 중개인에게 전달되도록 시키는 것이다. 이걸 한다고 아파트를 구할 수 있는 것이 아니다. 다만 사기꾼이 신용평가 사이트에서 소개 수수료를 받아내고, 또한 당신의 개인정보를 손에 넣어 신원 도용에 사용할 수 있게 해줄 뿐이다.

만약 상대가 무관심해 보인다면 주의하라: 부동산 광고에서 신용평가보고서 구입 링크를 눌러서는 안 되지만, 만약 집주인이 당신의 신용 이력이나 배경에 대해 별 관심을 보이지 않는다면 그것 또한 조심해야 한다. 생각해보라. 당신이라면 배경이 검증되지 않은 사람에게 집을 임대하고 싶을까? 나라면 그러지 않을 것이다. 집주인은 당신의 신용평가 점수에 관심을 가질 충분한 이유가 있다. 그들은 범죄 이력을 조회하거나 고용 상태를 확인하고 싶을 수도 있다. 만약 집주인이 당신에 관한 정보에는 아무 관심이 없고 임대 계약서에 서명해서 수표를 챙기기에만 급급하다면 조심해서 진행해야 한다.

임대 계약서 없이 빌리지 마라: 연간 계약이든 월 단위 계약이든 임대 계약서가 있어야 임차인과 집주인 모두 보호를 받을 수 있다. 아파트 임대를 위해 임대 계약서가 법적으로 요구되는 것은 아니지만 만약 집주인이 임대 계약서는 필요 없고 임대료만 달라고 한다면 그 사람이 진짜 집주인이 아닐 가능성이 있다.

한 번 더 확인하라: 구글 이미지 검색이나 이미지 검색사이트인 틴

아이(https://tineye.com)를 이용해 부동산 사진이 다른 사이트에서 가져온 것인지 확인해보라.

임대 사기를 당했을 때 대응 방법

당신이 사기를 당했다고 생각되면 다음과 같이 대응하라.

- **지역의 법 집행기관에 사건을 신고하라**: 당신이 제공하는 정보는 사기꾼을 추적하고 당신의 돈을 되찾는 데 도움이 된다. 이 사람에게 사기를 당한 사람은 당신 한 사람만이 아닐 것이므로 신고는 경찰에게 도움이 된다.
- **일러라**: 사기 광고를 게시한 회사나 단체의 고객 지원 부서에 연락해라. 해당 출판사나 웹사이트는 정직하고 합법적인 사람들과 거래하고 싶을 것이다. 내 경험에는 출판사와 웹사이트 운영 회사는 사기 사건을 진지하게 대한다. 크레이그리스트에서는 사기 광고 신고 양식을 제공한다.
- **불만을 제기하라**: 877-FTC-HELP(877-382-4357)에 전화를 걸거나 연방거래위원회의 온라인 불만 지원 센터 웹페이지를 방문하라.
- **이야기를 퍼뜨려라**: 당신의 경험을 친구와 가족에게 전하라. 이런 이야기를 나눔으로써 그들도 유사한 사기에 당하지 않도록 경각심을 일깨울 수 있다. 또한 당신 자신에게도 사기로 인한 고통과 좌절을 극복하는 데 도움이 된다.

휴가철 피해

공휴일 연휴와 여름 휴가를 기대하지 않는 사람이 있을까? 우리는 태양 아래 혹은 스키장에서의 즐거움과 새로운 곳을 탐험하며 가족과 친구들과의 만남을 상상한다. 그러나 휴가철은 사기가 기승하는 시기이기도 하다. 앞서 설명한 장기 임대처럼 사기꾼들은 다른 출처에서 사진과 설명문을 베껴와 가짜 부동산을 광고한다. 당신이 가짜 휴가지를 임대하기로 동의하면 그들은 연락을 끊고 계약금만 챙겨 도망갈 것이다. 휴가지 임대를 고려한다면 앞서 설명한 임대 사기를 피하기 위한 규칙을 따르라. 특히 휴가지 임대와 관련한 사기를 당하지 않기 위한 주의 사항은 다음과 같다.

- **특가 상품 링크를 누르지 마라:** 온라인 광고나 소셜미디어에 있는 환상적인 조건의 호텔 예약 광고 링크를 믿지 마라. 그런 링크는 가짜 웹사이트나 강매형 콜센터로 연결될 수 있다. 나는 호텔 웹사이트나 예약 전문 사이트를 직접 방문한 후 상품명을 검색해 특가 상품을 확인하는 방법을 추천한다. 내 경험으로는 호텔과 직거래하는 것이 최선의 숙박료를 얻는 방법인 경우가 많다. 특히 회원 할인 제도(AARP 또는 AAA)를 추가하면 더욱 도움이 된다. 그루폰Groupon, 카약Kayak, 트레블주Travelzoo, 트립어드바이저TripAdvisor 등의 예약 전문 사이트는 신뢰할 만하며 특가 여행 상품을 찾는 합법적인 방법이다. 만약 에어비앤비Airbnb나 홈어웨이HomeAway 등의 사이트 이용 시 가짜 사이트로 연결될 수 있는 링크를 누르지 말고, 웹사이트 주소를 당신이 직접 입력해 찾아가라.

- **사용자 평가를 읽어라:** 해당 부동산에 대한 사용자 평가를 반드시 읽어보라. 실제 장소가 광고 내용과 일치했는지? 주변 분위기가 설명 내용과 같았는지? 문제 발생 시 집주인이 잘 대응했는지? 사용자가 평가에 불평을 남겼을 때 집주인이 답변을 남겼는지? 그들이 차분하게 사과를 했는지 아니면 방어적이었는지? 방어적인 답변을 남겼다면 일단 주의하는 것이 좋다. 그런 집주인은 고객의 재방문이나 적절한 유지 관리에는 무관심한 사람일 수 있다.

- **융통성을 의심하라:** 만약 성수기인데도 임대 조건이 지나치게 융통성 있게 제시된다면 의심을 품어라. 성수기에는 토요일이나 일요일부터 일주일 단위로 임대를 하는 휴가지 임대물이 많다. 그러므로 일주일보다 짧은 기간도 임대해주거나 화요일부터 다음주 수요일까지 임대해주는 곳이 있다면 의심할 만하다. 다만 빈 방이 많은 비수기라면 큰 문제가 되지 않는다.

- **단기 임대 시 온라인 송금을 하지 마라:** 휴가지 임대료 결제 시 사기꾼들이 선호하는 방식인 온라인 송금이나 직불카드를 사용하지 마라. 가령 에어비앤비나 홈어웨이를 이용한다면 언제나 홈페이지에서 신용카드로 결제하라. 신용카드가 가장 안전한 방법임을 기억하라. 그 이유는 당신이 구입한 상품이나 서비스가 정상이라고 확정할 때까지는 은행의 돈으로 지불하는 것이기 때문이다. 웹사이트를 벗어나 지불하거나 집주인 혹은 관리인과 별도로 연락하지 마라. 그렇게 하면 에어비앤비나 홈어웨이는 당신을 도와줄 수 없다.

콘도 재판매(Timeshare Resale) 사기

만약 당신이 소유한 휴가지 콘도^{vacation timeshare}를 팔고 싶다면 관심을 가진 구매자가 있다고 여러 회사에서 연락할 것이다(1장에서 이 내용을 다뤘다). 상대방은 직접 연락해보라고 구매자 이름과 연락처를 알려주기도 하는데, 연락을 해보면 구매 의사가 있다고 확인해 줄 것이다.

이 거래를 이어가면 상대는 정상처럼 보이는 서류를 팩스나 우편으로 보내면서 에스크로^{escrow}와 등기 서비스를 위해 필요하다며 신용카드 번호를 요구할 것이다. 혹은 거래 수수료와 봉사료, 결제에 필요한 비용, 세금, 그 외 수수료 등의 명목으로 선불(주로 온라인 송금으로)을 요청할 것이다. 송금이 이뤄지는 순간 구매자와 중개인은 당신의 돈과 함께 사라질 것이다. 어떤 피해자들은 2차 사기에 당하기도 한다. 주로 같은 사기꾼이거나 그 패거리가 운영하는 사업체가 나타나 재판매 사기로 잃은 돈을 되찾게 해준다면서 약간의 선불 수수료를 요구한다. 그리고 돈을 받고 또다시 사라진다.

콘도를 팔 의향이 있다면 다음 요령을 따르라.

- 콘도 운영사에 재판매 혹은 바이백^{buy-back} 제도가 있는지 물어보라. 이 경우 수수료는 10~30% 정도일 것이다.
- 해당 지역에서 재판매 경력이 입증된, 평판 좋고 잘 알려진 부동산 중개사와 거래를 하라.
- 선불 수수료를 요구하는 회사와는 관계를 끊어라.
- 직접 콘도 판매 광고를 올릴 경우 레드위크^{RedWeek}나 TUG^{Timeshare Users Group} 같은 합법적인 곳에만 올려라.

주택 수리 사기

현관 벨이 울려 나가보면 수리공 혹은 건설업자^{contractor}라고 하면서 집에 수리가 필요하면 고쳐주겠다고 한다. 그는 찌그러진 지붕 배수관을 고치거나 플라스틱 벽면을 고압 세척할 수 있고, 침실을 도배하거나 새는 수도꼭지를 고칠 수 있다. 제시하는 가격도 합리적이다. 다른 시나리오에서는 말끔하게 입은 두 사람이 찾아와 집에 태양광 패널을 설치하면 전력회사가 돈을 준다고 알려준다. 계약금으로 5천 달러만 내면 비싼 전기료를 다시는 내지 않아도 된다고 설명한다. 또 다른 시나리오에서 큰 태풍이 휩쓸고 간 후 지붕 공사 전문가라고 하면서 나타나 망가진 지붕을 1,500달러에 수리해 주겠다고 한다. 재료 구입비로 1/3만 먼저 내라고 한다.

이런 사람들에게 수표를 써주는 게 맞을까? 절대 아니다.

주택 수리 사기꾼들은 태풍 피해를 구실로 당신의 현관문을 두드리고 공사를 제안하곤 한다. 마찬가지로 주로 계절이 바뀔 때 사람들이 집을 수리하거나 큰 보수 공사를 하므로 집집마다 돌면서 수리 공사를 제안하는 경우가 급증한다. 종종 이런 부류의 사기는 당장 수리하지 않고 미루면 더 큰 문제가 생긴다고 겁주면서 이야기를 시작한다. 이들은 말을 굉장히 빨리해서 당신을 정신없게 한 다음, 읽을 시간도 주지 않고 계약서에 서명하라고 압박한다. 때로는 자기들이 이 동네에서 공사 중인데 자재가 남아 싼 값에 공사를 해줄 수 있다고 한다. 단 당장 '오늘' 계약서에 서명해야 혜택을 볼 수 있다고 말한다. 만약 주택 수리 서비스를 판매하는 사람이 찾아온다면 차분히 살펴볼 테니 안내 책자를 놓고 가라고 말하라. 그들이 이에 응하지 않는다면 문을 닫아라.

광고나 게시물을 보고 연락했는데 무심결에 주택 수리 사기꾼을 불러들이는 경우도 있다. 폴라^{Paula}와 조지^{George}는 그런 경우로 큰 손해를 봤다.

"우리는 지붕을 수리해야 했어요." 폴라는 내게 말했다. "물이 새지는 않았지만 판자^{shingles}가 휘어지기 시작해서 조만간 지붕에 문제가 생길 것이 예상됐어요. 두 군데에서 견적을 받았는데 한 군데 더 알아보려 했어요." 남편인 조지는 신문에 나온 가장 큰 지붕 수리 광고를 보고 전화를 걸었다. 조지만 그런 게 아니라 많은 사람들이 신문 광고를 크게 낼 수 있는 회사라면 성공한 회사여서 신뢰할 수 있다고 생각한다. 비교적 젊은 나이의 조^{Joe}에게서 견적을 받았는데 그가 부른 가격은 이미 받았던 두 견적보다 1천 달러나 낮았다. 게다가 다른 두 군데와는 달리 인근 지역에 소재한 업체이기도 했다.

폴라와 조지는 지붕 공사 업자와 연락한 후 해야할 일을 다 했다. 그들은 조가 알려준 공사 실적 현장에도 연락해봤다. 전미주택건설업협회 National Association of Home Builders 회원사인지도 확인했다. 그가 가입한 보험 회사도 물어본 후, 보험회사에 연락해 현재 보험에 가입된 상태인지 확인했다. 그가 공사 면허를 갖고 있다는 것도 알아냈다. 남편인 조지는 조가 마음에 들었지만 왠지 그 건설업자가 폴라의 눈을 똑바로 쳐다보지 않는다는 점이 폴라의 마음에 걸렸다. "그는 갑작스럽게 자기 딸에 대한 슬픈 사연을 이야기하지 뭐예요. 저는 그 점이 꺼림직했어요."라고 폴라는 말했다.

거의 결정 단계에 이르렀을 때 이들은 식사자리에서 친척들과 공사 이야기를 나눴다. "내 사촌의 남편도 건설업자인데 현금으로 지불하면 더 싸게 해주는지 물어보라고 했어요. 그래서 그렇게 했지요." 폴라는 회상했다. "전체 공사비 견적은 5,800 달러였는데 조는 자잿값으로 3,600 달러를 현금으로 달라면서 나머지는 인건비라고 했어요. 저는 망설였지만 돈을 건넸고, 그는 일주일 뒤에 자재를 우리 집으로 싣고 와서 천막으로 덮어놓았어요."

그러고 나서는 소식이 끊겼다. 폴라가 연락하자 조는 다른 공사를 진행 중인데 가능한 한 빨리 끝내겠다고 했다. 그녀는 계속 연락했지만 더 이상 응답이 없었다. 그러다 우연히 월마트에서 그와 마주쳤다.

조에게 어떻게 된 거냐고 묻자 그는 겨울 전에는 끝내겠다고 했다. 그때는 이미 12월 초였는데 날씨는 아직 포근했고, 많은 사람이 공사를 진행 중이었기 때문에 폴라는 크게 염려하지 않았다.

여전히 조는 나타나지 않았다. 12월 말에 눈폭풍이 와서 지붕 판자 밑으로 얼음이 크게 얼어붙었고, 지붕에서 물이 새기 시작했다.

"우리가 홈 디포Home Depot에서 알아보니 조가 구입한 판자 가격은 1,800달러였어요. 우리가 지불한 자잿값 절반이 어디론가 사라진 셈이죠. 저는 화가 나서 법원에 신고했어요." 라고 폴라는 말했다.

"민사 법정에 소송을 제기하는 데 525달러가 들었어요. 재판일에 조는 여러 자잿값에 해당하는 영수증을 갖고 왔는데 견적 내용보다 2,400달러나 더 비쌌어요. 그는 판사에게 영수증을 건넸고, 그 영수증은 모두 재판 날짜 하루 전에 발행된 것이었어요. 판사는 그를 비웃었지요."

조는 날씨 탓에 공사가 지연됐다고 했지만, 폴라는 지붕 공사가 진행되기를 기다리던 몇 개월 동안의 날씨를 온라인에서 확인했다. 그 기간 중 대부분이 맑고 화창하고 건조해서 외부 공사를 하기에 완벽한 날씨였다.

판사는 부부의 손을 들어줬다. "그러나 재판정을 떠날 때 판사가 운이 좋아야 할 거라고 말했는데, 나는 그게 무슨 뜻인지 물었어요. 판사는 우리가 그의 집에 대해 유치권을 행사할 수는 있지만, 나쁜 건설업자들은 집을 배우자 명의로 해놓는 경우가 많다고 했어요. 그들은 그런 식으로 해두는 걸로 악명이 높다고 하면서 말이죠." 그들은 종종 배상금을 내지 않고 버티기 때문에 제대로 받아내기 어렵다. 그들 사업에 유치권을 행사하더라도 사기꾼들은 회사를 폐업하고 다른 회사를 개업하곤 한다.

폴라와 조지는 3,600달러를 지출했지만 적어도 그들이 받아둔 판자는 대체로 쓸 만했다. 2009년 여름, 펜실베니아주는 건설업자들의 공사 면허를 의무화했고 조도 면허를 받았다. 한편 이 법에 근거해 건설업자에게서 받을 돈이 있으면 약 100달러를 내고 법원에 문제를 제기할 수 있게 됐고, 건설업자가 채무를 갚을 때까지 채무 상환 의무를 신용 기록에 남길 수 있게 되었다. "물론 저도 신청을 했죠." 폴라는 말했다. "그 내용이 신용 기록에 올라가자마자 그의 변호사가 연락을 해오면서 800달러에 합의를 볼 수 있는지 물어봤어요. 우리는 거절했어요. 그가 우리에게 줘야 할 1,800달러를 다 내지 않을 거면 말도 꺼내지 말라고 했지요."

결국 폴라와 조지는 다른 건설업자를 만났다. 다행히 마당에 쌓인 자재를 활용할 수 있었지만 공사 완결을 위해 추가 자재를 구입해야 했다. 결국 그들은 처음에 지불한 3,600달러 외에 6,000달러를 추가로 지출했다.

주택 수리 사기를 피하는 법

- **과대광고를 믿지 마라**: 폴라와 조지가 배운 교훈대로, 크고 인상적인 광고를 낸다고 그 회사가 정직하다거나 일을 제대로 해낸다는 보장은 없다.

- **무작정 찾아오는 사람의 조언은 의심하라:** 무작정 찾아와 집에 수리가 필요하다고 하는 낯선 사람은 상대하지 마라. 아예 무시하든지 됐다고 하면서 돌려보내라.

- **직접 확인하라:** 폴라는 공사 실적 현장에 연락을 취했지만 그들도 가짜일 수 있다. 가능하다면 공사 실적 현장을 답사해도 될지 물어보고 직접 가보는 것이 좋다고 폴라는 권한다. "직접 확인해보고 공사 결과에 만족하는지, 얼마나 오래 걸렸는지 집주인에게 물어보세요."

- **면허와 보험을 확인하라:** 무면허 업체를 피하라. 법적으로 면허가 요구되지 않는 주에 살더라도 마찬가지다. 건설업체가 당신의 주에서 영업할 수 있는 면허가 있는지, 공채 보증 및 보험 가입 여부를 확인하라. 보험이 최신 상태인지 확인하고, 보험 가입이 되지 않은 업체는 피하라.

- **계약서에 서명하라:** 계약서가 필요 없다는 건축업자는 고용하지 마라. 법적으로 500달러 이상의 계약은 반드시 서면으로 계약서를 작성해야 한다. 그러나 그보다 작은 금액의 공사에도 서면 계약서를 쓰는 것이 좋다.

- **실제 주소를 찾아보라:** 우편 사서함이나 휴대전화만을 가진 건설업자는 피하라. 회사 주소와 업무용 전화번호를 확인하라.

- **현금으로 결제하지 마라:** 건설업자에게 공사비로 현금을 줘서는 안 된다. 만약 건설업자가 신용카드 수수료 때문에 곤란해할 경우 나는 3~4%를 더 주겠다고 말한다. 그 정도는 작업을 어설프게 하거나 약속을 지키지 않고 안 나타나는 경우를 방지하기 위한

저렴한 보험금이라고 생각하면 된다. 만약 상대방이 계약을 지키지 못할 경우 신용카드 회사에 환불을 요청할 수 있다. 건설업자가 신용카드 결제를 사용하는 경우가 늘고는 있지만, 만약 당신이 고용한 사람이 카드 결제를 거절한다면 약간의 수수료를 내더라도 신용카드와 연결된 페이팔 송금이 현금 지불보다는 낫다.

- **건설업자가 공사 허가를 받도록 하라**: 당신에게 공사 허가를 받아오라는 건설업자는 고용하지 마라. 그런 경우는 건설업자가 면허가 없거나 검사 담당자와 다툼이 있었음을 의미한다. 허가가 필요한 공사라면 허가를 맡는 것도 건설업자의 책임이다. 당신 지역의 건설부서와 확인해 건설업자가 필요한 모든 허가를 받았는지 확인하라.

- **자잿값을 미리 지불하지 마라**: 작업 시작 전에 자잿값을 요구하는 건설업자를 조심하라. 믿음직하고 안정된 건설업자는 신용으로 자재를 구입할 수 있다. 공사비 전액을 먼저 요구하는 건설업자와는 일하지 마라.

- **잔금은 나중에 지불하라**: 공사 종료 후 필요한 검사가 완결돼 당신이 일이 끝났다고 인정할 때까지는 잔금 지급을 유예하라.

- **형사 고발하라**: 만약 수상한 건설업자에게 사기를 당했다면 민사 소송으로 피해 배상 받기가 불가능하지는 않지만 어렵다. 당신의 문제에 대해 형사 소송이 가능한지 지역의 법 집행기관이나 검찰에 문의하라.

사용자를 불편하게 만드는 전력 수도 사기

흔한 전력 수도 사기 사례를 소개한다. 사기꾼은 현관 벨을 누르고 카운티나 도시 수도 사업소 직원을 사칭하면서 수도 상태나 배관 상태, 수질 검사 등을 해야 한다고 말한다. 그들을 집 안으로 들이면 배관을 살펴보고, 시험관에 물을 넣어 흔들고, 막대를 꼽아 본 다음 수질에 문제가 있으니 정수 필터가 필요할 것이라고 말한다. 사기꾼은 마침 운 좋게도 트럭에 정수 필터가 있다고 말하면서 설치 기사는 다음에 와서 설치하겠지만 필터는 오늘 돈을 내고 사야한다고 말한다. 이런 수법은 몇 년째 전국에서 벌어지고 있다. 물론 이들은 지역 수도 사업소 직원이 아니며, 설치 기사도 결코 오지 않는다.

이것이 사기임을 어떻게 알 수 있을까? 카운티와 도시 수도 사업소는 물건을 팔기 위해 불쑥 찾아오는 일이 없다(사기업은 그럴 수도 있다). 만약 공공 전력 수도 회사가 당신 집에서 어떤 작업(수질 검사나 전력계 교체 등의 일)을 해야한다면 우편물이나 이메일로 미리 통지할 것이다. 게다가 회사 직원이라면 사진이 있는 공식 신분증을 소지해야 한다. 신분증을 자세히 살펴보고 질문이 있다면 회사에 연락해 실제 직원이 맞는지 확인하라. 그 직원이 기분 나빠할까 봐 걱정하지 마라. 무엇보다 미리 약속을 잡고 상대를 알고 있는 경우가 아니라면 사람들을 당신 집 안으로 들여보내지 마라.

고전 영화 「오즈의 마법사」에서 도로시가 하는 대사 "집 같이 좋은 곳은 없어There's no place like home"는 정말 맞는 말이다. 나에게 '집home'이란 가족이 있고, 내가 사랑하는 이들에게 둘러싸여 안전과 편안함을 느끼는 곳이다. 우리가 살아가면서 비록 잠시 지내는 곳이더라도 우리의 집을 안전하고 보호받는 장소로 유지하는 것은 우리의 재정적, 신체적, 정서적 안정에 중요하다. 그렇다면 당신의 집을 물색하고, 세우고, 유지하는 일에 있어 당신이 아무리 조심하더라도 결코 지나치지 않음을 명심하라.

당신의 마음을 지켜라
Shelter Your Heart

12장

개인 감정의 문제
: 사기로 인한 금전적 손해 이상의 상처

가슴 아픈 일이지만 오늘날 가족 관련 사기는 흔한 일이 돼버렸다. 가족 사칭, 족보 사기, 상속 사기, 입양 사기 등 큰 상처를 남기는 범죄 소식이 끊이지 않는다. 12장에서는 가족 관련 사기가 일어나는 여러 양상을 소개하고, 이를 방지하기 위해 주의할 점을 살펴본다.

인생의 전환점이 된 계기가 무엇인지 사람들이 물을 때마다 내 대답은 단 한 가지, 내 가족이다. 내가 성인으로서 사회 생활에 적응하고, 사회에 기여하는 한 시민으로 성공할 수 있었던 것은 42년 이상 함께한 아내와 세 아들 덕분이다. 그들은 내게 힘과 사랑을 주는 강력한 원천이다. 그러나 내가 사기꾼으로 첫발을 내딛을 때 첫 피해자 중 한 명은 바로 내 아버지였다.

부모님은 내가 12살 때 이혼했고, 나는 큰 상처를 입었다. 갈라서는 부모를 보며 느낀 혼란과 분노는 내가 어긋난 길을 가도록 만든 원인 중 하나였다. 15살 때 나는 아버지의 신용카드로 자동차 부품을 구입한 후 현금을 받고 되팔았다. 이 때문에 아버지는 약 3,400달러의 빚을 지게 됐다. 지금도 작은 돈은 아니지만 1963년도에 이 금액은 상당히 컸다. 신용카드 명세서를 받아본 아버지는 썩 기분 좋은 모습은 아니었다. 나는 호되게 벌을 받았는데 아버지가 느낀 배신감의 크기를 나는 가늠하기 어렵다. 얼마 후 나는 16살의 나이에 집을 떠났다.

가상 납치

가상 혹은 가짜 납치에 관한 전국 통계는 찾아보지 못했으나 FBI가 이에 대한 경고를 발령한 것으로 볼 때 상당히 심각한 모양이다. FBI에 따르면 4개 주에서만 가상 납치^{Virtual Kidnapping}로 80명이 피해를 입었고, 피해액은 총 87,000달러에 달한다. 이 끔찍한 신종 사기는 두 가지 유형으로 나타난다. 첫째 시나리오는 사기꾼이 전화를 걸어 위험에 빠진 친척이나 친구인 척하면서 납치를 당했다고 말하는 것이다. 납치범은 전화기를 이어받아 몸값을 지불해야 풀어준다고 말한다. 두 번째 시나리오에서는 자칭 납치범이 직접 전화를 걸어 소중한 사람을 납치했으니 몸값을 내라고 말한다. 두 경우 모두 실제로 납치된 사람은 없지만 이런 전화를 받는 사람은 충격을 받게 된다.

가짜 납치범들은 어디서든 전화를 걸 수 있다. 그들은 별명, 취미, 가족 구성원, 반려 동물 이름 등 표적에 대한 자세한 개인정보를 소셜미디어를 통해 가능한 한 많이 수집한다. 사기꾼들은 해킹 기술을 이용해 표적이 된 이들의 비공개 휴대전화 번호마저 알아낸다. 납치범이 전화를 걸 때는 보통 뒤에서 표적이 된 사람의 이름을 부르는 비명 소리를 내고, 자녀를 납치한 상황을 연출할 때는 '엄마' 또는 '아빠'라고 울부짖는 소리를 낸다. 그리고 나서 전화를 끊으면 소중한 사람이 다친다고 위협하면서 통화를 가능한 한 오래 이어간다. 사기꾼들은 은행 계좌로 돈을 송금하라고 설득하는데, 실제 납치 사건이라면 수백만 달러를 요구하겠지만 그들은 주로 수천 달러 정도의 소액을 요구한다. 그들은 돈을 받아내는 데에 급급한 나머지 몸값을 쉽게 낮추기도 한다.

악명높은 조부모 사기

당신이 이미 들어봤을 조부모 사기는 표적이 된 사람의 손주 행세를 하면서 거액의 현금을 요구하는 사기다. 안타깝게도 70세 이상의 피해자들은 사기꾼에게 돈을 뜯기고 나서도 FTC에 신고하는 경우가 드물다. 그러나 70세 이상으로 FTC에 신고한 사람들의 25%는 사기꾼에게 돈을 송금했다고 알려졌다. 전 연령에서 사칭 사기로 인한 평균 피해액은 약 2천 달러였다. 70세 이상으로 사기꾼에게 돈을 보낸 사람의 개인 피해액은 훨씬 커서 그 중간값이 9천 달러였다.

이런 사기의 표적이 된 리치Rich는 어느 날 사무실에서 전화를 받았는데 "할아버지, 안녕하세요?"라는 순박한 목소리의 인사를 받았다. 리치가 "누구니?"라고 묻자 "제 목소리를 모르시겠어요? 존이예요. 저 지금 시카고에 있어요."라고 대답했다. 리치는 목소리 주인이 손자뻘 되는 나이라는 것은 알겠지만 실제로 그의 손자라는 확신이 들지 않았다. 그의 손자는 시카고가 아닌 로스앤젤레스에 살았는데 누나인 루이즈Louise가 시카고에서 직장을 다니고 있었으므로 아마 그녀를 만나러 갔다고 생각했다.

"제가 비밀 한 가지를 털어놓으려는데 다른 사람에게 말하지 않겠다고 약속해 주실래요?"라고 젊은이는 말했다. "루이즈와 제가 어제 저녁에 화이트삭스 야구 경기를 보고 호텔로 돌아오는 길에 저희가 탄 택시가 경찰 단속에 걸렸어요. 그런데 차 트렁크에서 마약이 발견되는 바람에 경찰이 저희를 체포했어요. 지금 변호사와 함께 경찰서에 있어요." 리치는 이 말을 듣고 루이즈는 아담한 아파트를 빌려 살고 있는데 어째서 호텔에서 묵었을까 의아하게 생각했다.

"직접 마약을 갖고 있었던 거냐?"라고 묻자 아니라는 대답이 돌아왔다. 손자가 마약을 소지하고 있었던 것이 아니라 택시 트렁크에서 마약이 발견됐는데 어째서 손자가 체포됐는지 이상했다. 택시는 누구나 탈 수 있는 교통수단이어서 택시 운전사가 차 안에 둔 물건 때문에 승객이 책임질 일은 없으니 증인 자격으로 경찰서까지 동행할 수는 있었을 것이다.

"경찰 말로는 택시 운전사의 재판까지 제가 시카고에 4주에서 6주가량 머물러야 한다네요. 풀려나려면 보석금으로 2천 달러를 내야 한대요."라고 젊은이는 말하면서 바로 옆에 있는 변호사와 이야기를 해달라고 부탁했다. 리치는 시카고에 살고 있는 친척을 두고 왜 수백 킬로미터나 떨어진 할아버지에게 전화를 걸었느냐고 물었다.

"할아버지 제발 도와주세요."라며 젊은이는 애원했다. 아무래도 석연치 않았던 리치는 물었다. "존, 로스앤젤레스 집 주소를 말해 보렴." 그러자 전화가 바로 끊겼다.

전화 통화 후 리치는 가족들에게 방금 일어난 일에 대해 이메일로 적어 보냈고, 존의 다른 두 조부모들도 비슷한 전화를 받았다는 이야기를 들었다. 그중 한 명은 사기임을 눈치채고 바로 전화를 끊었지만, 다른 한 명은 피해를 입었다. 그는 손자인 마크Mark가 애리조나에 있는 술집에서 싸움을 벌여 보석금으로 1,500달러가 필요하다는 전화를 받았다. 전화를 받은 할아버지는 떨리는 마음으로 마크를 바꿔달라고 부탁했다. 전화를 받은 젊은이는 할아버지에게 보석금이 정말 필요하다고 설명했다. 할아버지가 손자 목소리가 아니라고 말하자 젊은이는 울컥하는 목소리로 싸우다가 코뼈가 부러져 목소리가 달라졌다고 말했다.

자신이 마크라고 주장하는 젊은이는 할아버지 집 근처에 송금 서비스 회사인 웨스턴 유니온Western Union이 있으니 바로 가서 송금해 달라고 요청했다. 그래서 할아버지는 거기로 가서 1,500달러를 송금했다. 그가 집에 돌아오자 다시 전화벨이 울렸다. 손자라는 사람은 돈을 보내줘서 감사하다면서 추가로 돈이 필요하다고 했다. 그제서야 할아버지는 이것이 사기임을 깨달았다. 그는 즉시 딸(손자의 어머니)에게 전화해 아이가 어디 있는지 물었다. 그녀는 아들이 회사에 출근했고 애리조나에 갔을 리 없다고 했다. 자신이 속은 것이 너무나 자존심 상했던 그는 경찰에 신고조차 하지 않았다.

이 사건에서 할아버지가 손자의 이름을 말하기 전까지는 사기꾼이 손자의 이름조차 몰랐을 수도 있다. 간혹 사기꾼들은 손자가 있을 법한 나이의 사람이 사기에 걸려들 때까지 무작위로 전화를 돌리기도 한다. 그들은 손자가 곤경에 빠졌다고 말하고 나서 그 다음부터는 임기응변으로 둘러댄다. 사기꾼 중에는 과거에 사기를 당한 적이 있는 사람들이나 손주를 둔 노인들의 명단을 구입해 사용하는 이들도 있다. 그들은 소셜미디어, 족보 웹사이트, 심지어 부고 기사 등에서 정보를 찾아낸다. 또 다른 수법으로는 리치의 경우처럼 변호사 같이 권위를 가진 인물을 내세워 자신들의 이야기에 신빙성을 더하려고 한다.

만약 가족 중 누군가가 곤경에 빠졌다는 연락을 받는다면 다음과 같이 대응하라.

- **잠시 멈춰라**: 일단 흥분을 가라앉히고 의심을 품어라. 행동을 취하기 전에 우선 식구들과 상의해야 한다고 말하라.

- **확인하라**: 다른 가족에게 전화하든지 당사자라고 주장하는 사람의 개인 전화번호로 연락해 어디 있는지 물어보자. 정말 어려운 상황이라면 그때 적절히 대응하면 되고, 그렇지 않다면 당신은 사기를 피한 셈이다.

- **다시 전화하라**: 일반적으로 상대방에게 전화번호를 물어봐도 소용이 없다. 사기꾼은 가짜 전화번호를 주고, 전화를 걸면 공범이 전화를 받을 것이다. 만약 경찰서나 변호사 사무실이라고 하면서 전화번호를 받는다면 인터넷에서 전화번호가 맞는지 확인해 보라. 그가 있는 장소를 묻고 그곳의 전화번호를 검색하는 방법이 더 낫다. 정상적인 전화번호임이 확인된다면 식구들과 상의한 후에 전화를 걸어도 된다.

- **탐문하라**: 당신에 관한 정보는 공개하지 말고 상대방에게 먼저 말하라고 요구하라. 리치의 경우 손자의 집 주소를 말해보라고 했고, 사기꾼들은 주소를 몰랐으므로 전화를 끊었다. 이쪽에서는 아무 정보도 주지 않고 상대방에게 상세한 내용을 묻는 방법이 사기 여부를 확인하는 요령이다. 결국은 사기꾼들이 모르는 구체적인 정보에서 말문이 막힐 것이다.

- **보석금을 보내지 마라**: 보석금을 보내달라는 전화를 받는다면 전화나 전신환 등으로 송금하지 마라. 당신이 직접 알아낸 법 집행기

관의 전화번호로 연락해 그가 어디에 구류됐는지, 체포된 상황이 어떤지 정확히 파악하라. 재판소 웹사이트를 통해 실제 체포 여부를 확인할 수도 있다.

- **돈을 추적하라**: 상대방이 돈을 요구하는 방식을 주의 깊게 살펴보라. 만약 웨스턴 유니온이나 머니그램^{MoneyGram}을 통한 전신 송금, 선불형 직불 카드, 현금, 탁송을 통한 수표 등으로 돈을 요구한다면 위험 신호다.

- **신고하라**: 만약 당신이 조부모 사기의 표적이 됐거나 사기 전화를 받았다면 비록 피해를 입지 않았더라도 FTC(www.ftc.gov/complaint)에 신고하든지 877-FTC-HELP에 연락하라. AARP의 사기 감시 네트워크^{Fraud Watch Network}의 비상 전화 877-908-3360으로 연락해도 된다. 이런 정보는 FTC의 소비자 데이터에 모아져 그들이 사기꾼들을 추적하고 다른 피해자들을 돕는데 활용된다.

상속 사기

최근 자신이 변호사라고 주장하는 사람의 편지를 받았는데, 부유한 먼 친척이 세상을 떠나면서 내게 수백만 달러의 유산을 남겼다는 내용이었다. 이런 편지는 이전에도 받아봤고, FBI와 함께 일하면서 많이 본 내용이었다. 상속금을 받으려면 '그레나다 왕립 은행^{Royal Bank of Grenada}' 소속 변호사인 자기에게 연락하면 된다고 설명한다. 만약 집이나 사무실로 보낸 우편물인 경우 두꺼운 고급 종이에 근사한 금박 혹은 은박 인장이 찍혀 있기도 한다. 중요한 공식 문서의 인상을 잔뜩 풍기지만 결국은 사기다.

상대방은 당신이 이 편지에 응답할 경우 거액을 수령하는 절차를 자세히 설명할 것이다. 그런데 당신이 연락을 취하면 변호사 계좌로 수수료를 송금하라는 안내를 받는다. 수수료는 당신이 받을 수백만 달러의 극히 일부분에 불과하다. 당신의 은행 라우팅 번호와 계좌번호도 제공해야 한다. 그래야 작고한 친척을 대리하는 변호사가 수백만 달러를 당신에게 안전하게 전달할 수 있기 때문이다. 수수료와 개인정보를 제공하면 부자 친척이 남긴 유산이 당신에게 상속되는 과정을 진행할 수 있다고 말한다.

상속 사기는 수십 년 전부터 있었다('수치의 전당: 베이커 무리들' 참조). 꽤 흔한 성을 가진 어떤 인물의 '정당한 상속인'을 찾는다는 신문 광고가 그 첫 사례였다. 오늘날에는 상속 사기가 주로 이메일로 이뤄진다. 이는 책 앞부분에서 소개한 복권 당첨 사기와 마찬가지로, 당신이 거액의 돈을 받을 수 있지만 절차상 소정의 수수료를 먼저 보내라는 식으로 진행된다.

상속과 관련된 연락을 받을 경우 다음과 같이 대응하면 된다.

- **송금은 금물**: 결코 낯선 이에게 송금을 해서는 안 된다.
- **검증하라**: 상속에 관한 편지를 받을 경우 이름과 주소가 정상인지 확인하라. 해당 이름을 인터넷에서 검색해보고, 소비자 보호 기관에서 해당 회사를 검색해 비슷한 사고나 신고 사례를 찾아보라.
- **당신의 권리를 이해하라**: 만약 상속 관련 연락이 정상적으로 보일 경우, 먼저 상속 전문 변호사와 상의하라.

수치의 전당: 베이커 무리들

1839년에 제이콥 베이커(Jacob Baker) 대령이라는 인물이 세상을 떠나면서 필라델피아에 있는 토지를 유산으로 남겼는데, 그 가치가 수십억 달러라는 전설이 있었다. 시간이 흘러 1920년에 윌리엄 캐머런 모로우 스미스(William Cameron Morrow Smith)라는 사람이 베이커 성을 가진 사람들의 유산 회복 활동을 추진할 법적 단체를 만들기 위해 베이커 성을 가진 이들의 가입을 촉구하는 신문 광고를 냈다. 가입 조건으로는 상속을 위한 법적 투쟁 자금 마련을 위해 소정의 회비만 내면 됐다. 그리고 상속에 성공할 경우 회원들이 나눠갖기로 돼 있었다.

　문제는 베이커 대령이 윌리엄 스미스가 만든 가공의 인물이었다는 점이다. 이 광고는 혹시라도 유산의 일부를 얻을 수 있을까 기대한 수천 명의 사람들을 속인 사기였다. 이 사기를 알아낸 정부는 12년에 걸친 조사 끝에 1936년 스미스를 체포했다. 그때는 이미 베이커 유산 사기라고 불리는 이 사건에 미국과 캐나다에서 베이커, 바커(Barker), 베커(Becker) 등의 성을 가진 사람들 5만 명 이상이 스미스 일당에게 약 2,500만 달러를 보낸 후였다.

빼앗긴 유산: 가족 유산 사기

존재하지도 않는 유산을 둘러싼 사기보다 더 악랄한 경우는 친척, 친구, 신뢰받는 전문가들이 작당해 마땅히 유족에게 가야할 실제 유산을 가로채는 경우다. 이 범죄에서는 고인이 남긴 유산이 엉뚱하게 유용된 피상속인과 진정한 상속인 모두가 피해자가 된다.

　내 친구 존John은 상속 사기의 피해자였다. 존은 법 집행기관에서 근무하는 철저하고 빈틈없고 경험 많은 사람이다. 그의 사례는 사기꾼들이 얼마나 영리할 수 있는지를 보여준다.

　아칸소주 출신인 존은 자신을 포함해 네 명의 형제가 있는 행복하고 친밀한 가정에서 자랐다. "어머니께서 2001년에 돌아가시면서 아버지는 어머니의 재산을 물려받으셨지. 그 후 아버지는 대학 시절에 사귀었던 조안이라는 여성과 다시 만나셨어." 존의 아버지는 조안과 재혼해 존이 살던 버지니아 집에서 약 50km 떨어진 곳으로 이사를 했다. "나는 썩 내키지 않았지만 아버지께서 만족하셨으니 그걸로 됐다고 생각했어. 두 분이 사시는 곳이 나랑 겨우 50km 떨어진 곳이어서 나는 잘 됐다고 생각했지."

그러나 2009년에 존의 아버지가 백혈병 진단을 받고 상황이 달라졌다. "아버지는 치열한 투병 생활을 하셨어." 존은 나에게 말했다. 조안의 임신한 딸이 브루클린에 살고 있었다. 그래서 그녀와 존의 아버지는 2012년 4월에 약 500km 떨어진 뉴욕으로 이사하면서 존과 그의 형제들에게는 알리지 않았다. "우리는 이사가 끝난 후 알게 됐어. 그래도 우리는 아버지와 새어머니와 계속 연락을 하고 지냈지."

그해 여름, 아버지가 돌아가시고 나서 존이 뉴욕을 방문했을 때 조안은 아버지의 유서를 그에게 건넸다.

"나는 아버지께서 돌아가시기 불과 몇 개월 전에 이 유서에 서명하신걸 봤어." 그는 말하면서 분노에 치를 떨었다. "말기 질환을 앓는 79세의 노인이 유서를 변경할 이유야 얼마든지 있지. 돈 문제로 노인에게 바가지를 긁는 일이 가장 큰 이유일 거라고 난 생각해."라고 존은 말했다. 아버지의 병세가 악화되면서 새어머니가 그를 조종하기가 더 쉬웠을 것이라고 그는 믿었다.

2013년 2월에 조안은 존의 부친의 유산 수탁자가 됐고, 그녀는 유언검인 법원probate court에 유산 목록을 제출하면서 유산 가액이 약 7만 달러라고 했다. 그러나 존은 유산의 가치가 20만 달러에서 50만 달러일 것으로 추정했다. 조안은 유산 목록을 존에게 보여줬지만 존의 생각보다 훨씬 작은 금액이 적혀있었다. "그녀는 나와 형제들에게 그 문서에 서명해 달라고 하더군. 우리는 거절했어. 우리는 직감적으로 그녀가 거짓된 문서에 서명을 요청한다고 느꼈거든." 존은 말했다. 존과 형제들이 그 문서에 서명할 경우 조안과 그녀의 변호사에게 수만 달러를 넘겨주는 셈이었다. "나와 형제들은 심각한 민사 분쟁 건에 휘말렸다고 느꼈어." 존은 말했다. "우리는 민사 변호사를 만났고, 그는 새어머니의 변호사와 여러 차례 만났어. 그 변호사는 아버지의 첫 유언장과 마지막 유언장을 작성한 사람이었어."

2013년 7월, 아버지가 작고한 지 1년이 지났지만 존과 형제들은 유산을 전혀 상속받지 못했다. 존은 카운티의 회계 국장에게 편지를 보내 유언장 결정과 관련된 경비 목록만을 보여달라고 요구했다. 얼마 지나지 않아 존은 아버지 유산의 수탁자인 새어머니가 보낸 수표를 받았다. 그 금액은 5,831.79달러였고 서명된 날짜는 그가 회계 국장에게 편지를 보낸 날짜와 일치했다. 그의 세 형제들도 같은 날짜에 서명된 같은 금액의 수표를 받았다. 전체 금액을 합하면 23,000달러가 조금 넘었다.

존은 이 문제를 조사하면서 자신이 사기 피해자가 됐다고 생각했다. "나는 회계 국장과 새어머니의 변호사 그리고 또 다른 나이든 변호사가 짜고 조업 작전trolling operation을 펼쳤다는 의심이 강하게 들었어." 여기서 조업 작전이란 속일 대상을 찾기 위해 함께 모의한다는 뜻이다. "나와 형제들이 얼마라도 받을 수 있었던 것은 내가 그 편지를 보냈기 때문이야. 난 돈을 달라고 쓰지 않았거든? 그렇다면 왜 그 수표를 보냈을까? 내 생각에는 회계 국장이 마지막 유언장을 작성한 변호사에게 연락해서 수탁자인 조안에게 돈을 보내라고 시킨 것 같아."

사기꾼들은 이런 유형의 조업 작전에서 취약하고 부유한 노인들을 노린다. 사기꾼들은 재무설계사 또는 노인 케어 및 노인 법률 분야에서 신뢰받는 전문가로 행세한다. 그들은 골프 클럽, 교회, 노인 센터, 친교 센터 등에 가입해 먹잇감이 될 만한 사람들을 찾는다. 존의 경우 아버지의 유언장을 재작성한 변호사는 아버지가 출석하는 교회의 교인이었다(125 페이지 친분 사기 내용을 참조하라)

"그들은 저축액이 최소 10만 달러이고, 혼자 살며 건강이 안 좋은 사람들을 노리지."라며 존은 내게 말해줬다. 일단 표적을 확보하면 그들은 표적이 된 사람의 재정 계좌에 접근해야 한다. "이런 사람들은 사교성이 꽤 뛰어나서 신뢰를 얻은 다음 노인들에게 과도한 영향력을 행사해 법적 권한을 위임받고, 소유권 이전 그리고 유언장과 신탁의 상속 대상 선정 등에 영향을 끼치지." 존은 말했다. 이 상황에서 존은 새어머니도 변호사와 회계 국장이 벌인 일을 알고 상속 사기에 가담했다고 믿는다.

존의 아버지가 돌아가신 지 여러 해가 지났으나 유산 상속 판결은 아직 끝나지 않았다. 그 돈이 어디로 사라졌는지 밝히지 못할 수도 있다. "새어머니가 벌써 다 써버렸을 수도 있어." 존은 말했다. "아버지는 이 문제를 우리와는 상의하지 않으셨어. 새어머니의 입김이 무척 셌거든." 회계 국장과 변호사들도 한몫 챙겼을 것으로 존은 생각한다. 존과 그의 형제들은 마땅히 받을 돈을 거의 받지 못했다.

유산이 도난당하거나 기만적으로 바뀌는 다른 방법들도 악랄하기는 마찬가지다. 자녀 중 한 명이 몰래 나서서 다른 형제들보다 자기가 더 많이 받아야 한다고 주장해, 부모가 유언장을 변경하도록 부당한 영향력을 행사할 수도 있다. 자녀 중 한 명이 다른 형제들보다 자기가 부모를 더 많이 봉양했다고 생각할 때 이런 일이 발생할 수 있다. 가족이 아닌 사람이 신뢰를 얻어 유언장을 변경하거나 자기 명의로 소유권을 넘기도록 설득하는 경우도 있다. 새로 작성된 유언장에 서명을 받거나 법적 권한을 위임받기만 하면 사기꾼은 돈을 좌지우지할 수 있게 된다.

이런 사기는 빈번하게 일어난다. 그러나 자신이나 자기 식구가 부당한 대우를 받았다고 느끼는 이들을 위한 법적 장치가 마련돼 있으며, 2017년에 입법된 노인학대 방지 및 고발법Elder Abuse Prevention and Prosecution Act이 법적 구제책에 해당된다. 이 법안은 이를 발의한 아이오와주의 척 그래슬리Chuck Grassley 상원의원의 표현대로 '미국의 노인을 재정적으로 착취하는 21세기의 범죄'의 흐름을 끊는 것을 목표로 한다. 이 법안은 55세 이상의 국민을 속이는 사기 범죄에 대해 가중 처벌을 요구하고, FBI 요원 및 연방지방법원과 FTC의 소비자 보호국 소속의 상급 법 조정 담당자들에게 종합적인 훈련을 제공하며, 정책 자문을 위한 실무단 구성 그리고 노인 학대 사건을 다루는 연방 검사들을 지원하는 자원 그룹 구성 등을 주요 내용으로 한다. 나는 이 법이 생겨서 다행이라고 생각한다.

상속 계획은 복잡한 법적 문제를 야기할 수 있으므로, 신뢰할 만한 전문가의 자문을 얻어야 한다. 상속 도난을 방지하기 위해 다음 조언을 고려하라.

- **대화를 나눠라**: 당신의 돈과 재산을 어떻게 처분할지에 대한 대화를 미루지 마라. "내가 이런 일을 겪고 보니 가능하면 너도 부모님께서 더 나이 드시기 전에 이런 대화를 나누라고 권하고 싶다."라고 존은 내게 조언했다. "아버지 연세가 60세 정도일 때 나

와 형제들이 아버지께 갔어야 했는데. 아니면 아버지께서 우리에게 오셨거나. 유언에 대해 논의하시려고 나를 제외한 형제들에게 찾아가셨더라도 나는 유감스럽지 않았을 거야… 소통의 끈을 놓지 말아야 갑자기 병에 걸리거나 교통 사고로 누가 죽더라도 미리 이야기를 나눴고, 재정 상황에 대해 함께 검토했을 테니까 말이야."

- **계획을 세워라**: 대화를 나누고 나서 계획을 세워라. 주기적으로(약 5년 주기로) 계획을 재검토하라.

- **약탈자처럼 생각하라**: 누군가가 당신이나 당신이 소중히 여기는 이들을 이용해 이득을 취할 가능성에 대해 서로 대화를 나눠라. 그런 사람들이 같은 모임이나 단체를 통해 접근해 올 가능성을 생각해보고, 그들이 어떤 사기 수법을 사용할지에 대해 경계심을 가져라.

- **신뢰할 만한 재정 및 법률 자문역을 찾아라**: 최선의 변호사는 당신이 속한 종교단체나 지역 공동체 모임의 회원이 아닐 수도 있다. 존의 아버지와 새어머니가 변호사를 만난 장소가 그들이 출석하는 교회였음을 기억하라. 당신이 고용하려는 전문가들의 자격을 확인하고, 그들에 대한 부정적 평판이 없는지 살펴보라.

- **독단적으로 행동하지 마라**: 서류에 서명하기 전에 가족과 신뢰할 만한 자문역과 상의하라.

족보 사기

당신이 가족의 족보를 확인하고 먼 친척들이 누구인지 파악하려 할 때 족보 사기꾼들이 당신의 돈을 노린다는 점을 기억하라. 가장 흔한 사기 유형은 다음과 같다.

족보 사이트와 족보 책: 온라인 혹은 우편 광고를 통해 알게 된 족보 사이트에 가입하거나 족보 책을 구입하기 전에 먼저 해당 상품과 회사에 대해 자세히 살펴보라. 사기 사이트는 공개된 데이터베이스에서 정보를 모아 마치 자기들이 당신 족보에 대한 자세한 정보를 가진 척하며 소비자들을 속이곤 한다. 이들의 목표는 회원 가입 시 당신의 신용카드 정보를 받아 개인정보를 훔치거나 구독료를 지속적으로 받는 것이다. 족보 책의 경우, 그들이 당신의 계보에 대해 철저히 연구했다고 믿게 하려고 인터넷 검색으로 누구나 무료로 찾아낼 만한 일반적인 정보를 가득 채워 책으로 제공한다. 할버트(Halbert's)사가 그런 예인데, 이 회사는 1980년대와 90년대에 족보 사기를 벌여 기소됐고 결국 폐업했다. 족보 서비스 회사 이름과 함께 '평가(reviews)', '사기(scams)'를 키워드로 검색해서 어떤 결과가 나오는지 확인해보라.

가짜 계보학자: 누구나 자칭 계보학자라고 말하면서 웹사이트를 만들 수 있고, 비용을 지불하면 조상을 추적해 주겠다고 할 수 있다. 물론 정직한 사람이 그렇게 한다면 괜찮다. 계보학 자격증이 없어도 그 자체가 문제 되지는 않는다. 아마 가족 중에도 한 명 정도는 몇 대에 걸친 가족사에 대해 정확하게 알고 있을 수도 있으니까 말이다. 그러나 계보 연구가에게 돈을 건네기 전에 지불한 돈에 대해 무엇을 받는지, 그리고 누구를 고용하는지 알아야 한다. 공인 인증 및 미인증 전문 계보학자 명단은 전문계보학자협회(Association of Professional Genealogists) 홈페이지(www.apgen.org)에서 확인할 수 있다. 계약서의 상세 내용을 읽어보고, 당신이 받아보지 못할 수도 있는 정보에 대한 반복 청구 조항에 동의하지 않도록 주의하라.

가짜 문장(紋章, coat of arms): 여행지 기념품점이나 온라인 또는 신문 광고에서 당신의 가족 이름과 문장이 새겨진 상품을 본 적이 있을 것이다. 재미로 구입한다면 문제될 것은 없다. 그러나 대다수의 가족 이름에는 문장이 존재하지 않는다. 그러므로 이런 상품을 판매하는 것은 불법은 아니지만 진짜는 아닌 것이다. 물론 나도 애버그네일 가족 문장을 창안할 수는 있지만 어느 정부나 역사학회도 이를 공식적으로 인정하지는 않을 것이다.

입양 사기

오전 11시경에 전화벨이 울렸다. 보통 달린^{Darlene}이 전화하는 시간이었다. 메리^{Mary}는 수화기를 들고 임신 6개월인 여성과 통화를 했다. 메리와 남편 제이^{Jay}는 그녀의 아기를 입양하기로 돼 있었다. 보통 메리와 달린은 어색한 잡담을 나누곤 했다. 달린은 자기 식구들과 말다툼한 이야기, 친구와 영화관에 가서 즐거웠던 이야기, 출퇴근길에 겪는 어려움 등에 대해 말했다. 메리는 달린의 자동차 수리비 500달러를 대신 내줬다. 그 금액은 메리가 거주하는 뉴욕주에서 입양하는 부부가 생모에게 줄 수 있는 법정 한도 이내의 금액이었다. 이번 전화에서 달린은 자동차 배터리 교체를 위해 200달러가 필요하다고 했고, 그 금액 역시 주에서 정한 한도 이내였다.

달린과의 통화 후 메리는 입양 변호사에게 연락해 돈을 보내도 되는지 재확인했다. 변호사는 괜찮다고 했다. 그날 오후, 이번에는 변호사가 메리에게 전화를 걸어 벌써 송금했는지 물었다. "네. 자동차 수리 센터에 송금했어요. 왜 그러시죠?" 알고 봤더니 달린은 적어도 또 다른 한 쌍의 입양 부모와도 연락을 취하고 있었고, 그들에게도 임대료와 수도 전기료를 내야 한다고 돈을 요구하고 있었다.

한 가정 외에 다른 가정에도 아기를 주겠다고 약속하는 것은 사기다. 달린은 또 다른 부부가 신문에 올린 입양 광고를 보고 연락을 취하는 바람에 들통이 났다. 달린에게는 안 됐지만 그녀가 건 전화는 메리의 변호사 사무실로 연결됐다. 마침 그 부부를 대리하는 변호사가 바로 메리의 변호사였던 것이다. 달린의 전화를 받은 직원이 그녀의 목소리와 이야기를 알아차렸다. 메리의 변호사가 달린에게 따지자 달린은 그 이후로 연락을 끊었고, 메리와 제이는 입양할 아이를 찾기 위해 다시 처음부터 시작해야 했다.

이 사건이 일어났던 2006년 당시 일부 주에서는 신문 광고를 낼 때 변호사 연락처를 사용하는 것이 관행이었다. 오늘날에는 입양을 원하는 부부와 아기를 입양 보내려는 임신 여성은 주로 인터넷을 이용한다. 어떤 방법을 이용하든지 입양 절차는 순조롭게 진행될 수는 있지만 사기당할 가능성도 없지 않다.

30년 이상의 현장 경력을 가진 뉴욕 및 뉴저지 입양 전문 변호사 수전 니콜스Suzanne Nichols는 메리와 그녀의 남편은 임신한 여성이 돈을 얻어내기 위해 한 가정이 아닌 여러 가정에 입양시키겠다고 하거나 그렇게 하려고 시도하는, 일반적인 입양 사기 유형의 피해자가 된 것이라고 말했다. 이 상황에서 임신한 여성은 자기의 아기를 입양 보낼 생각이 없는 경우가 많다고 니콜스는 말했다. 모든 주는 아기 출생 후 일정 기간 안에 생모가 마음을 바꿀 수 있도록 허용하고 있고, 그 기간은 주마다 다르다.

또 다른 입양 사기는 임신하지도 않았는데 허위 서류를 꾸며 임신한 것처럼 행세하는 경우다. "허위 서류 때문에 의료 기록을 해석할 수 있는 사람이 필요합니다. 자신이 임신했다고 하지만 실제로는 임신하지 않은 경우도 있거든요."라고 니콜스 변혼사는 말한다. 전문가라면 의료 기록을 통해 해당 여성이 의심할 여지없이 임신했음을 입증한 후에야 입양할 부부와 연결시켜줄 것이며, 이때 출산 예정일도 알려줄 것이다. "출산 예정일이 중요한 이유는 임신한 여성이 3개월 후에 출산 예정이라고 말하지만, 실제로 임신 자료상으로는 출산 예정일이 6개월 후인 경우가 있어요. 그 날짜에 따라 많은 것이 달라지죠. 입양할 부부가 산모에게 지불하는 비용도 그중 하나입니다."

　기술 발전 덕분에 입양 사기가 더 쉬워진 측면도 있다. 그런 이유로 니콜스는 출산 예정인 여성에게서 원본 서류가 아니면 받지 않는다고 말한다. "서류를 사진으로 찍어 이메일이나 문자메시지로 보내는 것으로는 충분하지 않아요. 서류 스캔도 안 돼요. 왜냐하면 사진이나 문서 스캔은 위변조한 흔적을 감출 수 있으니까요. 초음파 사진과 의료 기록의 원본이 아니면 절대 받지 말아야 해요."라고 그녀는 알려줬다. "저는 생모에게 주치의 이름을 알려달라고도 했어요. 온라인 검색을 해보니 해당 지역에 그런 이름의 의사는 없더군요. 그런 측면에서는 인터넷이 도움이 되죠. 손쉽게 정보를 확인해 볼 수 있으니까요."

마음이 바뀐다고 해서 반드시 사기는 아니다

앞서 말한 것처럼 아기 출생 후 생모가 마음을 바꿀 수 있는 기간이 있고, 그 기간은 주마다 다르다. 생모가 합법적인 이유에서 생각을 바꿀 수도 있고 실제로 바꾸는 경우가 있으니 마음의 준비가 필요하다. 일상적으로 이뤄지는 입양은 롤러코스터처럼 감정이 갈팡질팡한다. 메리와 제이 부부는 생모가 사는 주에서 허용한 72시간 이내에 생모가 마음을 바꾸는 바람에 한 아기를 포기해야 했다. 이것은 사기가 아니라 생모의 마음이 바뀐 것이다. 자기 아기를 입양 보내는 행위는 엄청난 자기 희생이 따르는 일이기에 그럴 수도 있다고 이해가 된다. "정말 알 수 없어요." 수전 니콜스는 이어서 말했다. "한 번은 생모가 마음을 바꿨는데 그 이유는 입양하는 부부가 출산하는 현장에 보모를 데리고 왔기 때문이에요. 생모 자신은 아주 젊은 나이에 네 명의 아이를 남의 도움 없이 키웠는데, 입양 부부가 보모를 둔 모습이 마음에 안 들었다고 해요."

DNA 검사는 아군인가 적군인가?

2018년 6월, 족보 및 가정용 DNA 검사 회사인 마이헤리티지^MyHeritage^사는 9천 2백만 명에 달하는 고객의 이메일 주소가 회사 외부로 유출됐음을 발견했다고 발표했다. 유출된 파일에는 고객 이메일 주소와 '해시된^hashed^' 비밀번호가 담겨있었다. 해시됐다는 것은 고도의 기술적 공식을 통해 원래 비밀번호가 무엇이었는지 알 수 없도록 섞어서 만들어 놓았다는 뜻이다. 이는 이메일 주소를 가져간 사람이 암호화된 비밀번호를 해독할 수 있다면 고객의 DNA 결과와 기타 정보를 빼갈 수도 있음을 의미했다. 이 유출 사고를 보고한 마이헤리티지사의 발표에서는 "해시 키가 고객별로 다르다."고 했는데, 즉 각 비밀번호에 고유한 값을 추가한 이후에 해싱하는 꽤 정교한 보안 대책이 부가됐으므로 해독이 쉽지 않을 것이라고 했다. 그러나 아주 불가능하지는 않다. 다행히 이 유출 사고로 인해 누군가 사기를 당했다는 소식은 아직 없다.

DNA 검사를 통해 당신의 배경과 향후 어떤 의학적 가능성이 잠재됐는지 알아보는 것은 흥미진진한 일이며, 이 검사를 이용해 많은 사람이 가계도를 파악하고 기존에 몰랐던 친척들을 찾아내기도 했지만 개인정보 침해에 대한 우려를 간과할 수 없다. 2018년에 척 슈머^Chuck Schumer^ 상원의원은 DNA 검사 회사가 제3자에게 정보를 판매하거나 공유할 수 있기 때문에 DNA 검사 키트가 소비자의 개인정보를 위태롭게 할 수 있다는 우려를 표명했고, 이에 따라 FTC는 DNA 검사에 대한 정밀조사를 실시했다.

슈머 의원은 성명을 통해 "당신의 가장 사적인 유전자 정보를 제3자에게 맡겨 그들이 독점적으로 활용하도록 허용하는 것은 고용주의 차별 가능성에서부터 건강 보험에 이르기까지 많은 우려를 제기합니다. 따라서 나는 연방거래위원회가 비교적 새로운 종류의 이 서비스를 면밀히 살펴보고, 이들 회사가 모든 가정용 DNA 검사 키트에 대해 명확하고 공정한 개인정보보호정책 및 표준을 갖췄는지 확인해 줄 것을 요청합니다. 우리는 연구를 방해하고 싶지 않지만, 시민들의 유전자 정보로 일확천금을 노리거나 불공정한 판단을 내리려는 사람들이 활개를 치도록 허용하고 싶지 않습니다."고 밝혔다.

2017년 12월, FTC 소비자 보호국 소속의 수석 변호사 레슬리 페어 Lesley Fair도 이런 검사 키트에 대한 우려를 소비자에게 언급하면서, DNA 검사를 통해 밝혀지는 민감한 개인정보를 보호하기 위한 조언을 제시했다.

- **개인정보 보호에 대해 주도적이 돼라**: 여러 회사가 비슷한 검사 서비스를 제공하고 있지만, 당신이 선택한 회사가 강력한 개인정보 보호 지침을 지키는지 확인하라. 회사는 개인 데이터를 어떻게 사용하는가? 개인정보가 지켜질지 불확실하다면 검사 키트를 구입하지 마라.

- **위험을 인지하라**: 해킹은 매일 다양한 방식으로 일어난다. 입안을 닦아내거나 실험관에 침을 뱉는 검사를 진행하기 전에 DNA 검사에 수반되는 위험 요소와 데이터 누출 사고 시 해커가 당신의 데이터를 손에 넣을 수 있다는 사실에 대해서 생각해보라.

- **웹사이트 선택 사항에 유의하라**: 소셜미디어 사이트와 마찬가지로 검사 회사는 당신의 연락처나 프로필 정보가 외부인이나 연계 사이트 회원에게 보여지는 한도와 허용 여부를 어느 정도 설정할 수 있게 해뒀다. 그러나 검사 사이트의 기본 설정은 개인정보

보호에 적합하지 않을 수 있다. 개인 프로필이 외부에도 공개되기를 원하는지, 회원 간에만 공개되기 원하는지, 아니면 비공개를 원하는지 계정 설정 전에 생각해보라. 다른 회원들이 당신에게 개인 메시지를 보내기를 원하는가? 가족 구성원과의 연결을 원한다면 이것이 바람직할 것이다. 그러나 당신과 연관된 듯한 사람의 신원의 정확성도 알 수 없고, 가령 그가 당신과 친척 관계에 있더라도 반드시 선한 의도를 가졌다고 보장하기는 어렵다. 일단 개인정보 설정을 마쳤다면 해당 사이트의 운영 방식이 안전하게 느껴질 때까지 설정을 조금씩 조정해보는 편이 좋다.

- **의견을 제시하라**: 유전자 검사 회사에 가입했는데 비밀 보장에 대한 약속을 지키지 못한다는 느낌이 든다면 FTC에 신고하라. FTC는 소비자 개인정보보호와 데이터 보안에 관한 기만적이고 불공정한 관행을 다수 적발했다. 그중에는 가정용 유전자 검사 제품을 판매했으나 소비자의 개인정보보호에 대한 약속을 지키지 못한 회사와 합의를 한 사례가 있다.

가족은 특별하다. 그리고 가족과 연관된 사기는 단순한 탐욕의 결과일 수도 있다. 혹은 사랑하는 사람을 조종해서 유산 상속인을 바꾸는 친척의 경우처럼 매우 개인적일 수도 있다. 그런 사기는 억눌린 분노, 상한 감정, 이어져온 갈등 등에서 비롯된 경우도 있다. 따라서 내가 줄 수 있는 최선의 조언과 스스로 그렇게 따라 살려고 노력하는 조언은 바로 사랑하는 사람들 사이에서 소통의 끈을 놓지 말라는 것이다. 문제가 생기면 묵혀두지 말고 바로 이야기를 나눠라. 갈등은 신속하고 공정하게 해결하라.

그리고 필요하다면 기꺼이 타협하라.

그 외에 여러 종류의 사기꾼들이 벌이는 사기에 대해서는 12장에서 제시한 요령에 따라 사기꾼들의 수법을 미리 간파하고 피하기를 바란다.

13장

자선 사기
: 사회 환원이냐 교활한 기부 요청이냐

사기꾼들은 가지각색의 가짜 자선단체를 만들어 참전 용사부터 이재민, 동물 보호 등에 이르기까지 다양한 대의명분을 내세워 사람들을 돕는다고 주장한다. 그것은 마음씨 넓은 기부자들이 좋은 돈벌이 상대임을 사기꾼들이 잘 파악하고 있기 때문이다. 2017년에 미국인들이 자선단체에 기부한 금액은 4천 1백억 달러가 넘는다. 13장에서는 전통적인 사기 수법과 아울러 소셜미디어와 '크라우드소싱^{crowd sourcing}' 방식의 자선 모금 사기를 다룬다. 그리고 당신이 도움을 주려는 과정에서 속지 않기 위한 요령을 알려주겠다.

법 규정과 사기

자선단체 관련 법규(혹은 법규의 미비) 때문에 사기꾼들은 가짜 자선단체를 쉽게 설립할 수 있다. 자선단체에 주는 면세 자격인 501(c)(3) 지정을 얻기는 어렵지 않다. 가령 자선단체는 수입의 고작 0.5%만을 설립 목적에 맞게 지출해도 법을 위반하지 않는 셈이 된다. 단 기부자들을 오도하거나 돈의 사용처에 대해 거짓말만 하지 않는다면 말이다.

"바로 그 점이 법규의 안타까운 부분입니다." 미국 국세청의 면세단체 EO, Exempt Organizations 부서에서 근무했고, 「면세단체 세무저널EO Tax Journal」의 편집자인 폴 스트렉퍼스Paul Streckfus는 말한다. "법적으로 자선단체는 정치 참여가 금지돼 있습니다. 가령 고아들을 위한 자선단체라면 은행에 수백만 달러를 보유하고 있으면서도 일년에 한 차례 고아들을 위한 피크닉만 열어도 자선단체로서의 법적 요건을 만족하는 겁니다. 왜냐하면 고아들을 위해 뭔가는 했으니까요."

미국 국세청은 연방 차원에서 자선단체를 규제하지만, 인력 부족 때문에 자선단체에 대한 규제는 주 단위로 이뤄질 수도 있다고 스트렉퍼스는 말한다. 사기 자선단체가 규제 위반으로 잡혀서 강제 폐쇄를 당하더라도 다른 이름으로 다시 시작하는 경우가 많다. 따라서 당신이 기부하는 단체에 대해 커다란 경계심을 갖고 지켜봐야 한다.

그렇다면 어떤 자선단체에 기부를 고려 중이라면 그들이 정말로 좋은 일을 하는지 확인할 방법은 무엇일까? 자선단체에 등급을 매기고 평가하는 몇몇 기관에서는 자선단체가 명시된 사명을 달성하는지 확인하고 기부금의 몇 퍼센트가 사명에 사용되는지 알아내는 일을 한다. 가장 훌륭한 기관 중 일부를 부록에 열거했다(339페이지 참조). 그중에서도 채리티 내비게이터Charity Navigator와 Give.org는 간편한 열람 기능을 제공한다. 명분상 최소한의 금액만을 기부하는 자선단체는 법적으로는 옳지만 단체 수익의 가장 큰 부분을 월급, 모금행사 및 다른 관리비에 지출하기도 한다. 따라서 자기들이 돕겠다고 한 대상에게 갈 돈을 **빼돌릴** 뿐 아니라 기부금의 대부분을 변화를 일으키는 데 사용하는 최고의 자선단체에 갔어야 할

돈도 빼돌리는 셈이다.

최악의 자선단체의 명단도 알 수 있다. 기부금의 고작 4% 이하를 직접적인 현금 지원에 사용하는 자선단체가 주로 이 명단에 올라간다. 한 자선단체는 10년 동안 1천 4백만 달러를 모금했지만, 해당 단체가 원래 돕기로 한 불우한 당뇨병 환자에게 지급한 금액은 고작 1만 달러에 불과했다. 자선단체 6군데는 직접적인 현금 지급을 전혀 하지 않았다. 당신이라면 그런 자선단체에 당신의 돈과 개인정보를 제공하고 싶은가?

목록을 만들고 재확인하라

매해 기부 대상 명단을 작성해 식구들 모두에게 나눠주는 방안을 고려해보라. 만약 작은 회사를 운영한다면 직원들에게 배포하라. 만약 그 명단에 없는 단체에서 기부를 요청할 경우 당신이 선정한 자선단체에 이미 기부했다고 하면서 기부 요청을 정중히 거절하라.

참전 용사 성금 사기

나는 참전 용사를 돕는다고 가장하는 가짜 자선단체가 특히 더 가증스럽다. 상해를 입었거나 정서적, 재정적 곤란을 겪는 참전 용사들에게 기부금이 가는 것이 아니라, 영웅적인 이들과 관계 있는 척 가장한 범죄자들이 이득을 챙긴다.

트래비스 딜로이 피터슨Travis Deloy Peterson은 그럴듯한 이름의 '미국 참전 용사Veterans of America'라는 단체를 포함해 참전 용사를 위한 자선단체 여러 곳을 운영했다. 이들은 기부받은 자동차, 보트, 기타 물품 등을 수

거해 판매 수익금을 참전 용사를 돕는데 쓰겠다고 약속했다. 피터슨은 불법 자동녹음전화 공세를 펼치면서 기부금 세액공제를 받을 수 있다고 속였다. FTC에 의하면 그가 말하는 자선단체는 가짜였고, 면세 자격도 없었다. 2014년 5월부터 2018년 7월 사이에 피터슨은 수많은 자동차와 보트를 판매하고 수익금을 챙겼다.

참전 용사를 돕는다는 가짜 자선단체에 대한 정부의 소탕 작전에 피터슨도 걸렸다. 2018년 7월에 피터슨의 사기행각이 막을 내린 배경에는 FTC, 미국 연방 내 여러 주의 법무장관, 그리고 자선단체를 관장하는 16개의 주 소속 기관들의 협력이 뒷받침됐다. 군과 참전 용사를 위한 사기성 모금 활동을 색출하려는 공동 노력 덕분에 가짜 참전 용사 단체에 대해 100건의 조치가 취해졌다.

참전 용사 단체에 기부하기 전에 먼저 직접 조사를 해보고(293페이지 조사 요령 참조), 자선단체의 기금 활용 방식에 따라 당신의 이상과 맞는 단체에 기부되는지 확인하라.

수치의 전당: 카이 브로킹튼

조지아주의 사기꾼 카이 브로킹튼(Kai Brockington)은 독특한 방식으로 자선단체 사기를 계획해 이득을 챙겼다. 그는 개인 기부자를 상대하지 않았다. 그 대신 기업이 그가 운영하는 자선단체에 기부하도록 직원들을 설득하고, 심지어 돈으로 매수했다. 그는 이런 식으로 기업들의 매칭 프로그램을 통한 기부금을 착복했다. 매칭 프로그램이란 개인이 비영리단체에 기부한 금액만큼 기업이 기부하는 것을 말한다. 이 사건을 맡은 FBI 애틀란타 지부의 특수요원 제임스 하터(James Harter)는 "그는 정식으로 자선단체를 등록했지만, 그 단체가 하는 일이라곤 그의 지갑을 채우는 일뿐이었다."라고 말했다.

2013년에 브로킹튼은 아워 제네시스 프로젝트(Our Genesis Project)라는 자선단체를 세웠다. 이 단체는 불우한 이웃을 돕기 위해 동네 의원을 재정적으로 지원한다고 했다. 그는 자신이 설립한 단체를 조지아주와 국세청에 자선단체로 등록하기까지 했다. 다음으로 자신이 일하던 회사를 속여 자기가 기부한 금액만큼 회사가 이 단체에 매칭 기부를 하게 만들었고, 지인들에게도 같은 식으로 자신들이 다니는 회사에 기부했다고 말하도록 했다. 기업이 매칭 기부를 한 금액 대부분은 브로킹튼에게 흘러갔고, 그는 자신이 착복한 돈의 일부를 다른 기부자들에게 나눠주기도 했다. 그는 4년간 668,000달러를 챙겨 자신과 가족이 모두 써버렸다.

한 은행이 이 가짜 자선단체의 계좌에서 수상한 거래를 눈치챘다. 그들이 아워 제네시스 프로젝트를 조사했더니 웹사이트는 계속 '공사 중'이었고, 실제 자선 활동을 한 증거는 없었다. 그 은행은 FBI에 알렸고, 2018년 5월에 브로킹튼은 세금 및 우편 사기 혐의에 대해 유죄를 인정했다. 그는 연방 감옥에서 41개월 징역형을 언도받았다.

FBI에 따르면 기부한 기업은 자선단체에 대해 확인조차 안 했고, 그것이 브로킹튼의 사기 행각이 오래 이어진 주요 요인이었다. 게다가 몇몇 직원들이 기부했다고 주장한 금액 중 다수는 그들의 연봉을 훨씬 넘는 금액이었다. "만약 자선단체 기부금 액수가 상식적으로 직원들 수입으로 부담하기 어려운 수준이라면, 기업들이 매칭 기부를 하기 전에 그들이 무슨 돈으로 기부했는지 물어봤어야 했다."라고 하터 요원은 말했다.

재난 구호 기금 사기

나는 13장 원고를 2018년 10월에 썼다. 허리케인 마이클Michael은 플로리다 북서부Panhandle 지역을 향해 진행 중이었고, 태풍의 눈은 파나마 시티 Panama City와 멕시코 비치Mexico Beach에 있었다. 안타깝게도 이 괴물 같은 폭풍은 예상대로 그 지역에 엄청난 피해를 끼쳤다. 마이클의 지상 풍속은 시속 247km 정도로, 5등급 기준보다 시속 3km가 모자란 규모였다. 이는 1992년에 플로리다 남부를 초토화시킨 허리케인 앤드류^{Andrew} 이래 미국을 강타한 최대 규모의 태풍이었다. 기상 역사상 플로리다 북서부 지역에 이처럼 강력한 태풍이 지나간 적은 없었다.

이 태풍으로 최소 43명이 사망하고, 멕시코 비치의 집과 사업장은 완전히 초토화됐으며, 플로리다 북서부 지역 여러 곳이 막대한 재산 피해를 입었다. 플로리다에서 버지니아에 걸쳐 약 150만 명이 정전 피해를 입었다.

미국 연방재해본부^{FEMA}에서 적십자사에 이르기까지 많은 단체와 개인이 구호 활동을 위해 모였다. 미국 전역에서 많은 사람이 도움의 손길을 펼쳤다. 허리케인으로 주저앉은 주택과 굶주리고 망연자실한 아이들의 사진을 보고 도우려는 마음이 생기지 않을 수 있었겠는가?

그러나 재난을 이용해 자기 잇속을 챙기려는 사람들도 있었다. 사실 사람들의 동정심을 악용해 한몫 챙기려는 사기꾼들에게는 절호의 기회였다. 국가적 혹은 국제적 재난 직후에 성금을 모집한다는 자선단체의 소셜 미디어 포스팅이나 개인들의 연락을 조심해야 한다. 돕고 싶다면 관련 단체에 대해 먼저 면밀히 조사해보라. 기부를 한다면 당신의 기부금이 명시된 목적에 맞게 사용되리라고 확신할 수 있는 유서 깊고 명망 있는 단체에 기부하는 편이 낫다.

이런 모금 캠페인은 기부금, 물품, 서비스 등을 가장 절실하게 필요한 곳으로 보내고, 제대로 사용되도록 전문가의 감독하에 운영된다. 한 예로 케네스 로이 파인버그^{Kenneth Roy Feinberg} 변호사는 9·11 피해자 보상기금의 감독을 위해 특별 총괄^{special master}역으로 법원의 임명을 받았다. 이후 파인버그는 BP 딥워터 호라이즌^{Deepwater Horizon} 사고 피해자 보상기금을 총괄하도록 정부 임명을 받았으며, 2013년에는 보스턴 마라톤 폭

탄 테러의 피해자들을 돕는 기금의 총괄을 맡았다. 파인버그 같은 전문가에 의해 관리되는 보상 기금에 기부한다면 당신의 기부금이 적절하게 분배되고 사용될 것임을 알 수 있다.

동물 구호 사기

미국인들은 동물 자선단체에 많은 돈을 기부한다. 환경 및 동물에 집중하는 비영리단체가 2017년에 받은 기부금은 118억 3천 달러로, 미국 전체 자선 기부금의 3%에 이른다. 개인적으로도 이것은 중요한 의미가 있다. 어린 시절 우리 집에는 언제나 반려 동물이 있었다. 개, 고양이, 물고기, 새, 밍크 등 없는 게 없었다. 아내는 고교 및 대학 시절에 휴스턴에 있는 동물병원에서 일했다. 아내와 나도 아이들이 좋아하는 반려 동물을 기르면서 돌보는 방법을 배웠다. 따라서 동물과 동물 구호 활동은 우리 가족에게는 큰 의미가 있다.

안타깝게도 동물 구호 사기는 큰 문제다. 미국 동물애호협회Humane Society of the United States에 의하면 보호소와 구조 센터에 있는 동물의 수를 정확하게 집계하기는 매우 어렵다고 하는데, 이들 단체에는 실질적인 보고 의무가 없기 때문이다. 미국 동물학대방지협회ASPCA는 매년 650만 마리의 반려 동물이 보호소에 들어온다고 하는 반면, 미국 동물애호협회는 그 수를 6백만에서 8백만 마리로 추정한다.

더욱 난감한 점은 제대로 된 구조 센터와 보호소를 가려내기 어렵다는 점이다. 우리에 갇힌 아기 고양이와 애처로운 강아지의 모습은 많은 사람의 감정을 자극하기 마련이다. 무고한 동물이 고통받는 모습을 보고도 아무런 감정을 느끼지 못하는 사람이 과연 있을지 모르겠다. 그 결과 동물 애호가들은 보호소와 구조 센터에 상당히 많은 돈을 기부하고, 음식, 담요, 수건, 밥그릇 등의 물품을 기증하고, 자원 봉사에 나서기도 한다. 이런 단체 대부분은 합법적인 한편, 사기꾼들은 동물 애호가들의 동정심과 관대한 마음을 노리고 동물 구호 활동을 한다고 사칭하거나 혼잡하고 불결한 보호소를 운영하기도 한다.

동물 보호소 및 구조 사기는 가짜 구조 활동 웹사이트 또는 페이스북과 트위터 같은 소셜미디어 포스팅에 올린 사진에서 출발하는 경우가 많다. 나쁜 사람들은 동물 사진을 올리면서 살처분 비율이 높은high-kill 보호소에 있어서 순서상 곧 안락사에 처해질 운명이라고 소개한다. 이 사랑스러운 동물을 살처분하지 않는 보호소나 개인 가정으로 옮기려면 비용이 드는데, 돈을 구하지 못하면 곧 죽는다는 위협 섞인 호소를 한다. 이들 사기는 언제나 시간이 촉박하다는 점을 내세운다. 물론 실제로 살처분 대상에 오른 동물에게 시간이 촉박한 것은 사실이다. 이런 수법은 꽤 효과적이다. 그도 그럴 것이 조만간 살처분될 동물에 대해 사람들에게 알려주는 합법적인 구호 서비스도 있기 때문이다. 그러나 살처분 사기의 경우 사기꾼들이 모은 돈은 동물을 살리는 데 쓰이지도 않고, 합법적인 구호 단체나 보호소로 가지도 않는다고 동물권익단체인 PETA People for the Ethical Treatment of Animals의 동물 보호 및 관리 문제 매니저 테레사 샤그린 Teresa Chagrin은 말한다. "그런 사기에는 동물이 전혀 관여돼 있지 않은 경우도 많아요. 호소문에 올린 사진은 다른 곳에서 베껴 온 것일 거예요." 라고 그녀는 지적한다.

간혹 실제 보호소가 연관된 경우도 있지만, 그런 보호소는 아주 비참

한 상태일 것이다. 법 집행기관이 급습한 보호소 중 일부에서는 살아있는 개들과 죽은 개들을 함께 우리에 가득 넣어둔 경우도 있었다. 또한 상처 입고 병든 고양이 수백 마리가 돌아다니는 사례도 있었다. 이런 동물들은 굶주리고 다친 상태인 경우가 많다. 동물 사기를 조사하고 GoFraudMe 라는 감시 웹사이트를 운영하는 에이드리엔 곤잘레스[Adrienne Gonzalez] 기자에 따르면 어떤 구호 단체는 원치 않는 동물을 대신 맡아준다면서 동물을 모은다. 그러나 그런 구호소는 먹이고 돌볼 동물이 너무 많아 이내 아수라장이 된다. 이런 단체에 기부한 돈은 사료 구입에 일부 사용될 수도 있지만, 대체로 가짜 보호소 운영자들의 개인 이익을 위해 쓰인다.

잘못을 발견하면 신고하라

미국의 강력한 동물 복지법은 가축 및 야생 동물 모두를 보호하도록 돼 있다. 이 법률은 포유류, 파충류, 양서류, 조류 모두에게 평등하게 적용된다. 만약 어떤 동물이 해를 당하거나 위험에 처했다면, 특히 사기성 활동의 결과로 그렇게 됐다면 911(응급 전화번호)로 신고하라. 범죄 신고는 대단히 중요하며, 동물에 대한 범죄 신고를 위해 911에 전화를 거는 것은 정상적이고 합법적이며 적절하다. 가능한 한 최선을 다해 장소, 인물, 내용, 시각, 방법 등에 대해 대답할 준비를 하라. 법 집행기관이 동물 학대와 동물 사기에 대해 모르면 그런 행위를 막을 수 없음을 기억하라.

반려 동물을 돕고 자기 자신을 보호하는 요령을 소개한다.

- 중성화[spay and neuter] **수술을 하는 동물병원을 후원하라:** "만약 동물을 좋아하고, 가출한 동물과 버려져 보호소 신세를 지는 동물을 아낀다면 중성화 수술을 하는 동물병원을 후원하라. 그러면 동물의 가출 방지에 당신의 돈이 쓰이는 것이다."라고 PETA의 매니

저 샤그린은 말한다. "이들에게 기부해서 개나 고양이 한 마리가 중성화 수술을 받는다면 강아지나 아기 고양이 수천 마리를 구하는 셈입니다." 샤그린은 중성화 수술을 하는 동물병원이 사기인 경우는 거의 없다고 지적한다. 물론 당신이 기부할 경우 해당 병원이 실제로 존재하는지 반드시 확인할 필요가 있다. 인근의 동물병원이라면 가급적 직접 방문하고, 타지에 있다면 온라인으로 검색해보면 된다.

- **해당 동물이 실재하는지 확인하라**: 돈을 보내기 전에, 혹은 동물을 입양하겠다고 그리고 예방 주사나 치료에 드는 비용을 지불하겠다고 약속하기 전에 해당 동물이 실제로 존재하는지, 정말 도움이 필요한지, 정말 안락사 당할 위험에 처했는지 검증하라. 대상 동물을 보여달라고 영상 통화로 연결하거나 해당 동물이 있는 보호소로 연락하면 된다.

- **상태를 확인하라**: 만약 인근에 있는 보호소나 구조 단체를 도울 생각이 있다면 직접 방문하라! 이 점은 아무리 강조해도 지나치지 않다. 만약 보호소나 구조 센터가 방문이나 견학을 거부한다면 심각한 위험 신호다.

- **확인할 수 없는 개인이나 단체에는 기부하지 마라**: 만약 소셜미디어에서 살처분 단계에 있는 동물에 대해 보거나 지인의 아는 사람에게서 당신이 잘 모르는 보호소나 구조 센터를 돕는 모금에 참여해 달라는 요청이 올 경우, 내용의 정당성을 먼저 검증하라.

- **자원봉사를 하라**: 할 수만 있다면 인근의 보호소나 구조 센터에서 자원봉사를 하라. 당신의 시간과 사랑을 주는 것은 곤경에 처한

동물을 돕는 최선의 방법 중 하나다.

크라우드소싱과 소셜미디어 기부

2017년 10월의 어느 날 밤, 케이트 맥클루어Kate McClure는 펜실베니아에서 운전 중에 연료 경고등이 켜진 것을 발견했다. 집까지는 버티겠지 싶어 계속 운전했지만, 결국은 연료가 바닥났다. 어쩔 수 없이 그녀는 차를 길가에 세우고 가장 가까운 주유소까지 걷기 시작했다. 그때 그녀는 길가에 앉아 있던 쟈니 바빗Johnny Bobbitt이라는 이름의 노숙자와 마주쳤다. 그는 몹시 추레한 모습이었지만 그가 무슨 문제가 있느냐고 물었을 때 케이트는 위협을 느끼지 않았다. 케이트가 기름이 떨어져서 그렇다고 하니 쟈니는 그녀에게 차로 돌아가 문을 잠그라고 했다. 이윽고 그는 빨간 석유통에 휘발유를 채워 돌아왔다. 쟈니는 그녀가 안전하게 귀가할 수 있도록 자기가 가진 마지막 20달러로 휘발유를 샀다고 했다. 케이트는 그가 노숙자임에도 후한 인심을 베풀었음에 충격을 받아 남자 친구인 마크 다미코Mark D'Amico와 함께 고펀드미GoFundMe라는 온라인 자선 모금 서비스를 이용해 쟈니를 위한 모금 활동을 시작하기로 결심했다.

"쟈니는 제게 지폐 한 장 요구하지 않았어요. 그리고 저는 당시에 현금이 없어서 그에게 갚을 수도 없었지요." 케이트는 고펀드미 페이지에 썼다. "하지만 지난 몇 주간 그가 있는 곳을 찾아가 기름값을 주고, 외투, 장갑, 모자, 두툼한 양말 등을 줬어요. 그리고 그를 볼 때마다 몇 달러씩 건넸죠." 쟈니가 아파트를 빌려 자립하도록 돕기 위해 모금 활동을 시작했다고 밝혔다.

이 이야기는 입소문을 타고 퍼졌고, 이 두 사람은 세계 각국에서 쟈니를 위해 보내온 후원금으로 40만 달러 이상을 모았다. 기부자 수는 1만 4천 명 이상이나 됐다. 쟈니가 자립하도록 그리고 그가 마약 중독을 끊도록 돕고, 아파트를 마련해 주고 생활비를 보조하며, 지속적인 직장을 구하도록 돕겠다는 케이트와 마크의 이야기는 뉴스거리가 되기에 안성맞춤이었다.

그러나 이 모든 것이 사기였고, 세 사람은 처음부터 공범이었다. 소위 영웅적인 노숙자, 그가 휘발유를 대신 사주고 '구해준' 여성 그리고 그녀의 남자 친구. 모두 모금 사기를 위해 공모한 결과물이었다. 그들은 사기 행각을 벌이기 한 달 전에 알게 된 사이였다. 그들은 먼저 감동적인 사연을 만들어낸 다음 모금 활동으로 순진한 이들을 속여 돈을 받아내자는 계획을 세웠다.

이 사례에서 보듯 소셜미디어의 많은 모금 캠페인이 의미 있어 보이지만, 당신이 모금하는 당사자를 개인적으로 알지 못한다면 기부한 돈이 실제로 어디로 혹은 누구에게 갈지, 그리고 그 돈이 어떻게 쓰일지 알 수 없다. 이런 기부금은 세금 공제 혜택도 받지 못한다. 물론 세금 공제 혜택 때문에 기부하는 것은 아니지만 알고는 있어야 한다. 인터넷 모금 활동은 그 돈을 필요로 하는 사람에게 직접 전달할 수 있기 때문에 이론상으로는 괜찮은 아이디어다. 그러나 쟈니 바빗 캠페인에 10달러, 50달러 혹은 1,000달러를 기부한 사람들은 고펀드미 계정을 개설한 두 사람이 BMW 신차를 뽑거나 유럽 여행을 가는 비용에 보태라고 준 돈은 결코 아니었을 것이다.

온라인 모금 활동의 문제는 누구나 어떤 이유로든, 진위 여부에 상관없이 캠페인 개설이 가능하다는 점이다. "얼마 전까지만 해도 사람들은 인터넷에서 도움을 요청하는 것을 부끄러워했지요. 그러나 요즘은 아주 당당해졌어요."라고 곤잘레스 기자는 말한다. "2015년에 제가 인터넷 모금 활동을 하는 사람들을 추적하기 시작한 당시는 장례비 지원 모금이 가장 많았죠. 요즘은 고펀드미 페이지를 개설하지 않고는 죽을 수도 없는 정도가 된 것 같아요."

곤잘레스 기자는 이어서 "고펀드미는 자기들이 플랫폼에 올라오는 내용을 수시로 살피고, 최고 수준의 감시 활동을 한다고 주장해요. 하지만 만약 플랫폼이 그렇게 훌륭하다면 고펀드미를 둘러싼 사기 사례가 끊이지 않는 이유가 뭔지 묻고 싶네요. 저는 4년간 고펀드미를 주시하고 있는데 눈물을 자아낼 만한 사연을 가진 사람이라면 누구나 계정을 만들 수 있다는 게 사실이예요."라고 말했다.

곤잘레스의 지적은 정확했다. 우리는 집이 화재로 다 타버린 경우를 가정해 모금 활동 계정을 만들기로 했는데 불과 몇 분만에 완성했다. 비록 꾸며낸 얘기였지만 모금 과정은 일사천리로 진행됐다. 물론 우리는 즉시 올렸던 내용을 삭제했다. 그러나 곤잘레스 말대로 그 과정은 너무나 쉬웠고, 실제로 집이 화재로 소실됐다는 증거나 확인 자료를 제시할 필요도 없었다. 모금 사이트 자체도 일종의 사업이기에 기부자 스스로 조심해야 한다. 물론 그 점은 자유 시장의 어떤 거래에도 적용되는 내용이지만 말이다.

사람들의 동정심을 악용해 온라인 모금 사기를 벌이는 다른 방식도 있다. "얼마 전 이야기인데, 저는 어느 트위터 계정에서 자기가 10대 동성애자라고 밝히면서 극도로 종교적인 부모가 자기를 집에서 쫓아내려 한다는 내용을 봤어요. 그녀는 그날 고펀드미 계정을 개설해 4천 달러를 모았어요. 바로 다음 날 그 계정은 4천 달러와 함께 사라졌죠."라고 곤잘레스는 말했다. 이 사연의 진위 여부에 대해 우리는 알 길이 없다.

이런 사연의 진위를 확인할 수 없고, 또 기부금이 잘 쓰일지 알 수 없다면 아무리 슬픈 상황처럼 보여도 차라리 기부하지 않는 편이 낫다. 예컨대 내 친구는 페이스북 뉴스피드에서 인근에 사는 여성이 곤경에 빠졌다는 글을 읽고 아기옷을 기부했다. 그녀의 페이스북 친구 중 여러 명도 어려움에 빠진 그 여성을 알고 있는 듯했다. 정말 도움이 필요한 상황으로 보였기에 그녀는 여성의 집 앞에 새 아기옷 및 거의 새 것 같은 아기옷을 내려놓았다. 얼마 후, 사연을 올렸던 여성이 기부받은 옷을 재활용 가게에 파는 모습을 여러 사람이 목격했다. 물론 일단 당신이 기부한 물건은 기부받은 사람의 것이므로 어떻게 처분하든 그 사람 마음이다. 단 그래도 괜찮겠는지 먼저 자문해볼 일이다.

결론은 잘 관리되는 자선단체에 기부해 당신이 돕고 싶은 사람들과 대의에 보탬이 되도록 하는 것이 바람직하다고 곤잘레스는 말한다. 고펀드미 같은 기타 영리 목적의 온라인 모금 단체를 통해 도움을 받는 것이 정당한 명분이 없다는 말이 아니다. 물론 그런 곳이 있다. 그러나 좋은 것과 나쁜 것, 진짜와 가짜를 구분하기란 쉽지 않다. 고펀드미나 고펀드미에서 파생된 크라우드라이즈CrowdRise 같은 크라우드소싱 웹사이트는 자체 감시 활동을 하지만, 이들은 영리기업이지 비영리단체가 아니라는 점을 기억하라. "국세청 규제를 받는 자선단체가 훨씬 나을 수 있어요."라고 곤잘레스는 말한다.

자선 활동 전에 조사부터 하라

경찰, 소방대원, 참전 용사, 어린이, 동물, 환경, 중요한 연구, 역사적이고 문화적인 유적 보존 등 어떤 이유에서든 도움이 필요하다고 지원을 호소하는 전화 연락, 안내 우편물, 소셜미디어 포스팅 등에 대해 그것이 정상이고 합법적인 것인지 확인하는 방법은 많다. 다음에 그 예를 소개한다.

정상인지 확인하라: 모금 활동을 하는 단체나 개인은 501(c)(3) 자선단체로 등록돼 있어야 한다. 해당 단체가 등록 단체로서 세금 면제를 받는다는 국세청의 공식 편지를 보여달라고 하라. 그 단체나 개인은 매년 신고하는 재정 보고서인 IRS 990, 혹은 990-EZ 양식의 사본을 당신에게 보여줄 수 있어야 한다. 아니면 당신이 국세청 사이트에서 직접 찾아볼 수도 있다. 501(c)(3) 단체가 연간 2만 달러 이상의 수입을 올린다면 요청에 따라 세금 환급 및 공제 신청 서류를 제공할 수 있어야 한다. 만약 법인이라면 정관 및 조례를 구비해야 한다.

명시된 목적에 얼마의 돈이 투입되는지 알아보라: 당신의 기부금 중 얼마가 해당 목적에 사용되는가? 그 비율이 어느 정도면 적당하다고 생각되는지는 당신에게 달려있다. 자선단체마다 기금 모금, 급여 및 목적에 맞게 각각 지출된 금액의 정확한 비율을 알고 있다. 자선단체가 명시된 목적과 운영비에 각각 지출한 비율을 공개하는 웹사이트 목록은 부록(336페이지)을 참조하라.

자선단체의 구체적인 선행에 대해 알아보라: "우리는 대중을 교육합니다." 혹은 "우리는 의식을 고취시킵니다." 등의 막연하고 무의미한 답변을 받아들이지 마라. 구체적으로 측정 가능한 결과를 내는 프로젝트를 찾으

라. 당신이 직접 확인하는 것이 가능한 경우도 있다. 가령 자선단체가 인근 학군의 불우한 어린이들에게 학용품을 제공한다고 주장하면, 학교 행정실에 전화해 사실 여부를 확인할 수 있다.

이름을 두 번 확인하라: 일부 기만적인 자선단체는 잘 알려진 자선단체의 이름을 한 단어만 바꿔서 모방한다. 2018년 3월, 네 사람이 상이용사기금Wounded Warrior Fund과 상이용사재단Wounded Warrior Foundation의 창설 혐의로 기소됐다. 이들은 기부자들이 상이용사 프로젝트Wounded Warrior Project에 돈을 보낸다고 착각하게 만들었다. 한편 후자의 경우도 자금 유용 때문에 곤욕을 치렀다. 사기꾼들은 125,000달러 이상의 기부금을 상이용사를 위한 의류, 학용품 및 식료품 지원에 쓰지 않고, 개인 이득을 위해 사용했다고 고발됐다. 이와 유사하게 조직 범죄 단체와 연결된 뉴욕의 전직 증권 중개인은 합법적으로 보이는 이름을 가진 가짜 비영리 단체, 워싱턴 미국 암 협회American Cancer Society of Washington, 시애틀 미국 암 협회American Cancer Society of Seattle, 시애틀 미국 적십자사American Red Cross of Seattle, 워싱턴 미국 적십자사American Red Cross of Washington, 시애틀 유나이티드 웨이United Way of Seattle, 워싱턴 유나이티드 웨이United Way of Washington를 설립하고 기만적으로 기부금을 받아 착복했다.

우편물을 확인하라: 전문가들은 구식 우편물이 전자우편보다 사기 가능성이 적다고 말한다. 그래도 기부한 적이 없는 단체에서 우편물이 온다면 의심해보는 것이 좋다. 발신자가 마케팅 회사나 기부자 명단을 판매하는 다른 자선단체에서 당신의 이름과 주소를 구입했기 때문에 우편물을 받았을 수 있다. 기부하기 전에 항상 해당 단체를 검증하라.

지역 사회로 가라: "저는 친구와 이웃에게 기부하거나 봉사할 때는 개인

적으로 알고 있는 자선단체나 자신들이 살고 있는 지역 사회를 위해 일하는 단체를 도와주라고 조언합니다."라고 폴 스트렉퍼스는 말한다. 그렇게 하면 단체의 운영 방식을 직접 볼 수 있고, 관련된 사람들과 사귀고, 단체의 선행을 목격할 수 있다.

압박당하지 마라: 제대로 된 자선단체라면 당장 기부하라고 독촉하지 않는다. 합법적이고 정당한 목적을 위해 전화로 도움을 요청하는 사람들도 압박 전술을 사용할 수 있고, 우리의 심금을 울리는 사연을 들려주며 당장 도와야 할 것처럼 느끼게 만들기도 한다. 그러나 합법적인 단체라면 당신의 거부의사를 존중하며, 기부하기 전에 확인할 시간을 주는 것이 정상이다.

등록 여부를 확인하라: 전국 자선공식단체연합회 National Association of State Charity Officials 홈페이지(www.nasconet.org)를 방문하면 당신이 살고 있는 주 또는 재난이 발생한 주에서 자선단체나 모금 행사에 대해 등록을 요구하는지 여부를 확인할 수 있다. 주 정부에 등록이 필요한데 특정 자선단체가 등록되지 않았다면 다른 자선단체에 기부하는 대안을 진지하게 고려하라.

'문자로 기부'할 때는 번호를 재확인하라: 문자로 자선단체에 기부금을 보내기 전에 자선단체의 연락처를 재확인하라. 당신이 보낸 기부금은 휴대 전화 청구서에 표시되겠지만 청구 주기만큼 시간이 걸릴 수 있다.

사용 목적을 명시하라: 합법적인 자선단체임을 확인하고 기부금을 보낼 준비가 됐다면, 보낸 돈이 정확히 어떤 용도로 사용되기를 원하는지 명시하는 것이 좋다. 예컨대 일반 기금으로 자선단체가 임의로 사용하기보다 재난 구호 기금에 사용해 달라고 명시하는 식이다.

기부 후 세금을 공제받아라: 굿윌^{Goodwill}, 적십자사, 구세군 등의 비영리 단체에 보낸 기부금은 세금 공제를 받을 수 있는 반면, 크라우드소싱 사이트를 통한 개인 모금 요청은 대체로 세금 공제를 받지 못한다. 당신의 기부금이 세금에 미치는 영향에 관심이 있다면 해당 자선단체의 세금 관련 자격을 조사해보라.

안전하게 송금하라: 기부금 송금 방식도 조심해야 한다. 개인 간 송금은 전달 과정에서 잃어버리거나 도난을 당할 경우 추적이 어렵다. 현금은 추적이 불가능하다. 구세군 자선 냄비에 넣은 몇 달러나 이와 비슷한 유형의 기부금은 위험이 적지만, 큰 금액을 기부할 경우 현금으로 해서는 안 된다. 물론 잃어버려도 상관이 없다면 별문제가 없다. 수표는 발급자 계좌에서 결제가 되기 전에 지불 중지가 가능하다. 나는 신용카드를 통한 지불이 언제나 가장 안전하다고 믿는다. 그러나 당신이 원해서 하는 기부일 때만 신용카드 정보를 제공하라. 전화로 일방적으로 요청하는 곳에는 신용카드 정보를 주지 마라.

타인을 돕고, 사회와 세계의 행복에 기여하고, 곤란에 빠진 이들을 돕고 싶어하는 인간의 가장 고결한 본능을 먹잇감으로 삼는 것이 자선단체 사기다. 당신이 애써 번 돈이 사기꾼의 사리사욕을 채우는 데 쓰이기를 결코 원치 않을 것이다. 따라서 수표를 발행하거나 신용카드 정보를 입력하거나 식료품과 의류를 전달하기 전에 상황 파악을 위한 노력을 기울여야 한다. 이웃과 친구들 그리고 낯선 사람들을 도와주는 행동의 가치를 놓치지 마라. 그러나 이제 위험 신호에 대해 배웠으니 항상 조심하기 바란다.

14장

사랑인 줄 알았는데
: 데이트 사기의 위험한 세계

지난 26년간 온라인 및 디지털 데이팅은 우리가 사람을 만나는 방식을 바꿔놓았다. 스마트폰 앱과 데이팅 웹사이트가 생기기 전에는 전통적으로 술집을 서성이거나 신문 광고를 이용하거나, 선의를 가진 친구들과 친척들의 소개로 애인을 만나곤 했다. 과학기술 멀티미디어 출판물 『마더보드Motherboard』에 따르면 1993년에 스탠포드대학교 대학원에 재학 중이던 앤드류 콘루Andrew Conru는 사귀던 사람과 헤어진 후 새 애인을 찾기 위해 온라인 데이팅 웹사이트를 만들었고, 이것이 최초의 데이팅 사이트 중 하나가 됐다고 한다.

이후 온라인 데이팅의 폭발적 증가와 함께 데이트 사기도 늘었다. 2019년 AARP 설문 조사에서 18세 이상의 성인 넷 중 한 명은 데이트 사기의 피해를 입었거나 그런 피해를 입은 사람을 알고 있다고 답했다. 또한 데이트 사기 피해를 입은 사람은 당해 보지 않은 이들보다 더 큰 사회적 고립감을 느끼고 삶 속에서 부정적인 경험을 더 많이 겪는다고 조사됐다. 넘쳐나는 사기를 퇴치하려면 강한 사회적 결속이 중요한데 데이트도 예외가 아니다.

14장에서는 가장 흔한 형태의 사기를 살펴보고, 사기를 간파하는 방법과 단짝을 찾는 과정에서(그것이 그저 커피 한 잔을 같이 마시는 경우라도) 자신을 보호하는 법을 알아본다.

클릭 한 번에 훅: 스마트폰 앱 사기

"저는 이런 일을 여러 번 당했어요."라고 티모시Timothy는 말했다. 그는 패션 회사 임원을 역임한 쾌활한 성격을 가진 60세다. 티모시는 오랜 애인과 헤어진 후 맨해튼을 떠나 펜실베이니아주 델라웨어 강변의 작은 예술 도시로 이사했다. 그는 5년간 혼자 지내다가 마침내 온라인 데이팅을 시작했다. "저는 누군가를 사귀고 싶었고, 한 명의 배우자와 가정을 이루고 싶었어요. 하지만 그런 외딴 곳에서 제 소망을 이루기는 쉽지 않았죠. 저는 사귈 만한 사람들과 지리적으로 너무 멀리 떨어져 있었어요."라고 말했다.

그럼에도 발랄하고, 건장한 체격에 교육 수준도 높고 잘 생기기까지 한 티모시를 만나고 싶어하는 남자들이 끊이지 않았다. 그런 티모시에게 '해외 군복무 중'이라는 사람이 연락을 해왔을 때 그는 흥미를 느꼈다.

상대방은 틴더Tinder라는 데이팅 앱으로 티모시에게 연락했다. "그는 파병돼 전 세계를 다녔는데 지금은 아프리카에 있고, 부모님은 돌아가셔서 세상에 자기 혼자 남았다고 했어요. 그는 자기 남자친구가 다른 남자와 한 침대에 있는 광경을 보게 됐어요." 티모시는 가족과 떨어져 홀로 타지에 파병된 데다가 애인에게 배신까지 당한 그 사람이 진심으로 측은하게 느껴졌다. "저는 돈을 보내지는 않았지만 약 100달러 정도의 위로 선물을 보냈어요. 내복과 손수 구운 과자와 그가 필요하다는 일용품 등을 넣어 아프리카의 주소로 보냈어요." 티모시는 덧붙였다. 그러나 선물이 세관에 묶여 받지 못했고, 수수료로 현금 100달러가 필요하다는 연락이 오자 그는 이상한 낌새를 알아차리고 사기일 수 있다는 생각이 들었다. "저는 돈을 보내지 않았어요."

이후에도 조금씩 다른 안타까운 사연을 가진 남자들이 줄을 이었다. "한 사람은 자기에게 딸이 한 명 있는데 근처에 월마트가 있다면 가서 아이튠즈^iTunes 상품권을 사달라고 부탁했어요." 티모시는 말했다. 그는 사기꾼들이 아이튠즈 상품권을 원하는 이유가 무료 데이팅 앱을 유료 버전으로 업그레이드하고 싶어서라는 사실을 나중에 알게 됐다. 앱에 회원 등급이 표시되므로 무료 회원과 유료 회원을 구분할 수 있다. "그들이 (남의 돈으로) 유료 회원이 되면 다른 유료 회원들에게 더 설득력 있게 다가갈 수 있거든요."

거짓된 사랑

요즘은 컴퓨터와 휴대폰에서 불과 몇 분, 심지어 몇 초 안에 관심사, 재능, 지역 등에 맞춘 애인 후보를 찾을 수 있다. 데이팅 앱 및 웹사이트 사용량은 2013년 이후 세 배나 증가했다. 특히 휴대폰 데이팅 앱은 2018년도 데이팅 서비스 업계 전체 수입의 약 1/4을 차지했고, 성장 속도는 다른 데이팅 서비스를 능가하고 있다. 아마 당신 주변에도 온라인으로 짝을 찾은 사람이 적어도 한 명은 있을 것이다. 나는 여러 명을 알고 있다.

이런 추세와 함께 진지하게 애인을 구하는 사람들을 데이팅 앱과 소셜미디어로 속이는 사례도 전 세계적으로 급증했다. 사기꾼들이 가짜 신원과 프로필을 이용해 온라인 소셜 플랫폼에서 사람들을 사귀면서, 진지한 만남을 원하는 척 속이는 활동을 캣피싱catfishing이라고 부른다. 최근 몇 년간 로맨스 사기꾼들은 순진한 사람들에게서 엄청난 금액을 사취했다. FBI에 의하면 2016년 한 해 동안 미국인들이 입은 피해는 2억 2천만 달러였다. 또한 2011년에서 2016년 사이에 데이트 사기 신고가 세 배로 늘었다고 한다.

내가 강연을 다니다 보면 가령 6개월 정도 사귄 후에 상대방이 기혼자였음을 알게 됐다거나 사귀던 사람에게 돈을 빌려준 직후 소식이 끊겼다는 사연을 많이 듣는다.

다른 종류의 영리한 사기꾼들처럼 이들의 수법은 교활하다. 그들은 사랑을 찾아 진지한 자세로 남을 믿어주는 이들을 다루는 방법을 잘 알고 있다. 그런 사기꾼들은 피해자들을 구워삶아 천생연분을 만났다고 믿게한 후, 치료비나 피해자를 만나러 가기 위해 비행기 티켓 값이 필요하다는 등의 구실로 큰 돈을 뜯어내는 데에 도사들이다.

이런 범죄자들은 외국 범죄조직 소속으로, 인터넷 카페를 중심으로 활동하기도 한다. 나이지리아에는 영어가 유창하고 교육을 받았지만 제대로 된 직장을 구하지 못한 젊은이들이 많아 이런 범죄 조직이 자라는 온상이 됐다. 미국이나 기타 국가에 살지만 다른 재능이나 대안이 없어 데이트 사이트에서 돈벌이를 하기 위해 발을 들인 사람도 있다. 혹은 과거의 내가 그랬듯이 그저 뭐라도 해서 살아남으려는 사람일 수도 있다.

FBI는 이혼했거나 미망인이 됐거나 장애가 있는 40대 이상의 여성이 가장 흔한 표적이 된다고 밝혔다. 그러나 남녀노소를 불문하고 동성애자든 이성애자든 예외는 없다. 연령대와 인구 특성을 막론하고 누구나 데이트 사기의 표적이 될 수 있다.

사귀려는 사람의 뒷조사를 위해 개인 탐정을 고용할 필요는 없다. 어느 정도의 조사는 꽤 간단하므로 충분히 혼자서 할 수 있고, 해야만 한다. 상대가 다닌다는 직장에 전화 한 통이면 그가 정말 그곳에 근무하는지 알 수 있다. 간단한 인터넷 검색으로 상대방 주소를 확인할 수 있다. 사실 이름 검색만으로도 상대에 대해 꽤 많은 정보를 알 수 있다. 한편 인터넷상에 모든 사람에 대한 정보가 그렇게 많다는 부분에서는 모두 경각심을 가져야 한다.

이런 검증이 필요한 이유는 많은 무료 데이팅 앱과 웹사이트에서 사기꾼들이 손쉽게 가짜 프로필을 만들어 내기 때문이다. 우리가 직접 확인해 봤다. 나와 팀원들은 여러 데이팅 앱에서 가짜 프로필을 만들 수 있었다. 내 동료는 실제로는 자식 한 명을 둔 60세 여성이지만, 플로리다에 거주하는 45세 동성애자 남성의 프로필을 만들어 사진과 함께 올렸다. 여러 남성이 관심을 보였는데, 그중에는 외국 파병 중에 돈이 필요하다는 사람도 많았다. 당신이 상대하는 사람이 밝힌 성별과 나이는 실제와 다를 수 있다. 유료 회원이 되면 사기꾼으로부터 어느 정도는 보호를 받지만 확실한 보장은 될 수 없다.

그는 당신에게 관심이 있다

멜리사 트렌트Melissa Trent는 콜로라도주 콜로라도 스프링스에 사는 40대의 싱글맘이다. 그녀가 데이팅 웹사이트 플렌티 오브 피시Plenty of Fish의 자기 계정으로 접속했을 때 'lovetohike1972'라는 아이디를 가진 사용자가 보낸 메시지를 보고 들떴다. "당신처럼 예쁜 사람이 이런 사이트에 계시다는 게 믿어지지 않네요."라고 쓴 메시지 내용도 그녀를 으쓱하게 했다.

멜리사가 서둘러 확인해본 그의 계정도 그녀를 실망시키지 않았다. 여러 사진에서 그는 멋쟁이에 군살 없는 몸매를 자랑하고, 하이킹 차림으로 환하게 웃고 있었고, 다양한 야외 활동을 즐기는 모습이었다. 그의 관심사는 하이킹, 자전거, 스키, 수제 맥주 등 모두 멜리사가 좋아하는 것이었다. 이 남자는 완벽해 보였다. 해당 웹사이트에서 그녀에게 관심을 보였던 남자들 대다수는 볼품없게 생겼거나 단지 섹스에만 관심이 있는 듯했는데 그는 너무나 달랐다.

그녀는 답변하기로 결정했다. 몇 차례 메시지를 주고 받은 후 그녀는 자기 휴대폰 번호를 알려줬다. 그의 이름은 제프 칸트웰Jeff Cantwell이었고, 그의 말투는 조용하면서도 에너지가 넘쳤다. 전화상으로 받은 인상은 괜찮았다. 제프는 알래스카의 코디악Kodiak 섬에서 나고 자랐으며, 수목학자arborist가 되기 위해 공부를 하러 콜로라도 스프링스로 온 지 얼마 되지 않은 사람이었다.

며칠 후 멜리사는 공공 장소에서 제프와 데이트하기로 했다. 그녀가 전화상으로 느낀 매력은 그를 직접 만나 이야기를 나누면서 재확인할 수 있었다. 정말 잘 생긴 남자였다. 그의 모습은 사진 그대로였기에 그녀는 안도감을 느꼈다. 그들은 하이킹에 대해 이야기를 나눴고, 그는 하이킹 중에 겪은 모험 이야기로 그녀를 즐겁게 해줬다. 그는 정말 괜찮은 사람 같았다. 밥값도 아무 실랑이 없이 그가 지불했다. 며칠 후 그는 멜리사의 두 딸이 좋아하는 음식이 뭔지 물었고, 그가 와서 그녀의 가족들을 위해 미트볼 스파게티를 만들어 줬다. 아주 즐겁고 편안한 저녁 식사 시간이었다.

이후 며칠 동안 두 사람은 전화와 문자메시지로 끊임없이 이야기를 주고받았다. 매번 제프는 자신의 배경에 대해 더 많이 알려줬다. 그의 부모는 자동차 사고로 돌아가셨는데, 그 사고로 그의 약혼녀와 아기도 생명을 잃었다. 그는 아프가니스탄 파병 중 몸을 다쳤다. 또한 그는 여러 험난하고 도전적인 하이킹 코스를 완주했다.

서로의 대화가 깊어지기 시작한 어느 주말, 제프는 멜리사에게 은행 카드에 문제가 생겼다고 말했다. 문제는 그의 퇴역군인 복지수당 때문인데, 군에서 지급한 수표가 계좌에 입금되면 그 수표가 결제될 때까지는 계좌가 정지된다고 했다. 퇴역군인 복지수당에 대해 잘 모르는 멜리사에게는 그럴듯하게 들렸다. 제프는 주말 동안 필요한 용돈 100달러만 달라고 부탁했고, 월요일에 갚겠다고 했다. 이어 그들은 카지노에 가기로 했는데, 그때 제프는 200달러를 인출해 줄 수 있는지 물었다. 100달러는 주말에 쓸 용돈이고, 100달러는 도박에 쓰기 위해서였다. 그녀는 그렇게 했고, 도박에 쓸 돈이 모두 없어질 때까지 10시간 동안 즐길 수 있었다.

카지노에서 그녀는 제프가 다른 고객과 대화 중 알래스카에 대해 말하는 내용을 엿듣게 됐는데 제프가 "제 어머니는 이누이트Inuit 족이세요."라고 현재형으로 말하는 것이었다. 멜리사에게는 부모님이 돌아가셨다고 하지 않았던가? 이것은 그녀가 그 당시까지 받은 유일한 위험 신호였다. 그녀는 '돌아가신 분들에 대해 모두가 과거형으로 말하는 건 아니니까'라고 스스로 설득시키면서 넘어갔다.

다음 월요일에 제프는 자기 계좌에 생긴 문제 때문에 덴버에 있는 은행 지점으로 한 시간 넘게 운전해서 가야한다고 하면서 멜리사의 아우디를 빌려달라고 했고 그녀는 승낙했다. 그는 또 그녀가 차에 놔둔 신용카드로 기름을 채워도 되는지 물었다. 멜리사는 자기 차에 신용카드를 놔둔 기억이 없었지만 그 생각을 무시하고 그러라고 했다.

시간이 지나도 제프에게서 연락이 없자 멜리사는 걱정이 되었다. 어디 간 거지? 그녀가 문자를 보내자 제프는 자기가 덴버에 도착했더니 은행이 닫혀서 은행 주차장에 차를 세우고 차 안에서 자야 한다고 했다. 정말 은행 주차장이 맞는지 사진을 찍어 보내달라고 하자 그는 화를 냈다. 그는 밤새 문자를 보냈고, 내용은 갈수록 감정적으로 격해졌다. 결국 그녀는 엘파소^{El Paso} 카운티 보안관 사무소에 전화를 걸었고, 보안관 사무소에서는 제프에게 연락해 차량에 관해 물었다. 제프는 자동차를 돌려줄 예정이라고 경찰에게 말했다. 경찰은 다시 멜리사에게 연락해 제프가 차를 훔쳐간 것이 아니니 안심하라고 했다.

그러나 다음날 자동차는 제프와 함께 사라졌다. 그즈음 멜리사는 경찰이 칸트웰의 전화번호를 조회해 그가 제프리 딘 칼드웰^{Jeffrey Dean Caldwell}이고, 나이는 44살, 버지니아 출신의 전과자로서 강도 및 부도 수표 발행을 비롯한 일곱 건의 중범죄로 여러 주에서 복역한 인물임을 확인했다는 이야기를 들었다. 그는 콜로라도에서 신원 도용으로 복역 중 2016년 9월에 가석방된 상태였다. 그러나 2017년 4월에 그가 멜리사를 만난 다음, 보호 관찰관과의 연락을 끊었다.

결국 칼드웰은 사우스 다코타주에서 체포됐다. 멜리사는 자신의 아우디를 되찾았지만 상태가 엉망이었다. 칼드웰이 수제 맥주 투어를 다니면서 자신이 방문한 모든 양조장에서 받은 스티커로 차를 장식해 놓은 것이었다. 차 내부도 아수라장이었다. 그는 차를 집 삼아 그 안에서 먹고 잔 것이 틀림없었다.

"이런 떠돌이 사기꾼들은 여기 저기 옮겨 다니기 때문에 추적이 어렵습니다."라고 라리머Larimer 카운티 보안관 사무소의 제임스 디즈너James Disner 경위는 말했다. 그는 약 10년 전에 칼드웰을 체포했었다. "저는 이런 종류의 사건을 여러 번 해결했는데, 모두 그들이 먹잇감으로 노렸던 이들이 속한 공동체로부터 도움을 받았기 때문에 가능했지요."

여기서의 핵심은 공동체다. 칼드웰은 하이킹 동호회에 소속된 여성을 노렸고, 멜리사 외에도 다른 피해자가 있었다. 이것은 일종의 친분 사기로, 금융 사기꾼이 피해자를 투자에 끌어들일 때 자주 사용하는 수법과 같다(125페이지 참조). 데이트 사기꾼은 동호회와 단체 모임을 통해 사람들을 사귀고 기본적인 신뢰를 쌓는다. 칼드웰은 인터넷 데이팅 사이트를 기웃거리며 '비슷한 생각'을 가진 사람을 찾거나, 하이킹 동호회 오프라인 미팅에서 피해자를 물색했다. 그는 하이킹 출발 지점, 호스텔, 아웃도어 용품점 등 하이킹 애호가들이 모일 만한 장소에서 어슬렁거렸다고 브렌든 보렐Brendan Borrell은 말한다. 브렌든은 칼드웰이 법을 피해 도망 다닐 때 그와 소통하면서 칼드웰에 대한 기사를 쓴 기자다. 그러므로 당신과 관심사가 같거나 같은 단체 소속이라고 꼭 상대의 신뢰성을 보장할 수 없음을 유념하라.

온라인 데이트 사기로부터 자신을 보호하는 방법

온라인에서 애인을 구할 경우 당신 자신과 마음을 지키는 요령을 소개한다.

- **실체를 보라**: 당신이 대화하는 상대가 진짜인지 검증하라. 온라인 검색을 통해 그의 주장과 검색 결과가 서로 맞는지 확인하라. 상대방 페이스북, 트위터, 링크드인 페이지 내용과 그가 말하는 바가 일치하는가?

- **신비감을 유지하라**: 적어도 처음에는 그리고 상대가 사기꾼이 아니라고 확신할 때까지는 그래야 한다(310페이지 '데이트 사기의 위험 신호' 참조). 직접 만나기 전에는 당신의 성姓, 전화번호, 주소, 직장명 등을 알려주지 마라. 이런 정보를 너무 빨리 요구하는 상대를 조심하라. "서로 더 잘 알고 직접 만날 때까지는 개인정보를 알려주지 않는 게 제 방침이예요." 등의 표현으로 요령껏 거절하라.

- **추적당하지 마라**: 만약 데이팅 앱을 사용한다면 위치 설정을 꺼놓고, 당신의 주거지나 행선지를 사기꾼이 알아채지 못하게 하라.

- **사진을 확인하라**: 데이트 사기꾼들은 남의 사진을 도용해 자기인 척하기도 한다. 데이트 사이트에서 사람을 상대하기 전에 구글 이미지 검색이나 이미지 검색사이트인 틴아이(https://tineye.com)에서 상대편 인물의 사진이 다른 이름으로 검색되는지 확인하라.

- **연애편지를 확인하라**: 수상한 메시지를 받는다면 확인 과정을 밟아라. 티모시는 사기꾼들이 보낸 메시지 중 다수가 마치 대본에서 베낀 듯 서로 비슷한 표현을 사용했다고 말한다. 데이트 사기 사

이트에서 같은 표현이 등장하지 않는지 의심스러운 표현을 복사해 검색해보라.

사랑의 수감자

리사Lisa는 펜실베니아 교도소에서 경위 계급으로 은퇴한 인물로, 여성 교도소인 먼시Muncy의 주립 교도소에서 여러 해 근무했다. 그녀는 감옥 밖에 있는 너무나 많은 이가 출소하면 만나겠다는 사랑의 약속에 유혹당하는 현실에 경악했다. 이는 좋은 뜻을 가진 순진한 사람들의 돈을 빼앗는 수법이었다. 그러나 수감자와 연락하다가 사기를 당한 이들은 이런 이야기를 감추고 싶어한다. 이미 범죄를 저질러 수감된 사람들에게 속았다는 사실 자체가 매우 부끄럽기 때문이다. 이런 현실을 두고 볼 수 없던 리사는 곤경에 처한 수감자들을 돕고 싶은 이들에게 스스로를 지키는 방법을 가르친다.

왜 사람들은 수감자들과 소통하고 싶어할까? 수감자들과 펜팔이 된 사람들 대부분은 외로운 사람들이라고 리사는 말한다. 또한 "곤경에 빠진 이를 돕고 그들의 변화를 응원하고 싶은 이타적 충동에서 그럴 수 있다."고 설명한다.

주 교도소의 수감자들은 출판사에서 직접 발송하는 신문, 잡지 등을 받을 수 있고, 편지를 주고받을 수 있다. 밀반입 방지를 위해 우편물을 검색하고, 교도관들이 편지 내용을 읽을 수 있음에도 불구하고 수감자와 외부인 간의 로맨틱한 소통이 가능하며, 또 실제로 일어난다.

먼시 인근에서 발행되는 인기있는 지역 신문 「더 밸리 트레이더The Valley Trader」에는 '돌다리도 두들겨보고 건너라Look Before You Leap'라는 개인 광고란이 있다. 수감자들은 교도소에서 일하고 받는 작은 금액으로 펜팔과 애인 구함 광고를 여기에 싣곤 한다. 그들은 친구 구함 광고를 보고 연락하기도 하는데, 특히 안타까운 사연에 대해 더욱 그렇게 한다. 예를 들면 "최근에 아내가 세상을 떠났습니다. 동반자를 찾습니다." 같은 사연이다. 이런 종류의 광고는 흔하며, 취약한 표적을 물색하는 수감자들의 관심을 끈다.

"수감자는 기본적으로 광고를 낸 사람이 듣고 싶어하는 말로 답장을 씁니다." 리사는 말한다. 그들은 외모도 속인다. "몸집 큰 중년 여성이 훨씬 젊고 날씬하고 예쁜 여성의 사진을 보내는 경우도 있지요. 수감된 여성 중 다수는 사기죄로 들어왔어요. 그래서 사람들을 속이는 데에 익숙하다는 걸 기억하세요."

수감자들은 도대체 광고에 올릴 자기 사진을 어떻게 찍을까? 앞서 말한 것처럼 훔치거나 다른 수감자에게서 빌리곤 한다. 교도소에는 사진 촬영을 허락하는 제도도 있어서 주로 면회실이나 기타 공공 구역에서 다른 수감자가 찍어준다. 리사는 "옷은 죄수복이지만 배경으로 콘크리트 블럭 벽보다는 근사한 자연 경관이나 기타 장면을 사용하곤 하죠. 이런 사진은 명목상으로 수감자 가족을 위한 것이지만, 로맨스 사기에 많이 사용되기도 합니다. 수감자는 자기보다 젊거나 외모가 괜찮은 다른 수감자의 사진을 빌리거나 훔쳐요. 수감자가 속이지 않는 한 가지가 있다면 자기가 교도소에 있다는 사실입니다. 이 사실도 외로운 사람에게는 미끼가 됩니다."라고 알려준다.

수감자가 일단 피해자의 신뢰를 얻으면 결국 돈 이야기를 꺼낸다. "수감자들은 자신의 교도소 계좌로 얼마라도 보내달라고 부탁해요."라고 리사는 말했다. 그들은 그 돈으로 커피나 담배 등 교도소에서 지급하지 않는 물품을 구입한다.

한 번은 한 남자가 울먹이며 교도소에 전화를 걸었다. "그와 편지를 주고받던 여성이 보석금을 요청해 보냈나 봐요. 정상적인 보석금은 보통 꽤 큰 금액이거든요. 그런데 그 여자는 돈을 받고 소식을 끊었어요." 리사는 당시 상황을 말했다. 그 남자는 그녀가 보석을 신청하고 출소하면 자기를 만날 것이라고 기대했다. 안타깝지만 주립 교도소에는 보석 제도가 없다. "복역을 하다가 가석방parole을 받든지 풀려나든지예요. 교도소 체계를 잘 모르는 많은 사람이 이런 점을 이해 못해요." 그리고 주립 교도소에서는 보호관찰 처분probation을 받을 수 없다. 그건 카운티 감옥에만 적용된다. 연방 교도소에서도 보석은 거의 없는 편이다. 리사는 "주립 교도소에 수감된 사람이 보석 신청을 위해 돈을 요청한다면 그건 사기입니다. 수감자와의 의사소통 시 상대가 금전을 요청하는 것은 가장 대표적인 위험 신호입니다."라고 알려줬다.

수감자들은 펜팔 상대에게 실제 출소일보다 일주일 뒤의 날짜를 출소일로 알려주는 경우가 많다. 그들은 당신의 돈을 받고 출소한 뒤에는 연락을 끊는다. 리사는 한 사례를 이야기해줬다. "한 남자가 교도소로 찾아와 울면서 이렇게 말하더군요. '그녀는 나를 찾아와 돌봐주겠다고 약속했어요. 저는 그녀에게 2천 달러나 보냈어요.' 그 돈은 그가 가진 예금 전부였죠. 하지만 그녀는 이미 일주일 전에 출소해 멀리 사라진 뒤였어요. 저는 그 남자에게 그녀를 고발할 수 있다고 했어요. 그녀를 찾아 기소할 수 있다고요. 하지만 그는 거절했어요. 자기가 수감자와 연락하다가 돈까지 보냈다는 걸 가족들이 알면 무척 화를 낼 거라고 했어요." 이것이 교도소 애정 사기와 기타 데이트 사기가 신고되지 않고 조용히 묻히는 이유 중 하나다. 사람들은 이를 수치스럽고 당혹스러워한다.

감옥에서 복역 중인 사람에게 편지를 쓰지 말라는 게 아니다. 곤경에 처한 사람을 도우려는 마음은 존경해 마땅하다. 나도 감옥에 있었고, 새로운 삶을 살게 됐다. 이제 나는 결혼한 남자이자 아버지 그리고 할아버지로서 행복하게 살고 있다. 과거에 내가 상처를 준 피해자들에게 진 빚을 갚으려고 매일 최선을 다해 지역 공동체와 나라를 위해 봉사한다. 수감자들과 범죄자들도 변화할 수 있음을 나는 잘 안다. 또한 많은 사람이 변하지 않는다는 점도 안다. 전문 사기꾼들은 좀처럼 변하지 않는다. 항상 조심하고 수감자들에게 결코 돈을 보내면 안 된다.

데이트 사기의 위험 신호

자신의 단짝과 인연이 닿을 수도 있다는 기대를 품는 가장 취약한 순간을 노리는 데이트 사기꾼을 완전히 피할 수는 없다. 그러나 데이트 상대를 고를 때 경계심을 가져야 가슴 아픈 상황을 피할 수 있다.

언어에 유의하라: 상대가 사용하는 단어를 유심히 살펴보라. 철자나 문법을 틀린다면 그는 영어가 모국어가 아닌 외국 사기꾼인 경우가 많다. 그들은 번역 소프트웨어를 사용하기도 하는데, 그러면 표현이 어색해지고 문법은 엉망이 된다. 티모시는 미국인이라고 주장하는 이들의 관용 표현에서 그들의 거짓이 드러난다고 한다. "미국에서 흔한 표현인 'mom'이

나 'mother' 대신에 'mum'이라고 쓰는 사람들이 많아요. 그걸 보면 속이고 있음을 알 수 있죠." 티모시는 말했다. '하느님을 경외하는God-fearing' 등의 종교적 표현이 과도한 것도 위험 신호라고 줄스 해나포드Jules Hannaford는 말한다. 그녀는 저서 『Fool Me Twice』(Hasmark Publishing, 2018)를 통해 인터넷 데이트에서 사기당한 자신의 경험을 공유했다. 해나포드의 경험처럼 자기 문화나 국가와 맞지 않은 억양을 구사하는 경우도 의심해야 한다.

파병 팔이: "자신이 해외 파병 중이라는 사람은 주의해야 합니다."라고 티모시는 말한다. 군이나 정부의 일로 해외 근무 중이라는 주장은 의심하라. "자주 옮겨 다니는 직업을 가졌다는 경우도 위험 신호입니다."라고 해나포드는 말한다.

선물 요구: 상대방이 여행, 응급 치료, 호텔비, 자녀나 친척의 병원비, 비자나 기타 공문서 발급, 재정 궁핍 등을 이유로 상품권이나 아이튠즈 카드, 혹은 현금을 요청하는 경우는 사기다. 제프 칼드웰이 멜리사에게 100달러를 요청한 후 현금지급기 앞에서 요청액을 200달러로 올렸을 때 그녀는 정중히 거절하고, 그 남자를 떠났어야 했는데 아쉽다.

글래머 샷: 만약 상대의 사진이 잡지 사진 같이 멋지다면 실제로 그런지도 모른다. 이미지 검색사이트 틴아이(https://tineye.com)나 구글 이미지 검색에 해당 사진을 검색해보고, 인터넷상에서 같은 사진이 쓰인 곳이 있는지 찾아보라.

사랑 폭격: 이것은 상대방이 다짜고짜 애정 표현을 쏟아 붓는 경우를 말한다. "사기꾼을 알아보는 방법 중 하나는 그가 다짜고짜 '자기babe'라고 부르면서 애정 표현을 하는 경우입니다. 이런 모습을 보이면 뭔가 수상하

죠." 티모시는 말했다. 해나포드도 "채팅을 시작한 지 얼마 되지 않았는데 '트루먼'이 '사랑해'라고 말할 때 무척 불편했어요. 아직 만나지도 않았는데 말이죠."라며, 즉각적인 친밀함이 위험 신호라고 말한다.

만남을 피한다: 사기꾼들은 직접 만나지 못하는 핑계를 둘러대는 경우가 많다. 심지어 전화, 스카이프, 페이스타임조차 피하고, 오로지 문자나 이메일로 소통하기도 한다.

바람을 맞힌다: 곧 해외 여행을 떠나야 해서 만날 수 없다고 말한다. 마찬가지로 직접 만날 계획을 실컷 세우고는 어떤 사고나 가족의 급한 일, 또는 사업상 문제를 핑계로 마지막 순간에 약속을 취소한다.

장소의 불일치: 만약 프로필 사진이 상대방 거주지가 아닌 다른 지역에서 찍은 것 같다면 사기꾼일 가능성이 있다.

불행한 가족사: 배우자가 먼저 세상을 떠났다거나 아이가 있다거나 혹은 없다거나 하는 이야기와 더불어 최근에 배우자가 암으로 죽었다는 등의 슬픈 사연을 곁들인다면 위험 신호로 생각하라. 멜리사의 경우 칼드웰은 부모, 약혼녀, 아이가 자동차 사고로 죽었다고 했다. 이것은 동정심과 친밀감을 불러일으키기 위한 수법이며, 이것이 그녀가 그에게 돈과 자동차 열쇠를 맡기는 요인이었을 수도 있다.

이름 장난: 항상 그런 것은 아니지만 성명full name 대신에 이름first name 두 개를 붙여 사용하는 사람은 가명을 쓰는 것일 수도 있다.

이상한 번호: 채팅 상대가 준 전화번호가 당신이 기대한 국가 번호나 상대의 거주지 국가 번호가 아니라면 사기일 수 있다.

이사 계획: 사기꾼은 과거에 당신의 국가나 지역에 살았던 적이 있고, 몇 개월 후에 다시 그곳으로 이사할 계획이라고 말하는 경우가 많다. 혹

은 당신이 사는 지역으로 이사를 심각하게 고려 중이라고 주장하기도 한다.

소셜미디어상의 문제: 사기꾼들의 소셜미디어 페이지에는 개인 생활에 대한 사진이나 글이 거의 없는 경우가 많다. 친구나 연결 대상도 매우 적을 뿐 아니라 있더라도 동성으로만 구성되곤 한다.

사이트를 벗어나자는 제안: 만약 상대가 데이팅 사이트를 벗어나 개인 이메일이나 인스턴트 메시지로 소통하자고 하고, 그러면서 실시간 영상 통화는 거부한다면 주의하라.

매치 포인트(Match Point)

강연 중에 사람들은 "특히 표적이 된 사람과 정서적으로 얽히는 애정 사기 같은 경우, 사기꾼이 자기가 속이는 대상에게 감정이 생기는 걸 어떻게 막나요? 사기꾼은 영혼이나 감정이 없나요? 함께 만나 시간을 보내고 심지어 친밀한 관계로 발전했을 수도 있는 사람을 어떻게 이용할 수 있을까요?"라고 묻곤 한다. 음, 사실 그러기는 쉽다. 사기꾼 중 상당수는 오로지 자기 생각만 한다. 그들 중 다수는 소시오패스^{sociopath}이거나 돈벌이를 목적으로 사기를 치므로, 공감 능력이 결핍되고 이기심이 본능적으로 나타난다.

14장에 등장하는 유형의 사기꾼 중 다수는 그날 벌어 그날 먹고 사는 사람들이라는 사실을 나는 겪어봐서 안다. 그들의 관심사는 오로지 다음 끼니를 어떻게 해결할까, 오늘 밤은 어디에서 잘까 정도다. 수감자들은 감옥에서 쓸 약간의 용돈이나 출소 후에 필요한 돈을 마련하려는 것이다.

그들은 다른 사람에게 신경 쓸 여유가 없다고 보면 된다. 이미 여러 남자에게 수천 달러를 사취한 어느 수감자에게 왜 그랬는지 리사가 물었을 때 그녀는 딱 잘라 말했다. "그 사람들이 기꺼이 내겠다는데 제가 마다할 이유가 없죠." 그녀의 말은 자아도취에 빠진 범죄자들의 사고방식을 완벽하게 대변한다. 사람들이 그들에게 화를 내는 이유조차 이해가 안 된다고 말하는 듯하다.

나도 그런 경험을 했다. 내가 다른 사람들에게 얼마나 많은 상처를 줬는지 한참 지나서야 깨달았다. 내가 젊은 나이에 사기죄로 체포된 후, 이전에 나와 시간을 보낸 많은 이들이 왜 그토록 나를 욕하는지 이해하지 못했다. 생각해보면 그들을 저녁 식사에 초대해 즐겁게 해준 건 나인데 말이다. 비록 불법으로 얻은 돈이지만 밥값과 유흥비는 내가 다 내지 않았던가? 나는 적어도 그들의 돈을 훔치지는 않았다. 그러나 내가 그들의 감정을 갖고 놀았으며, 오히려 그것이 돈이나 재산을 빼앗는 것보다 더 큰 상처를 줄 수 있음을 한참 뒤에야 깨달았다. 인간의 가장 소중한 것은 바로 마음이기 때문이다. 당신도 당신의 마음을 지켜라.

사기의 미래

컴퓨터 보안 회사인 맥아피^{McAfee}에 따르면 전 세계 사이버 범죄 피해액은 6천억 달러다. 여기에는 이 책에서 다룬 여러 악랄한 사기, 악성코드, 피싱, 랜섬웨어, 데이터 해킹 등이 포함된다. 사기로 인해 개인과 공동체가 겪는 심적 고통도 간과할 수 없다. 여기에 소비자 사기, 부동산 사기 등 여러 종류의 사기를 더하면 그 충격은 말할 수 없이 크다. 한 개인이 다른 사람의 돈을 속여 취하는 일이든, 거대 범죄 조직이 자동녹음전화로 수백만 명의 신원을 도용하는 일이든 사기는 우리 삶을 뒤집어놓을 수 있다. 바로 그런 이유로 나는 사람들에게 사기에 대해 가르치는 일에 최선을 다하며, 이것을 내 필생의 사명으로 여긴다.

간혹 사람들이 내게 주된 고민거리와 관심사가 무엇인지 물으면 이렇게 답한다. 첫째 사기가 더 교활해지고, 널리 퍼지며, 더 파괴적이 되는 상황이 우려된다고 말한다. 둘째 우리의 신원 보안이 시급히 더 강화돼야 한다고 말한다. 셋째 무엇을 조심하고 어떻게 대응해야 하는지 알아야(바로 이 책의 핵심이다) 자신을 지킬 수 있다고 말한다.

사기 수법이 앞으로 전개될 모습을 내다보면서 우리 자신과 가정을 지키기 위해 해야 할 일을 다음과 같이 정리했다.

개인정보: 사생활 침해

나는 앞으로 벌어진 거대한 사생활 침해 범죄는 개인의 검색 이력의 누출과 연관될 것이라 우려한다. 취약한 검색 이력 데이터는 아마도 수십억 건에 달할 것이다. 데이터 리서치 기관인 인터넷 세계 통계Internet World Stats에 따르면 인류의 55%에 해당하는 42억 명이 개인 혹은 공공 컴퓨터나 휴대폰으로 언제든 인터넷 접속이 가능하다고 추정한다. 악명 높은 인물, 정치인, 공인公人, 심지어 일반 시민에 이르기까지 그들의 검색 이력이 일반에게 공개되면 난처해질 것이라고 위협하며, 거액의 대가를 요구하는 해커와 사이버 범죄자들이 등장할 수 있다. 그것에는 논란의 여지가 있는 정치적 의견, 포르노그래피, 개인 건강 문제 등에 대한 검색 이력이 포함된다. 내가 이 마무리 글을 작성하는 시점에 발표된 「IT 거버넌스 인스티튜트IT Governance Institute」의 보고에 따르면 2019년 1월과 2월 사이에만 약 25억 건의 데이터가 누출됐다. 이는 분당 3만 건에 해당한다. 만약 범죄자들이 우리의 인터넷 활동 내역을 알아낼 새로운 방법을 찾는다면 지금도 적지 않은 이 숫자는 기하급수적으로 늘어날 것이다.

우리가 어느 웹 브라우저를 이용하든 우리의 웹 검색 및 다운로드 기록이 남는다. 어떤 맥락에서는 좋은 점도 있다. 우리가 이미 방문했던 곳을 자동으로 파악해 더 쉽게 접속할 수 있게 해준다. 그러나 당신의 검색 및 다운로드 이력에 아무 문제될 내용이 없더라도 관련 내용이 다른 사람에게 알려진다면 달갑지 않을 것이다. 특히 사이버 범죄자들이 이 기록에 접근하는 방법을 개발하려고 계속 애쓰는 상황에서는 더욱 경계해야 한다.

자신을 안전하게 지키려면 웹 활동 기록을 살펴보고 부지런히 삭제하라. 브라우저에서는 대체로 인터넷 사용 기록을 쉽게 삭제할 수 있다. 다운로드 이력(내려받은 파일 말고), 쿠키cookie[1], 캐시cache[2] 등도 삭제하는 것이 좋다. 대체로 브라우저의 방문 기록history 탭을 열고 '인터넷 사용 기록 삭제Clear History'를 누르면 이 세 가지를 한 번에 삭제할 수 있다. 클릭 한 번으로 원하는 내용을 없앨 수 있다. 더 나아가 대부분의 컴퓨터는 브라우저에서 '새 시크릿 창' 혹은 '새 개인정보 보호 윈도우' 모드를 제공한다. 이 기능은 대체로 브라우저 메뉴의 '파일' 항목 아래에 있다. 이 모드를 이용하면 해당 윈도우에서 검색한 내용의 기록이 남지 않아 추적을 피할 수 있다.

미래의 사기 – 무기 없는 전쟁

오늘날 유능한 해커는 15미터 떨어진 곳에서 다른 사람의 인공심장박동기를 끌 수 있다. 몇 년 후에는 훨씬 더 멀리 떨어진 곳에서 범죄자들이 수천 명의 인공심장박동기를 끌 수 있을 것이다. 15미터 거리라면 자동차를 해킹할 수도 있다. 미래에는 모든 자동차가 자율 주행이 가능하고 네트워크로 연결될 것으로 전망되는데, 수천 킬로미터 떨어진 곳에서 모

---

1 웹사이트가 당신의 컴퓨터에 저장해 둔 작은 양의 데이터

2 이미지 전송 속도를 높이기 위해 컴퓨터에 저장해 둔 파일

든 자동차를 조종할 수 있다면 엄청난 혼란과 파괴를 가져올 것이다.

사이버 사기는 불량 국가rogue nation가 모든 나라를 파탄에 빠뜨리고, 사회경제적 혼란을 야기하는 무기 체계의 일부가 될 수도 있다. 미사일이나 총알 한 발 쏘지 않고 이 모든 재앙을 불러올 수 있다. 하지만 착각하지 말 것은 사이버 전쟁은 악당들의 전유물이 아니라는 점이다. 미국 정부처럼 합법적인 정부도 사이버 공격을 활용한다. 범죄자들이 기업 네트워크 파괴에 사용하는 것과 동일한 기술로 자신을 적의 공격으로부터 방어한다.

예컨대 정교한 바이러스인 스턱스넷Stuxnet이 이란의 핵 원심 분리기 공격에 쓰여 그중 1/5을 파괴했다고 널리 알려졌다. 스턱스넷에 대한 심층 취재와 분석을 한 제어시스템 보안 분석가 랄프 랭너Ralph Langner는 "그것은 인간에게 알려진 가장 정교한 악성코드임이 입증됐다."고 썼다. 그것은 원심 분리기를 자폭시켰다. "스턱스넷은 기존 악성코드와는 전혀 다른 방식으로 작동했다. 목표는 데이터를 훔치거나 조작하는 것이 아니라 이란의 핵 프로그램의 핵심인 나탄즈Natanz 연료 농축 시설 내의 가스 원심 분리기를 물리적으로 파괴하는 것이었다."고 덧붙였다.

복잡한 악성코드가 지닌 문제점 중 하나는 악당들이 이를 연구해 자기 용도에 맞게 개조해 사용할 수 있다는 점이다. 이런 일이 이미 일어나고 있으며, 주요 정부 기관을 파괴하기 위해 특정 유형의 사이버 공격이 일어나리라고 나는 장담한다. 이는 가장 정교하고 가장 위험한 사기 행위가 될 것이다. 시간 문제일 뿐 분명히 일어난다. 사기에는 큰 돈이 걸려 있으므로 자기밖에 모르고, 이기적 목적만 추구하는 코딩 전문가를 돈을 주고 고용하는 것은 큰 수익을 내는 투자다. 나는 FBI와 일하면서 이런 증거를 직접 목격했다.

산업 제조 시설 대다수는 표준화된 산업용 제어시스템을 이용한다고 랭너는 말했다. "그러므로 한 곳의 산업 제어시스템을 장악할 수 있다면 같은 종류의 시스템 수십, 수백 군데를 뚫을 수 있다는 의미입니다." 스틱스넷 바이러스는 주로 네트워크가 아니라 플래시 저장장치 같은 단순한 매체로 전파된다. 랭너는 외교전문지인 「포린폴리시Foreign Policy」에 "전 세계적으로 어느 정도 규모의 산업용 제어시스템을 사용하는 거의 모든 단일 산업체나 군사 시설은 계약자 네트워크에 의존하고 있으며, 이들 대부분은 좁은 범위 내에서 요구되는 엔지니어링 작업에는 능숙한 반면, 사이버 보안은 열악하다는 것이 냉혹한 현실입니다."라고 기고했다.

이런 현실은 큰 우려를 자아낸다. 공격자들은 피해 극대화를 위해 대규모 산업 플랜트 및 공장 시설, 교통 신호 및 운송 시스템, 수처리 시설 및 원자력 발전소 등의 민간 인프라를 표적으로 삼을 가능성이 있기 때문이다. 범죄자들은 조직 네트워크에 침투하고, 전력망을 장악하며, 은행 시스템을 폐쇄할 방법을 찾기 위해 연결을 파괴할 것이다. 기술 발달에 따라 우리는 일부 공격을 막아내고, 또 탐지 능력을 향상시키겠지만 전쟁이 가져올 해악을 막지는 못할 것이다. 그러나 우리는 불법 공격을 인지하는 방법을 배우고, 사기꾼들이 피해를 끼치지 못하도록 미연에 방지하며, 또한 막을 수 없다면 최소화하는 일을 할 수 있다. 우리에게 해를 끼치는 사이버 범죄자들보다 한 발 앞서 가기 위해 최고의 인력을 고용해야 한다. 이를 위해 아마도 수조 달러 규모의 비용이 들 것이다.

현재의 신원, 미래의 디지털 지문

우리가 보통 사용하는 개인 신원 확인 방법이 너무 초보적이어서 사기꾼들이 훔쳐 복제해 사용하기 너무 쉽다는 점이 우려스럽다. 내 친구이자 동료인 래리 벤슨Larry Benson은 렉시스넥시스 리스크 솔루션즈LexisNexis Risk Solutions에서 전략적 제휴 디렉터이자 사기 전문 온라인 출판물 「Fraud of the Day」의 창업자이다. 그는 너무 많은 기관과 조직이 신원 확인을 위해 출생증명서와 사회보장번호에 의존하는 현실에 대해 경악한다.

"최근의 출생증명서를 한 번 보세요."라고 그는 권한다. 예전의 출생증명서와 비교해봐도 별 차이가 없을 것이다. "출생증명서에 사진이나 당사자에 대한 서술이 있나요? 없습니다. 현재의 출생증명서는 특정 날짜와 시각에, 특정 장소에서 한 사람이 태어났다는 가장 기본적인 내용만 적혀있어요. 거기에 여성 또는 남성이라는 성별 표기, 혹은 몇몇 주에서는 남녀로 구분되지 않는 제3의 성별로 X가 추가되죠." 이 서류를 제출하는 사람이 정말 그 사람인지 확인할 수 있는 정보는 거의 없는 셈이다.

그러나 우리가 신원 확인에 사용하는 출생증명서는 쉽게 손에 넣을 수 있다. 벤슨은 그 증거를 갖고 있다. "저는 배우 조니 뎁Johnny Depp, 영화감독 스티븐 스필버그, 운동 선수 르브론 제임즈LeBron James, 전 하원의장 존 앤드루 베이너John Andrew Boehner, 우주비행사 닐 암스트롱Neil Armstrong, 유명한 복싱계의 전설 카시우스 클레이 주니어Cassius Clay Jr. [3], 내 어머니와 그 외 여러 일반인들의 출생증명서를 갖고 있어요. 게다가 샌더스 대

---

3 무하마드 알리의 본명

령Colonel Sanders⁴의 사망증명서도 있네요. 이런 것도 손에 넣기 어렵지 않아요."

두 번째로 가장 기본적인 신분 증명서는 사회보장카드다. 사회보장카드에는 이름과 번호가 적혀있고, 그 외의 정보는 없다. 가짜 사회보장카드를 만드는 곳은 많다. 간단한 인터넷 검색으로 위조 카드 제작 회사를 여럿 찾을 수 있다. 이런 회사는 주기적으로 폐업을 하지만, 이들을 대체하는 다른 회사가 금방 생겨난다. 신원 확인을 위해 그런 단순한 서류에 의존하는 현실은 미래에 암울한 그림자를 드리운다.

향후 전망

만약 사기꾼들이 당신의 신원을 확인하는 이런 모든 방법을 우회할 수 있고, 이 책에서 다룬 모든 수법을 갖고 있다면 우리는 어떻게 대처할 수 있을까?

생체 데이터에 통계분석 기법을 적용한 생체인증 방식의 일종인 얼굴 인식 기술이 하나의 대안이 될 수 있다. 또한 이 기술은 앞으로 더 발전하고, 더 널리 사용될 것이다. 현재 수준으로도 사회보장카드나 출생증명서보다 낫다. 얼굴 인식 소프트웨어는 개인의 얼굴 특징 알고리즘을 이용해 운전면허증이나 신분증 사진을 교통국DMV이 보유한 다른 사진과 비교한다. 이 기술을 속이기는 점차 더 어려워질 것이다. 만약 한 장의 사진이 두 명 이상의 신원과 동일하다는 판정이 나올 경우 인식 분석가들은

---

4 세계적인 치킨 체인점인 KFC의 창업자 — 옮긴이

이것이 서류상의 오류인지(예컨대 결혼이나 이혼으로 인해 이름이 바뀐 경우) 혹은 의도적인 사기인지 가려낼 것이다.

이 글을 쓰는 시점 기준으로 39개 주의 교통국에서 얼굴 인식 소프트웨어를 활용한다. "이 기술로 기존 시스템을 속이려는 사람들을 찾아낼 수 있습니다."라고 미국 교통 관리자 협회American Association of Motor Vehicle Administrators의 신원 관리 디렉터 제프 슬레이글Geoff Slagle은 말했다. "사기꾼 적발에 정말 도움이 됩니다."

매사추세츠주에서는 셀프 면허 갱신 키오스크에서 신원 확인을 위해 그리고 수상한 경우를 적발해내기 위해 생체인증 방식을 사용한다. 콜로라도, 아이다호, 아이오와, 메릴랜드, 워싱턴 DC 등에서는 디지털 운전면허증DDL을 시범 운영 중이다. 이것은 앱 기반으로 암호화돼 있고, 앱 접속 시 얼굴 인식을 포함한 원격 인식 기술을 이용한다.

나는 결국 비용 절감 효과 및 보안성 때문에 미국뿐 아니라 전 세계적으로 이 기술이 널리 보급되리라 기대한다. 슬레이글도 "이 기술의 도입은 시간 문제입니다."라며 이 점에 동의한다. 그는 유럽, 아시아, 남부 아프리카에서도 이와 유사한 기술 도입이 시도되고 있다고 말한다.

또 다른 생체인증 기술인 지문 인식도 출생증명서나 사회보장카드의 보안성을 보완해 신원 도용을 어렵게 만들 수 있다. "아기가 태어난 후 아기의 지문이 저장된 칩을 내장한 출생증명서 발급이 불가능할 이유가 전혀 없습니다. 태어날 때 이미 지문은 완성돼 있거든요."라고 벤슨은 말했다. 이 기술에 관한 특허는 이미 몇 년 전에 등록됐지만, 대체로 주 정부가 새로운 시스템을 받아들이는 데 시간이 걸린다고 그는 말한다. 비용과 시간도 고려할 요인이다. "그런 출생증명서는 훨씬 비쌀 거예요. 아마

한 장당 1달러 정도는 더 들겠죠. 이 기술이 더 널리 퍼져서 사람들이 익숙해질 때까지는 많은 주에서 도입을 미룰 겁니다. 그러나 이 기술을 도입하는 주는 신원 보호에 있어 앞서갈 겁니다."

생체인증 얼굴 인식 소프트웨어에 의한 사생활 침해를 우려하는 단체도 있다. 이 기술이 정치 시위나 단체 행동 참가자들을 식별할 수 있고, 쇼핑센터나 운동 경기장, 심지어 시내 보도에서 개인 식별에 사용될 수 있기 때문이다. 모든 주는 아니라도 일부 주의 교통국은 이 소프트웨어를 자동차 번호판 대조에만 사용하도록 제한했다. 그러나 미래에는 신원 사기 방지를 위해 노력하는 과정에서 사생활 침해가 일어날 여지가 분명히 있다. 우리는 개인의 권리를 침해하지 않으면서 신원 확인을 할 방법을 꾸준히 찾아야 한다.

비트코인 단속

비트코인은 전 세계에 통용될 수 있는 디지털 화폐로, 인터넷을 위한 현금이라고 생각할 수 있다. 비트코인을 이용하면 모르는 사람이나 신뢰하지 않는 사람과도 인터넷에서 돈을 주고받을 수 있다. 비트코인은 규제를 받지 않고 전통적인 은행 시스템의 테두리를 벗어나 운영된다. 이 화폐가 인기를 끌어 과거 수 년간 가치가 올라가면서 이를 투자 대상으로 여기는 사람들이 많아졌고, 비트코인은 이런 관심을 악용하는 사기꾼들의 표적이 됐다. 비트코인의 가치는 몇몇 소수의 사람들만이 실제로 이해하는 소프트웨어에 의해 결정되므로, 당신이 비트코인 사기의 피해자가 될 여지는 많다.

가장 대표적인 비트코인 사기는 온라인상의 가짜 비트코인 '지갑'인데, 이를 다운로드하면 개인정보를 빼갈 수 있는 악성코드가 당신의 컴퓨터에 설치된다. 또 다른 가상 화폐 사기는 정상적인 비트코인 회사 직원을 사칭하는 것이다. 순진한 구매자의 신뢰를 얻고 나면 그들은 구매자의 온라인 '비트코인 지갑'에 접속해 저장된 금액을 마음대로 사용한다. 비트코인을 이용한 전통적 피라미드 사기도 있는데, 이 경우 사기꾼들은 가짜 화폐를 말도 안 되게 낮은 가격에 판다.

비트코인 사기는 낮은 가격에 사서 고수익을 낸다는 약속으로 피해자들을 유혹한다. 예컨대 전문적으로 보이는 웹사이트를 내걸고 합법적인 비트코인 딜러로 가장한 사람이 비트코인 교환 또는 매매 계좌 개설을 제안하면서 미국 달러 같은 전통적인 화폐로 수수료를 요구한다. 당신이 계좌를 개설하고 나면 당신의 비트코인은 도난당해 다시 찾을 수 없게 된다. 비트코인 거래는 본질적으로 변경이나 취소가 불가능하도록 설계됐기 때문에 그것은 프로그램 오류 때문이 아니다. 나는 비트코인 같은 암호 화폐가 널리 보급될수록 암호 화폐 사기가 기승을 부릴 것으로 예상한다.

블록체인

블록체인이야말로 미래로 가는 길이다. 이것은 정보 보안을 완벽하게 구현할 최선책이다. 말하자면 블록체인은 이름, 출생일, 혈액형을 지정해 해킹 불가능한 '검증 가능한 인증정보verifiable claims'를 만든다. 한마디로 이것은 정보 혹은 거래의 기록 블록block을 다른 정보의 블록에 이어 붙여 데이터 고리를 형성한다. 즉 각 정보, 데이터 혹은 거래 블록은 그 앞뒤의 블록에 연결돼 있다. 이 '연결고리chain' 때문에 개별 데이터 블록을 변조하기가 어렵다. 해커가 데이터를 변조했음을 들키지 않으려면 해당 정보 블록뿐 아니라 앞뒤에 있는 블록 정보도 바꿔야 하기 때문이다.

이런 검증 가능한 인증정보와 데이터를 읽고 공유할 수 있는 접근 권한은 블록체인의 '원장ledger'에 저장돼 있고, 여기에 쌍방간의 거래 내용이 효율적으로 영구 보존된다. 정보 교환은 은행 등의 중앙기관을 거치지 않고 쌍방간에 직접 이뤄지며, 민감한 데이터를 제외한 모든 거래는 시스템 접근 권한을 가진 누구나 볼 수 있다. 블록체인 기술은 의료 기록, 학력 정보, 재정 정보, 부동산 소유권 기록, 에너지 크레딧 등의 주요 기록물을 보호하고 검증하는 데 사용될 수 있다. 블록체인은 뚫거나 해킹할 수 없고 내용을 변조할 수 없다. 블록체인을 지지하는 이들은 결국 모든 정부와 사업체 및 기업이 이 기술을 받아들일 것이라고 생각한다.

나는 블록체인이 안전한 데이터 처리 및 저장의 미래라고 확신하며, 이를 통해 신원 도용 위협을 현저히 줄이며, 결국은 신원 도용 자체를 사라지게 만들 수 있다고 믿는다. 블록체인은 정보 보안을 위한 최선의 방법이다.

우리는 무엇을 할 수 있는가

사기 방지를 위해 당신이 취할 가장 중요한 대비책은 최신 위협과 사기 사례에 대해 알아두는 것이다. 이를 위해 AARP의 사기 감시Fraud Watch를 비롯한 여러 자료를 참조하라. 홈페이지(www.aarp.org/fraudwatchnetwork)

에서 회원 가입을 하고 나서 이 책에서 제시한 방법을 지켜라.

- 개인 신용 정보에 대한 조회 차단 서비스를 신청하라.
- 주기적으로 컴퓨터 브라우저의 방문 기록을 삭제하고, 인터넷 검색 시에는 시크릿 창을 이용하라.
- 은행 거래 내역서와 신용카드 사용 내역을 꼼꼼히 읽고, 자신의 재정 상태를 확인하라.
- 모든 크고 작은 거래에는 대표적인 신용카드를 사용하라. 계정 상태를 주기적으로 확인하고, 수상한 거래 내역이 보이면 의문을 가져라.
- 언젠가 비밀번호가 필요 없는 때가 오기 전까지는 비밀번호에 2단계 인증 절차를 사용하라.
- 낯선 사람과 혹은 소셜미디어에서 당신의 개인정보를 절대 공유하지 마라.
- 당신의 스마트폰을 암호가 풀린 상태로 놓아두지 마라.
- 민감한 문서를 버릴 때는 마이크로컷 문서파쇄기로 파쇄하라.
- 투자 기회, 부동산 거래, 자선단체 기부를 포함해 재정 관련 계약서에 서명하기 전에 세부 사항을 읽고 이해하라.
- 재정 관련 계약에 확신이 들지 않는다면 다른 사람의 의견을 구하라.
- 당신이 사기 피해를 입었다면 부끄러워 말고 법 집행기관과 AARP 사기 감시 네트워크에 신고하라.
- '무기 없는 전쟁'과 대량 사이버 사기 및 범죄를 방지할 국가 차원의 보안 시스템에 투자하는 방안을 지지하는 정치인들을 선출

하라.

- 신원 정보 보안을 위해 생체인식 및 블록체인 같은 기술을 도입하도록 지역과 주 정부에 건의하라.

끝으로 나는 우리가 서로를 잘 알고 보살피는 견고한 공동체를 회복해야 한다고 믿는다. 고독한 사람들이 온라인에서 시간을 보낼 때 많은 사기 사건이 일어난다. 우리가 전자기기에서 벗어나고 온라인에서 보내는 시간을 제한하며, 구체적인 목표와 해야할 일에 더욱 집중한다면 온라인 사기를 당하는 일이 줄어들 것이다. 또한 더 행복감을 느끼고 덜 외로울 것이다. 2018년에 발표된 펜실베니아대학교 연구에 따르면 소셜미디어를 하루 30분 이상 사용 시 우울증에 빠질 수 있다고 한다. 우울증은 위험하고 경솔한 행동을 유발할 수 있고, 이로 인해 사기당하기 쉬워진다. 공동체에 참여하는 것은 우리 모두를 더욱 안전하게 한다. 단순해 보일지 몰라도 화면을 벗어나 우리 이웃이 누구인지 알아야 한다. 이집 저집을 돌아다니는 사기꾼들과 범죄자들이 동네에 얼씬거리지 못하도록 지역 감시단을 만들 수 있다. 우리가 뭔가에 대해 의구심이 생길 때(예: 투자 기회가 생겼을 때) 친구나 친척, 혹은 이웃에게 조언을 구할 수 있다. 물론 친구가 많고 인맥이 풍부한 사람도 사기 피해자가 될 수 있다. 만약 사기꾼이 당신에게 접근했거나 당신이 사기 피해를 입었다면 AARP의 사기 감시 네트워크에 신고하라.

우리 모두를 위해 경계심을 늦추지 말고, 새로운 소식에 유의하고, 서로 연락하며 지내도록 노력하자.

감사의 글

이 책의 출간 준비 과정에서 많은 사람의 도움을 받았다. 특히 자신의 사례를 공유한 이들과 사기 행위 식별 및 퇴치 요령에 대해 영감을 준 법 집행기관과 정부기관 그리고 자신의 사연과 교훈을 나눠준 일반 시민들에게 특별한 감사를 표한다. 일부는 실명을 사용했지만 범죄 피해자들의 이름은 특별히 밝히지 않았거나 가명을 사용했다.

FBI 관계자들에게 많은 신세를 졌다. 그들은 나를 지지해줬고, 내가 FBI 아카데미에서 가르치고 FBI 지부 프로그램에 기여할 수 있는 기회와 특권을 줬다.

이 책을 만드는 데 동참한 AARP의 동료들인 AARP Books의 조디 립슨Jodi Lipson, AARP 브랜드팀의 캐런 호리건Karen Horrigan, 사기 감시 네트워크팀 소속으로 원고 초안을 검토해 준 캐시 스톡스Kathy Stokes, 에이미 노프지거Amy Nofziger, 크리스틴 케카이즌Kristin Keckeisen, 책 홍보에 힘써준 로리 코마데나 에드워즈Laurie Comadena Edwards, 제나 라이트Gena Wright, 마크 베글리Mark Bagley 등에게 감사를 전한다.

또한 AARP 사실확인팀의 캐런 폰트Karen Font, 크리스 프렌치Kris French, 미셸 해리스Michelle Harris, 쯔엉 트랑Chuong Trang 그리고 출판 대리인 톰 밀러^{Tom Miller}에게 고마움을 전한다.

포트폴리오 출판사의 에이드리안 재크하임^{Adrian Zackheim} 대표, 마케팅 전문가 테일러 에드워즈^{Taylor Edwards}, 홍보 전문가 알리사 애들러^{Alyssa Adler}, 멋지게 표지를 디자인한 크리스 세르지오^{Chris Sergio}, 재고 관리를 담당한 올리비아 펠루소^{Olivia Peluso}, 교열 담당자 윌 팔머^{Will Palmer} 그리고 예리한 안목과 창의력으로 함께한 편집자 리아 트라우보르스트^{Leah Trouwborst}에게 감사한다.

개인적으로 캐런 켈리^{Karen Kelly}에게 감사한 마음을 전한다. 캐런은 함께 일한 이들 중 재능이 가장 뛰어난 작가이자 조사 전문가로 가장 어려운 주제조차 독자가 쉽게 이해하고, 여러 심각한 문제의 해결 방안을 쉽게 적용 가능하게 만드는 놀라운 능력을 가졌다. 캐런은 이미 여러 권의 책을 저술하고 인터뷰를 진행했으며, 매우 복잡한 주제를 조사한 경험을 쌓은 바 있다. 이런 그녀와 함께 책을 만들 기회를 얻은 것은 큰 영광과 기쁨이었다. 사람이 살면서 전문가를 만날 기회는 많지 않은데 캐런 켈리는 그중 한 명이었다. 그녀의 수고에 진심으로 감사한다.

정순욱(soonuk@gmail.com)

서울대학교 공업화학과 졸업 후 동 대학원에서 공학박사 학위를 받고, 텍사스 주립대에서 경영학석사 학위를 받았다. 에이콘출판사에서 펴낸 『프리젠테이션 젠』(2008), 『프리젠테이션 젠 디자인』(2010), 『디자인으로 승부하는 프리젠테이션』(2011), 『resonate 공감으로 소통하라』(2013), 『제4차 변혁』(2017) 등을 번역했다.

옮긴이의 말

———

이 책의 지은이 프랭크 애버그네일은 2002년에 개봉된 레오나르도 디카
프리오 주연의 영화 『캐치 미 이프 유 캔Catch Me If You Can』의 실제 인물이
다. 영화를 통해 널리 알려진 대로 그는 스무 살도 되지 않은 어린 나이에
준수한 외모와 비상한 두뇌를 앞세워 수표를 위조하고, 비행기 조종사로
행세하는 등 대담한 사기 행각을 펼친 전설적인 인물이다. 그랬던 그가
복역 후 자신의 과오를 뉘우치고 FBI의 사기 방지 자문역으로 오랜 기간
일하며, 세계적인 보안 컨설턴트로 명성을 쌓았다는 점 또한 놀랍다.

2019년에 미국에서 출간된 이 책을 통해 지은이는 신원 도용에서 투자
사기, 디지털 보안에서 기부금 사기에 이르기는 다양한 맥락에서 누구나
알고 있어야 할 '사기의 상식'을 전수한다. 한동안 남을 속이는 입장에 있
어봤기에 그는 사기가 작동하는 방식을 속속들이 파악하고 있다. 뿐만 아
니라 미끼를 던지는 사기꾼의 마음과 그 미끼에 걸려드는 피해자의 심리
마저도 훤하게 들여다보는 듯하다.

또한 책에서는 사기가 이뤄진 여러 실제 사례를 통해 선의와 신뢰가
한 순간에 깨어지고, 장기적으로 금전적, 정신적 손실을 안겨주는 무서

운 사기의 현실이 먼 일이 아님을 일깨워준다. 바다 건너, 이름도 생소한 나라의 인터넷 카페에 앉아 스팸 메일을 보내고 랜섬웨어를 유포하는 해커도 위험하지만, 우리가 소속된 동호회와 친목 단체, 심지어 종교 단체의 구성원 중에도 친분을 내세워 접근한 후 뒤통수를 치려는 사기꾼이 얼마든지 있을 수 있다는 점을 지은이는 강조한다.

책에서 소개한 조언과 사례 상당수가 미국 사회에 기반한 내용이어서 한국 사회에 직접적인 적용이 어려울 수도 있다는 점이 약간 아쉬웠다. 그러나 지속적으로 더욱 많은 이들이 글로벌 환경을 접하고, 국제 무대에서 활동하게 된다는 점을 고려하면 여기서 제공되는 미국 내 여러 사기 유형에 대한 소개가 많은 사람에게 도움을 줄 것으로 기대한다. 그리고 250만 명이 넘는 미국 내 한인 교포들에게도 이런 책이 꼭 필요하겠다는 생각이 들었다.

한국 상황에 특화된 사기 방지 정보에 관심이 있다면 사기방지연구회에서 펴낸 『사기의 세계』(박영사, 2020), 한국일보 경찰팀에서 펴낸 『덜미, 완전범죄는 없다 3: 지능범죄, 당신을 노린다』(북콤마, 2020) 그리고 법무법인법조 사기고소닷컴팀에서 펴낸 『사기꾼의 얼굴을 공개합니다』(밥북, 2019) 등을 참고하면 도움이 될 것이다.

참고 자료

AARP, "The Con Artist's Playbook: The Psychology Behind ID Theft, Fraud and Scams", AARP Fraud Watch Network(www.aarp.org/content/dam/aarp/money/scams_fraud/2017/07/The-Con-Artists-Playbook-AARP.pdf)

AARP, "Scams and Fraud", Alerts, articles, and other resources(https://www.aarp.org/money/scams-fraud/)

Frank Abagnale, Will Johnson, "The Perfect Scam", AARP podcast series(www.aarp.org/podcasts/the-perfect-scam/)

Lona Choi-Allum, "401(k) Participants' Awareness and Understanding of Fees", AARP Research and Strategic Analysis(www.aarp.org/work/retirement-planning/info-02-2011/401k-fees-awareness-11.html), March 2011

Equifax, "A Lasting Impact: The Emotional Toll of Identity Theft", Equifax(www.equifax.com/assets/PSOL/15-9814_psol_emotionalToll_wp.pdf), February 2015

Federal Bureau of Investigation, "2017 Internet Crime Report", Internet Crime Complaint Center, Federal Bureau of Investigation(https://

pdf.ic3.gov/2017_IC3Report.pdf), 2018

Internal Revenue Service, "Tax Scams—How to Report Them(www.irs.
gov/businesses/small−businesses−self−employed/tax−scams−how−
to−report−them)

Katharina Kircanski, Nanna Notthoff, Doug Shadel, Gary Mottola, Laura
L. Carstensen, Ian H. Gotlib, "Heightened Emotional States
Increase Susceptibility to Fraud in Older Adults", Stanford Center
on Longevity, Stanford University(http://longevity.stanford.edu/
heightened−emotional−states−increase−susceptibility−to−fraud−in−
older−adults−2/), May 5 2016

Al Pascual, Kyle Marchini, Sarah Miller, "2018 Identity Fraud: Fraud
Enters a New Era of Complexity", Javelin Strategy and
Research(www.javelinstrategy.com/coverage−area/2018−identity−
fraud−fraud−enters−new−era−complexity), February 6 2018

Jennifer Sauer, Alicia Williams, "Online Relationship Scams: Protect
Your Heart and Your Wallet: Online Relationship Scams: An AARP
National Survey of Internet Users Ages 18+", AARP(https://doi.
org/10.26419/res.00277.001), February 2019

Doug Shadel, Karla Pak, "AARP Investment Fraud Vulnerability Study",
AARP Research(https://doi.org/10.26419/res.00150.001), February
2017

Doug Shadel, Karla Pak, "Under Fire: Military Veterans and Consumer
Fraud", AARP Research(https://doi.org/10.26419/res.00182.001),
November 2017

관련단체 정보

AARP(미국은퇴자협회) 사기 감시 네트워크(AARP Fraud Watch Network)

877-908-3360, www.aarp.org/fraudwatchnetwork

감시 알림에 무료로 가입하고, 신원 도용, 투자 사기 및 휴가 사기 등의 사기를 발견하고 피하는 요령을 배울 수 있다. 각 주의 법 집행기관으로부터 실시간 경고를 제공받는 사기 추적 지도를 볼 수 있고, 사기 관련 지원 전화 서비스(통화료 무료)에 사기를 신고하거나 사기 관련 상담사와 통화할 수 있다.

애버그네일 어소시에이츠(Abagnale & Associates)

800-237-7443, www.abagnale.com

프랭크 애버그네일 주니어가 진행하는 사기 관련 강연을 신청하려면 연락처로 문의하라.

연방거래위원회(Federal Trade Commission)

600 Pennsylvania Avenue NW Washington, DC 20580

202-326-2222, www.ftc.gov

사기 신고는 www.ftc.gov/complaint에서 가능하다. 가급적 받은 편지나 이메일 사본, 통화 날짜 및 시간, 발신자가 말한 내용 및 발신자 전화번호 같은 특정 정보를 제공하라. 사기꾼이 스푸핑으로 알려진 전화번호를 흉내 내거나 가짜 전화번호를 표시하더라도 법 집행 요원은 번호를 추적해 발신자를 식별할 수 있다. 신원 도용의 경우 www.identitytheft.gov에 신고하면 된다.

금융산업규제기구(Financial Industry Regulatory Authority)

1735 K Street NW Washington, DC 20006

301-590-6500, www.finra.org

FINRA는 브로커-딜러의 표준을 유지하는 독립적인 조직이다. 웹사이트에서는 브로커-딜러에게 불만을 제기하는 방법을 비롯해 투자자를 위한 자료를 제공한다.

미국 국세청(Internal Revenue Service)

800-829-1040, www.irs.gov

IRS는 연방 세금, 세금 사기 및 예방 및 관련 금융 범죄에 대한 정보를 제공한다.

메디케어(Medicare)

800-medicare(800-633-4227), TTY: 877-486-2048, www.medicare.gov/fraud

메디케어 관련 사기를 발견하고 신고하는 방법을 알아보려면 메디케어에 문의하라. 건강 관리 또는 건강 보험과 관련해 의심스러운 전화를 받는다면 메디케어의 수신자 부담 전화번호로 신고하라.

주마다 신뢰할 수 있는 정보를 제공하고, 사기 및 신원 도용에 관한 질문을 포함한 모든 메디케어 관련 질문에 도움을 주는 Senior Medicare Patrol(SMP)이 있다. 각 주의 사무소 주소는 www.smpresource.org/content /what-smps-do.aspx에서 찾거나 877-808-2468로 연락해 알 수 있다. 사기나 도난이 발생 여부 확인에 직원의 도움을 받을 수 있다.

다른 사람이 당신의 메디케어 혜택을 사용하고 있음을 확인한 경우 www.identitytheft.gov에서 신고서를 작성하고, 다른 유형의 신원 도용과 동일한 절차를 따르면 된다.

전화권유판매 수신거부 등록시스템(National Do Not Call Registry)

888-382-1222, TTY: 866-290-4236, www.donotcall.gov

합법적인 회사가 걸어오는 일방적 판매 전화를 차단하려면 집과 휴대폰 번호를 무료로 등록하라. 정치 관련 전화, 자선 전화, 채무 독촉 전화, 정보 전화 및 설문 조사 전화 등은 계속 받을 수 있다. 최근에 거래한 회사도 전화를 걸 수 있지만 전화 중단을 신청하면 요청받은 회사는 당신의 의사를 존중해야한다. 전화번호를 등록했음에도 영업 전화가 걸려온다면 그건 사기일 수 있다.

북미증권관리자협회(North American Securities Administrators Association Inc.)

750 First Street NE, Suite 1140 Washington, DC 20002

202-737-0900, www.nasaa.org

NASAA는 투자자 사기 방지를 위한 자발적 단체다.

사회보장국(Social Security Administration)

800-772-1213, www.ssa.gov

Social Security Fraud Hotline

P.O. Box 17785 Baltimore, MD 21235

800-269-0271(10 a.m. - 4 p.m. Eastern time), TTY: 866-501-2101

사기 방지 요령에 대해 알려면 사회보장국에 연락하라. 사기 긴급 전화번호로 직접 사기 신고를 할 수 있다.

미국 증권거래위원회, 기업금융부(U.S. Securities and Exchange Commission, Division of Corporation Finance)

202-551-3100, www.sec.gov

SEC는 증권 거래 관련 질문에 응답하고, 증권 딜러 및 증권 회사의 등록 여부를 확인한다. 기업금융부는 투자자들이 정보에 근거한 투자 결정을 내리도록 주요 정보의 확실한 제공을 위해 노력한다.

자선단체 순위 및 평가

다음 단체는 자선단체의 순위와 평가 정보를 제공한다. 이들 단체의 웹사이트에서 자선단체 이름을 검색하면 명시된 목적에 사용되는 기부금 비율을 찾아볼 수 있다.

Charity Navigator

139 Harristown Road, Suite 101 Glen Rock, NJ 07452

201-818-1288, www.charitynavigator.org

CharityWatch

P.O. Box 578460 Chicago, IL 60657

773-529-2300, www.charitywatch.org/home

Give.org(BBB Wise Giving Alliance)

3033 Wilson Blvd., Suite 710 Arlington, VA 22201

703-247-9321, www.give.org

Givewell

182 Howard Street, No. 208 San Francisco, CA 94105

415-689-5803, www.givewell.org

신용평가회사

www.annualcreditreport.com을 방문하면 3대 신용 보고 서비스 업체로부터 각각 연간 무료 신용 보고서를 받을 수 있다. 최신 결과를 얻으려면 1년 중 기간을 나눠 각 회사에 보고서를 요청하면 된다(예: 1월 1일 Equifax, 5월 1일 Experian, 9월 1일 TransUnion). 각 회사에 연락해 신용 조회 차단을 설정할 수도 있다.

에퀴팩스(Equifax)
800-685-1111, www.equifax.com

엑스페리언(Experian)
888-397-3742, www.experian.com

트랜스유니온(TransUnion)
800-888-4213, www.transunion.com

한국에서는 나이스평가정보(www.credit.co.kr), SCI평가정보(www.siren24.com), 올크레딧(www.allcredit.co.kr)에서 무료로 연 3회까지 자신의 신용등급을 조회할 수 있다. 또한 유료로 명의 보호 신청이 가능하다(참고: 금융감독원 무료신용조회(http://www.fss.or.kr/s1332/debt/debt0404.jsp)).

국내 유관 기관

금융감독원

www.fss.or.kr

피해상담 및 환급: 국번없이 1332

금융소비자 정보포털 파인

fine.fss.or.kr

보이스피싱 지킴이

phishing-keeper.fss.or.kr

보험사기방지센터

insucop.fss.or.kr

경찰청

www.police.go.kr

지급 정지, 피해 신고: 국번없이 112

사이버범죄 신고시스템

www.police.go.kr/www/security/cyber.jsp

신고, 상담, 예방교육 신청 등

인터넷진흥원(KISA)

www.kisa.or.kr

피싱 사이트 신고: 국번없이 118

인터넷보호나라

www.boho.or.kr

발신번호 거짓표시 신고센터

anti-forgery.kisa.or.kr

불법스팸대응센터

spam.kisa.or.kr

개인정보침해 신고센터

privacy.kisa.or.kr

관련 사이트

개인정보보호 포털

www.privacy.go.kr

금융보안원

www.fsec.or.kr

전화권유판매 수신거부의사 등록시스템

www.donotcall.go.kr

한국소비자원

www.kca.go.kr

공정거래위원회

www.ftc.go.kr

SCAM ME IF YOU CAN
스캠 미 이 프 유 캔

발 행 | 2021년 2월 19일

지은이 | 프랭크 애버그네일
옮긴이 | 정 순 욱

펴낸이 | 권 성 준
편집장 | 황 영 주
편 집 | 조 유 나
디자인 | 윤 서 빈

에이콘출판주식회사
서울특별시 양천구 국회대로 287 (목동)
전화 02-2653-7600, 팩스 02-2653-0433
www.acornpub.co.kr / editor@acornpub.co.kr

한국어판 ⓒ 에이콘출판주식회사, 2021, Printed in Korea.
ISBN 979-11-6175-497-0
http://www.acornpub.co.kr/book/dont-scam

책값은 뒤표지에 있습니다.